중소기업 경영자를 위한

CEO 식견 識見

중소기업 경영자를 위한

CEO 식견識見

초판 1쇄 발행 2017년 10월 20일

지은이 | 김정수
발행인 | 이재철
발행처 | 法學社
신 고 | 2011.1.5. 제2001-27호
주 소 | 서울시 관악구 신림2동 116-2 201호
전 화 | 02)876－9977
팩 스 | 02)876－9960

ISBN 979-11-6221-002-4 93320

* 잘못된 책은 구입처에서 교환하여 드립니다.
* 책값은 뒤표지에 있습니다.

중소기업 경영자를 위한

CEO 식견 識見

法學社

차례

Chapter 03 | 경영자로서의 식견 함양을 위한 개론

Preface

이 책은 경영활동을 수행하고 있는 사람, 그러니까 소위 말하는 '경영자'를 위한 책이다. 특히 그 중에서도 '중소기업의 경영을 수행하는 사람', 좀더 정확히 말하면…'중소기업의 사장님'을 위한 책이다.

본 저자는 '회계사'라는 직업의 특성상 중소기업의 경영 자문역을 수행한 경험이 다수 있다. 그 과정에서 가장 중요하게 느낀 사항은 중소기업의 대표이사는 기업 경영에 대한 전반적인 사항을 '모두 직접' 지시할 수 있어야 한다는 점이다. 그렇다면, '모두 직접' 지시할 수 있어야 한다는 의미가 무엇일까?

대기업과는 다르게, 대부분의 중소기업은 심각한 인력난을 겪고 있다. 특히 경영관리 분야에서는 더더욱 그러하다. 전략수립, 원가의 절감, 회계 및 세무, 자금, 전산업무 수행 등 모든 면에 있어서 대기업과는 다르게 대부분 그 실행과정이나 결과가 비체계적이고 비전문적이다.

전문성이 떨어지는 경영관리 환경하에서, '경영관리를 위한 지시와 결과의 확인'은 모두 대표이사의 몫이 될 수밖에 없다. 여기서 문제는 대부분의 중소기업의 대표이사들이 전문적으로 경영학 등을 공부하거나 경험한 적이 없는 전문경영인이 아니라는 점이다. 대표이사가 경영관리에 관해 무지한 것이 어떠한 문제를 야기할 수 있을까?

예를 들어보자. 저자가 경험한 회사로서 매출 200억 정도의 제조업을 영위하는 기업이 있었다. 그 회사의 대표이사는 기술개발과 영업에 자신의 역량을 집중하는 전형적인 중소기업의 오너(Owner)였으며, 저자는 해당 기업의 자문역을 수행하고 있었다. 그 과정에서 저자는 구매와 관련한 업무분장이 전혀 되지 않고 있는 것을 발견하였고, 대표이사에게 즉시 추가적인 인력의 보강과 업무분장이 필요함을 조언하였다. 하지만 대표이사에게, 더 정확히 말하면 '내부통제'라는 경영관리 '識見(식견)이 없는' 대표이사에게 '영업과 기술개발' 외에 그리 중요한 것은 없었다. 결과적으로 본 저자의 조언은 이행되지 아니하였고, 얼마 지나지 않아 구매담당자의 횡령액 등이 10억 원이 넘는 것이 발견되었다.

당장의 생존에 급급한 중소기업에 있어서, 기업의 장기적(長期的) 생존을 위해 꼭 필요한 경영관리활동은 긴급성(緊急性) 관점에서 늘 후순위로 밀리는 것이 현실이다. 적임자가 없어서, 인력충원할 자금이 없어서, 아직 필요성을 인지하지 못해서… 등등 그 이유도 여러가지다. 많은 수의 중소기업들이 이러한 이유를 대는 동안 저자가 경험한 중소기업의 경영관리와 관련한 문제와 사고만도 그 수를 헤아릴 수 없었다. 이제는 이러한 근본적인 문제를 해결할 해결책이 필요하다고 생각했다.

이런 생각을 해보았다. 만약 대표이사가 경영관리에 대한 지식이 아닌 식견이 있다면 어떨까? 회계, 원가관리, 내부통제, 자본관리, ERP나 전산업무환경의 필요성, 비전(Vision)의 수립 등에 대한 구체적인 지식까진 아니더라도 올바른 지시를 내릴 수 있고 또 지시의 결과에 대해 올바른 판단을 할 수 있는 식견이 있다면 어떨까? 대표이사의 경영관리 식견이 기업 임직원 들의 나태함과 안일함을 방지하고 오히려 적정한 긴장감을 유발하여 경영활동의 합리성을 극대화할 수 있진 않을까?

대표이사에게 식견(識見)이 있다면 기업 외부에서 혹은 내부에서 전해오는 경영관련 위험 신호에 대한 의미를 이해할 순 있을 것이다. 대표이사에게 식견이 있다면 경영관리 관점에서의 중대한 오류를 범하진 않을 것이며, 또한 전문 CFO(재무담당이사) 수준까진 아니더라도 큰 그림에서의 자금의 흐름을 이해할 수 있을 것이다. 또한 대표이사에게 식견이 있다면 기술 하나만 믿고 기업 내 다른 여타 활동의 중요성을 인지하지 못하는 실수를 범하진 않을 것이다.

많은 수의 중소기업의 대표이사와 차를 한 잔하며, 혹은 소주잔을 기울이며 나눈 대화를 통해 본 저자는 대표이사에게도 최소한의 경영관리에 대한 식견이 필요할 수 있음을 확신하였다. 그리고 이러한 식견을 최대한 쉽고 효과적으로 체득할 수 있는 과정, 혹은 책이 필요함도 확신할 수 있었다. 이 책을 집필하게 된 원인이 여기에 있다.

"중소기업 경영관리의 빈자리를 채울 수 있는
가장 쉽고 효과적인 방법은
대표이사가 경영관리에 대한 '식견'을 갖는 것이다"

전문 직원을 충원할 수 없는 자금 사정과 대기업처럼 효과적인 경영 Infra를 구축할 수 없는 환경이 중소기업엔 있기에, 중소기업의 대표이사는 대기업의 대표이사보다 경영자로서의 관리적 식견을 더 갖추어야 한다고 생각한다. 이는 단연코 틀린 말이 아닐 것이다.

중소기업의 대표이사가 진정한 의미에서의 CEO(Chief Executive Officer)가 되기 위해서 '경영관리'의 중요성을 이해하고 실행할 수 있어야 한다. 이제 경영관리를 이해하지 못하면 더 이상 '대표이사 = CEO'가 될 수 없음을 인정하여야 한다. 이런 관점에서 이 책의 제목을 중소기업 경영자를 위한 'CEO-식견'으로 결정하였다. 즉, 이 책을 통해 독자들이 CEO로서 가져야 할 경영에 대한 '식견'을 함양할 수 있도록 한 것이다. '구체적인 경영 지식의 습득이 아닌 경영자로서의 식견 함양', 이 것이 이 책의 집필 목적이라 하겠다.

본 책에 수록된 내용은 각 주제별로 이미 상당 수 기업 등에서 저자의 강의교재로 사용된 바 있다. 그러한 과정에서 필요한 내용을 추가하고 군더더기의 내용을 삭제하여 되도록이면 필요한 내용만, 가장 쉽게 설명하기 위하여 노력하였다. 특히 각각의 주요 내용을 그림으로 도식화하여, 필요한 내용을 쉽게 이해할 수 있도록 최선을 다하였다.

덧붙이자면, 경영학에 대한 개론적인 지식(예 : 회계학, 세법, 내부통제제제도 등)을 담은 책은 시중에 많이 있으나, 기초지식이 부족하고 더군다나 시간이 부족한 대표이사를 위하여 경영학에 대한 식견 함양을 도울 수 있는 책이 없음이 이 책의 존재 이유가 될 것이다.

본 책을 처음부터 읽던, 필요한 부분만 찾아서 읽던 그 방향과 방법은 독자들의 선택사항이 될 것이다. 다만, 이 책이 소설같이 흥미위주를 위한 책은 아니기에 그 내용이 다소 지루할 수 있겠다. 하지만 이를 극복하고 차근히 정독한다면 반드시 앞에서 언급한 '경영자로서의 식견 함양'이라는 목표를 달성할 수 있을 것이라 조심스럽게 확신하는 바이다.

아무쪼록 이 책이 독자 여러분들에게 도움이 되기를 간절히 바라는 바이며, 부족한 부분은 향후 지속적으로 보완할 것을 약속드린다.

2017년 10월

인덕회계법인 사무실에서 저자 씀

이 책을 효과적으로 이용하는 방법

이 책을 효과적으로 이용하기 위하여 저자가 생각하는 방향을 간략히 서술하였는 바, 아래와 같다.

1

이 책은 총 3개의 Chapter 및 13개의 Lesson으로 구성되어 있다. 해당 Chapter의 순서는 책 전체의 이해를 위해 필요에 따라 정해진 것이다. 각 Chapter의 주요내용은 아래와 같다.

- **Chapter 1** : 회사의 현황을 이해하는 방법
- **Chapter 2** : 이해한 현황을 바탕으로 기업의 목표수립 방법 이해
- **Chapter 3** : 목표를 이행하는 과정에서 필요한 경영자의 식견 함양을 위한 경영관리개론

2

각각의 설명에 대한 이해를 위해 많은 그림을 첨부하였다. 따라서 글로 써진 설명과 그림을 동시에 이해하는 것이 책에 대한 이해도를 높이는 데 반드시 필요하다고 할 수 있다.

3
그림이 실려 있는 페이지는 여백을 많이 두어 편집하였다. 이는 해당 그림과 독자 회사의 현황을 비교하며 주요 Idea를 메모할 수 있도록 한 의도가 숨어 있는 것이다. 되도록 메모를 해가며 본 책을 읽을 수 있으면 좋겠다.

4
Chapter 3의 경우 이론적인 설명을 다룬 부분이 많아 다소 지루할 수 있으니 순서에 상관없이 필요한 부분만 찾아 읽는 것도 좋은 방법이 될 수 있다.

5
지루한 내용을 효과적으로 전달하고자 편집에 많은 주의를 기울였다. 독자들은 편집방향(그림의 배치, 중요한 문구의 반복, 페이지당 글자수의 조절, 글자 크기의 다양성 등)을 이해하여 이 책을 읽을 수 있었으면 하는 바람이 있다.

아무쪼록 위에 언급된 내용을 바탕으로 본 책을 통하여 '경영자로서의 식견 함양'이라는 소기의 목적을 달성할 수 있기를 바란다.

독자 여러분들의 건투를 기원하는 바이다.

Chapter

01

우리 회사는 지금 어디에 있는가?

개인에게 있어 모든 일은 자기자신을 명확히 파악하는 데서 출발한다고 한다. 기업도 마찬가지다. 현재 우리 회사의 현황을 명확히 파악해야 향후 보완해야 할 사항, 시기 등이 도출되고 목표설정이 가능하다. 본 장에서는 회사 현황 파악의 의미와 중요성, 경영자가 일반적으로 범하는 판단 오류 등에 대하여 논하고, 거시적으로 기업의 경영자가 인식하고 있어야 할 사항에 대해서 알아보고자 한다.

Lesson 1

회사의 경영상태 및 관리상태의 파악

"매출액의 크기만으로 회사의 상태를 이해하는 것은 근육질의 사람은 아무런 질병이나 질환이 없을 것이라고 속단하는 것과 같다"

'지금 회사의 상황이 어떤가요?' 저자를 포함한 대부분의 회계사들이 회사(앞으로는 '회사' 혹은 '기업'이라는 단어를 혼용하여 사용하도록 하겠다)의 대표이사, CFO(Chief Financial Officer) 등에게 처음 물어보는 대표적인 인사말이다. 상기에서 말하는 '상황'이란 너무나 많은 의미를 함축하고 있어 답변하는 사람 역시 지나치게 함축된, 혹은 너무 편협한 단어로 답변하기 마련이다. 예를 들면 '경기가 좋질 않아서요.', 혹은 '작년 대비 비슷한 수준입니다.' 등으로 답변이 온다.

대부분의 회사 혹은 기업은 매출액, 당기순이익 등을 회사상황(혹은 현황)의 지표로 설정한다. 이에 더하여 전년대비 성장율(매출액 등), 시장점유율의 증감 등을 바탕으로 회사의 성장 정도, 상황을 분석하고 향후의 사업계획 수립의 근간으로 삼는 경향이 있다.

하지만, 사람이 그러하듯 기업 역시 여러 세포 혹은 단위(기업으로 말하면 부서, 팀, 인적자원, 업무시스템 등이 될 것이다)가 모여 하나의 단일체를 형성하는 생명체와 같다고 생각한다. 즉, 위에서 말한 회사의 상황이란 단순히 매출액의 규모, 성장성, 시장점유율만을 의미하는 것이 아니라(물론 매출의 규모, 성장성, 이익의 변동 등은 가장 중요한 기업의 지표임에는 틀림 없다). 회사 내 · 외부적으로 중요한 경영관련 요소에 대한 건전성 여부 등을 의미한다고 해야 정확할 것이다.

그렇다면, 기업의 중요한 경영관련 요소란 무엇을 의미하는 것일까? 일단 핵심적인 사항만 도해하자면 다음 〈그림 1-1〉과 같이 표시할 수 있다.

〈그림 1-1〉 : 경영관리 요소의 주요 Theme

재무적 사항	비재무적 사항
다양한 매출 Portfolio 유지	재고관리
원가통제	인사관리
회계 및 세무관리	조직관리
자금관리	생산관리
예산수립 및 통제	영업관리

TIP 상기 그림에 예시된 경영관리요소의 Theme 별로 독자 회사의 현황을 생각해보자. 그리고 그 현황을 자체 진단해 보자.

memo

앞의 그림에서 보는 바와 같이, 경영관련 요소는 재무적 사항과 비재무적 사항으로 크게 구분할 수 있으며(물론, 상기의 구분은 관점에 따라 내용이 달라질 수 있다. 또한 모든 요소는 궁극적으로 재무적 요소로 취합되는 것이 타당하다고 보여진다), 상기의 사안들이 결코 독립적인 것이 아닌, 서로 융합적으로 회사 전체에 영향을 준다고 보아야 한다.

결론적으로 말하자면, 대표이사 혹은 경영자라면 상기 각각의 요소에 대한 이해를 바탕으로 회사의 상황을 인식할 수 있어야 할 것이다. 만약, 경영자가 상기 중 어느 하나라도 소홀이 한다면 기업이 직면할 수 있는 여러 가지 위험(상기의 사항을 관리하는 업무를 위험관리업무, 즉 'Risk Management'라 한다)에 노출되어 있다고 판단할 수 있을 것이다.

물론, 이 책을 읽는 대부분의 독자 분들이 중소기업 혹은 벤처기업의 경영진이라는 것을 상정한다면, 상기의 모든 사항들이 독자가 근무하는 기업 내에 완벽하게 구축(Setting)되어 있지 않다는 것을 저자 역시 잘 알고, 또 이해하고 있다. 하지만 여기서 저자가 강조하고자 하는 것은 경영자는 상기의 재무적, 비재무적 사항에 대해서 각각의 의미를 이해하고, 그 중요성을 인지해야 한다는 것이다.

"가장 중요한 핵심은 기업의 경영현황을 이해하는 것이
왜 중요한지를 이해하는 것에 있다"

저자가 회계감사를 수행하고 있던 한 중공업 회사의 이야기이다. 연매출 1,000억 원 이상의 견실한 회사로, 그 당시 해외 플랜트 수주가능성이 높아지면서 매출이 급등할 것이라는 기대감이 충만한 시기였다.

회사의 대표이사는 '영업과 기술'만을 중요시하고, 회계, 자금, 인사관리 등 소위 말하는 '내부 경영'에는 거의 신경을 쓰지 않았다. 그러다 보니, 중요한 회계 및 자금 사안에 대하여 대표이사의 전결사항을 회계부장이 수행하는 지경에까지 이르게 되있다. 여기다가 부서간 상호통제(Cross-Check)하는 기능도 없었으며, 적절한 업무분장도 되고 있지 않았다. 그러다가, 회계부장의 단일 결정 하에 은행과 파생상품 거래를 개시하게 되었다. 그 당시 유행하던 키코(Window-KIKO)라는 상품이다.

결과적으로 그 회사는 '1,000억 원 이상의 파생상품거래 손실'이 발생하였고, 상당한 재무적 곤경을 겪었다(다행히도 매출의 급등으로 인해 해당 어려움을 극복할 수 있었다). 상기의 회사가 키코라는 파생상품을 가입하기 직전까지, 대표이사에게 회사의 중요한 사안은 '매출의 신장'뿐이지 않았나 하는 아쉬움이 든다. 즉, 대표이사를 포함한 모든 경영진은 '전사적으로 회사의 중요한 사안을 파악하고, 부족한 점을 보완하려는 노력 없이', 매출에만 모든 역량을 집중한 것이다. 이러한 판단오류가 연 매출을 상회하는 파생상품 거래손실을 야기하지 않았을까?

중소기업의 경우 임직원 수가 많지 않고, 또 경영 Infra가 잘 갖추어지지 않은 관계로 대기업에 비해 전반적인 경영관리 수준이 높지 않은 것이 사실이다. 하지만, 역설적으로 중소기업의 이러한 특수성 때문에, 대표이사 혹은 관리자는 오히려 회사내부의 경영상태 및 관리상태(이하 '현황'이라 하기로 한다)를 더 잘 파악하고 있어야 할 것이라 판단된다.

다음에 제시된 표는 일반적으로 기업의 경영 관리 현황을 조사할 때 사용하는 일반적인 점검표(Check list)이다. 아래 자료를 통해, 현 시점에서 독자 여러분 회사의 경영상태 혹은 관리상태를 파악해 보기 바란다.

"아래표에 제시된 사항을 포함하여 기업에 대한 전반적인 수시 점검을 상시 모니터링(Monitoring)이라고 한다"

〈표 1-1〉 : 기업관리현황 점검표(Check List) : 1 of 3

관점	내용	상	중	하
매출	회사의 매출은 다양한 Portfolio를 구성하고 있다.			
	중장기 매출계획을 근거 있는 DATA에 기반해 수시로 Up-Date 하고 있다.			
	다양한 매출거래처를 확보하고 있고, 판매가격에 대한 협상력이 있다.			
	각 제품별 수익성을 파악하고 있다.			
원가 통제	회계담당자는 원가계산을 위한 DATA를 규칙적으로 생산팀에서 수령 및 공유하고 있다.			
	회계담당자는 원가계산을 주기적으로 수행하고, 주요한 변동사항 혹은 예측치와의 차이점은 대표이사에게 보고되고 있다.			
회 계 및 세무	회계담당자와 자금담당자는 구분되어 있고, 상호통제(Cross-check)기능이 있다.			
	회계담당자는 노출되어 있는 세무위험에 대해서 인식하고 있으며, 주요한 사항은 대표이사 등 관리자와 공유하여 인식하고 있다.			
	자체적으로 회계장부를 작성하고 있다.			
	회계담당자는 주기적으로 회계 및 세무에 대한 교육을 받고 있다.			
	외부 회계전문가를 활용하여, 주요 사안에 대한 회계처리를 검토 받고 이에 근거하여 업무를 수행하고 있다.			

〈표 1-1〉: 기업관리현황 점검표(Check List) : 2 of 3

관점	내용	상	중	하
자금 관리	연간, 월간, 주간 및 자금계획을 수립하고 있다.			
	일 자금수지표를 작성하고, 대표이사 등 전결권자의 승인을 얻고 있다.			
예산 수립	매출계획, 매입계획, 투자계획 및 기타 운영계획을 각 사업부로부터 수령하여 전사적인 예산수립을 수행하고 있다.			
	예산대비 실적차이는 정기적으로 집계되어, 원인을 파악하고 향후 수정계획안을 작성한다.			
재고 관리	재고수불부는 생산주기에 근거하여, 정기적으로 작성되고 있다.			
	원재료 등의 재고단가를 검토하여 매입 단가의 이상 변화 발생 시 해당사항의 원인을 분석하고 후속조치를 취하고 있다.			
	재고실사를 주기적으로 수행하여 장부상 내역과 실제 내역과 차이 발생 시 원인을 분석하고 있다.			
인사 관리	직원의 입사 및 퇴사에 대한 전 과정이 투명하게 진행되고 있다.			
	성과평가 및 관리에 대한 구체적인 지침이 있다.			
	각 부서장에 대한 이력과 능력이 회사의 향후 진행방향을 이행할 수 있을 정도로 충분하다. 만약, 그렇지 않다면 외부교육 등을 통해 그 능력을 지속적으로 신장시키고 있다.			

〈표 1-1〉: 기업관리현황 점검표(Check List) : 3 of 3

관점	내용	상	중	하
조직 관리	각 부서내 업무가 과중하거나 과소하지 않다.			
	부서간 협업이 가능한 업무프로세스를 유지하고 있다.			
생산 관리	생산직원의 숙련도 관리를 하고 있으며, 전반적인 수율관리를 통하여 그 성과를 평가하고 있다.			
	생산단가 측정이 가능한 시스템 혹은 프로세스를 유지하고 있다.			
영업 관리	개별 거래처에 대하여, 임직원 중 최소한 2인 이상이 공동으로 정보를 유지하고 있다.			
	판매단가에 대한 내부정책을 보유하고 있다.			
	매출채권 회수에 대하여 회계담당부서와 정보를 공유하고 있다.			
기타 사항	ERP를 구축하여 전사적으로 임직원들이 업무에 활용하고 있다.			
	업무에 대한 규정이 각 부서별로 존재하고 있다.			
	업무에 대한 전결권자가 구체적으로 문서화 되어 있다.			

TIP 위 표에 제시된 각각의 항목에 대하여 어느 수준으로 답할 수 있는지 자가진단을 해보자. 진단이 필요 없는 기업은 없다. 단연코!!

memo

사실 위 표는 굉장히 중요한 의미를 가지고 있다. 위 표에 포함된 내용과 관련하여 본 저자가 경험한 사례(해당 내용의 부실로 인한 재무적 손실 사례 등)만도 부지기수라고 할 수 있다. 모든 기업에서 점검되어야 할 항목임에도 불구하고 많은 기업이 실제로 수행하지 않거나 수행하지 못하는 항목들이 위 표에 다수 있음을 이 책을 읽는 독자들은 인정할 수 있을 것이다.

기업의 규모가 작을수록, 벤처기업의 특성이 강할수록 대표이사 및 주요관리자는 위 표상의 내용에 대하여 현 시점에서 보완하여야 할 사항을 늘 인식하고 있어야 한다. 특히 중소기업일수록 대표이사를 '포함'한 경영진의 적절한 인식 및 직원들에 대한 주의환기가 수행되어야 기업의 성장과 더불어 필요한 주요 변화에 대하여 직원들의 저항을 줄일 수 있음은 물론이다.

이 책에서 앞으로 지속적으로 강조하겠지만, 기업의 성장을 위해 그 성장 단계별로 '임원 및 직원의 역할과 책임의 범위 및 내용이 변동해야 할 필요성'이 있다. 즉, 기업의 규모에 따라 임직원 개개인의 역할이 달라질 수 있으며, 이를 적시에 이해하고 변화에 대처해야 지속 가능한 경영, 영속적인 기업이 될 것이다

본 Chapter에서는 중소기업의 성장을 위한 대표이사 및 주요관리자의 역할 및 책임에 대해 주로 논의할 것이며, 또한 대표이사와 그 이하 임 · 직원간에 회사의 주요 사안을 공유한다는 것에 대한 의미를 살펴보고자 한다. 이러한 과정에서 독자들은 대표이사의 경영(Business Management)관점에서의 식견에 대한 중요성을 인지할 수 있을 것이다.

"기업을 경영(Manage)한다는 것을 단순히 영업(Sales)과 기술(Technology)에 한정지어서 생각하는 것 자체가 문제이다. 경영은 관리(Management)이며, 경영자는 당연히 이러한 관리에 대한 식견이 있어야 한다. 그렇지 않다면 경영자라 할 수 없다"

Lesson 2

기술Technology이 전부는 아니다

"좋은 기술만으론 훌륭한 기업의 요건을 충족시킬 수 없다.
당신이 만약 외부자금을 유치하고자 한다면,
이 사실을 빨리 깨달아야 한다"

모든 경우는 아니지만, 중소기업 특히 그 중에서도 벤처기업 대표이사의 경우 '기술'의 확보가 기업의 성공을 보장할 수 있으리라 판단하는 분들이 있다. 오히려 '이렇게 좋은 기술이 시장에서 인정받지 못하고, 사장된다는 것은 국가적 손실'이라며 현실을 개탄하기도 한다. 저자의 개인적인 생각일 수 있겠지만, 좋은 기술, 다시 말해 훌륭한 '사업거리'는 기업성공의 필수조건이긴 하지만 충분조건은 아니리라 판단된다. 마치 공부를 잘하기 위해 머리가 좋은 것이 필수조건이긴 하지만, 머리만 좋다고 해서 공부를 잘하는 것은 아닌 것과 같은 이치 아니겠는가?

'기술(Technology)'이라는 단어를 비즈니스 관점에서 좀더 정확히 明明(명명)한다면, '사업아이템(Business Item)'이라 할 수 있겠다. 그런데, 일부 경영자, 특히 기술자(Engineer) 출신의 경영자인 경우 '기술 = 사업아이템에 대한 사업성의 확보'라고 확대해석 하는 경우가 있는 것 같다. 물론, 보유 기술에 대한 최소한의 사업성을 각자 판단하고 추정을 하겠지만, 그 추정의 수준이 시장에 성공적으로 진입할 정도의 '구체적인 상품성'을 뒷받침하기엔 상당히 미약한 경우가 다수인 경우를 볼 수 있다.

기술을 '사업성이 확보된 사업아이템'으로 '승화'시키기 위해서, 경영자라면 아래 페이지에 표현된 그림과 같은 사항을 고민해보아야 한다.

"모든 기술이 돈이 되진 않는다.
기술을 돈으로 만들기 위해선 엄청나게 많은 추가적인 노력과
적합한 경영 환경이 뒷받침 되어야 한다"

〈그림 1-2〉 : 기술의 사업화를 위한 요소

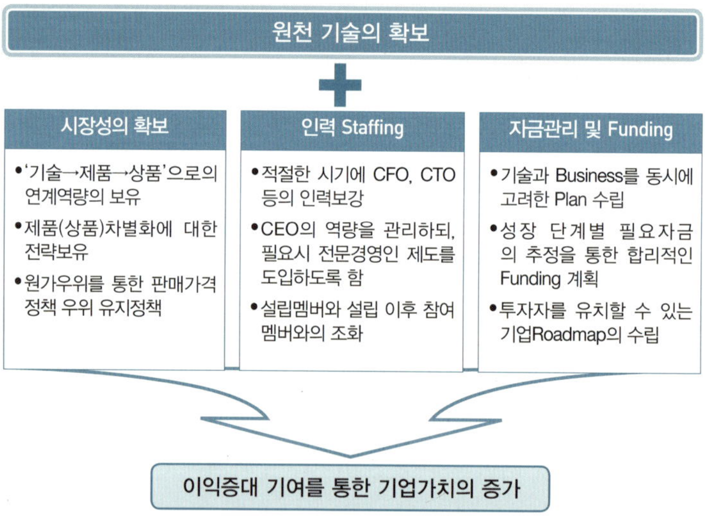

TIP 기술의 확보가 기업가치(수익성 창출과 유지) 증대로 이어지기 위한 전제요건을 이해할 수 있어야 한다.

memo

앞의 'Chapter 1. Lesson 1'에서 언급하였듯이, 경영자는 회사의 현황을 잘 파악하여야 함은 물론이며 동시에 〈그림 1–2〉에서 보이는 '기업이 수익성 창출과 유지를 위한 기본사항의 숙지 및 학습'이 반드시 필요하다. 상기의 내역을 특히 벤처기업(혹은 외부투자자 유치가 필요한 중소기업)의 관점에서 재해석한다면, 아래와 같은 그림으로 기업의 수익창출 과정에 대한 프로세스를 표현할 수 있을 것이다.

〈그림 1-3〉 : 기술의 사업화 성공 Process

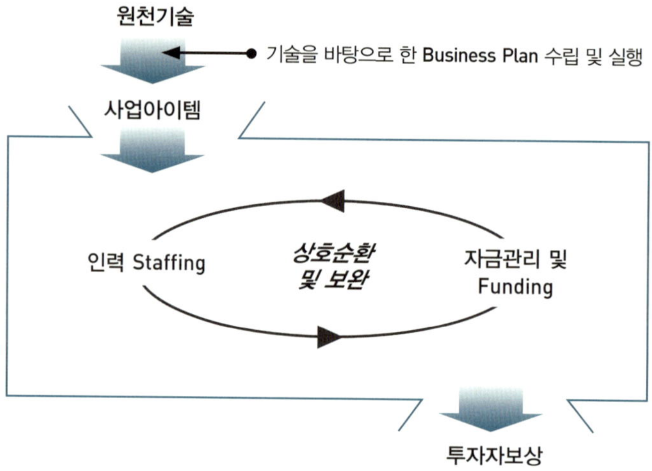

TIP 위 프로세스는 순환과정에 이해의 핵심이 있다. 이는 위 과정에는 점진적인 개선이 필요함을 의미하기도 한다.

memo

사실 〈그림 1-3〉은 '기술 중심형 기업이 성장할 수 있는 방향'이라는 상당히 어려운 내용을 함축하고 있다. 다시 말하면, 기업의 수익창출 및 성장(여기서 말하는 성장이란 기업 최초 설립 시 구상하였던 아이템을 통한 1차적인 성장을 의미 한다)을 위하여 필요한 모든 프로세스를 담고 있다고 볼 수 있다.

벤처기업의 성공사례를 언급할 때, 가장 많이 사례로 드는 대표적인 기업으로 야후(Yahoo)를 들 수 있다. 야후의 성공 스토리를 위의 그림에 따라 재해석해 보자.

1) 창업 및 원천기술의 확보 : 1994년 1월 '제리 양'과 '데이비드 파일로'에 의해 검색서비스인 'Yahoo'가 탄생한 후, 3월에는 10만 회원 확보
2) 사업아이템의 확보 : 원천기술인 검색서비스를 바탕으로 'My Yahoo', 'Corporate Yahoo'등 맞춤형 포털서비스 개발 등을 통해 사업아이템을 확보
3) 외부자금의 유치 : 3개월 만에 10만 회원을 유치하는 '사업아이템'의 가능성을 높이 평가하여, 'Sequoia Capital'이 200만 달러의 자금을 투자
4) 1차 자금 조달 이후 전문경영인 체제로 전환(인력 Staffing의 전문화) : 사업의 본격화를 위해 1995년 전문경영인인 '팀 쿠글'을 영입하여 경영을 위임하고, 창업자는 기술개발과 전략구상에 집중
5) 추가자금 조달 및 기업공개 : 1995년에 2차 자금을 조달하고, 1996년 4월 창업 3년여 만에 IPO를 하여 '투자자 보상'을 완료 함

물론, 야후의 사례는 그 당시 개발한 '검색서비스'라는 기술이 워낙 획기적이었다는 것에서 그 성공의 원인을 찾을 수 있겠지만, '① 원천기술의 꾸준한 아이템화, ② 필요시점에 전문경영인을 영입하는 과감한 인력 Staffing ③ 적정시기에 적정규모의 자금조달' 을 성공의 원인으로 꼽지 않을 수 없다.

국내의 대부분 초기기업 혹은 벤처기업 들은 외부자금의 유치를 원하고 있다. 하지만 원천기술만 보유하고(사실, 우리나라 기술의 경우 원천기술을 보유한 경우도 드물다. 대부분의 경우 원천기술을 응용한 정도의 기술이다 보니, 그 진입장벽이 상당히 낮은 편이라 할 수 있다), 해당 기술을 무조건 사업화할 수 있다는 우격다짐 식의 주장으로는 외부투자자를 절대로 설득할 수 없다. 국내 굴지의 투자자들을 인터뷰한 내용을 인용하여 보면, 외부 자금의 유치를 원하는 벤처기업의 경영자가 결코 지녀서는 안될 자세를 이해할 수 있을 것이다.

다음은 국내 굴지의 벤처캐피탈 대표의 인터뷰 내용이다. '국내의 벤처기업 경영자들은 엔지니어 출신으로 작은 성공을 맛보면 마치 경영을 완전히 이해한 것으로 착각하는 경향이 있으며, 그로 인해 경영이 별 것 아닌 것으로 생각하고 무리수를 두는 경향이 있다. 때문에, 대부분이 엔지니어 출신인 벤처 경영자들에게 벤처경영에 대한 깊은 이해를 줄 수 있는 조언이 필요하다'.

또한, 또다른 벤처캐피탈 대표의 인터뷰를 인용하자면, '국내의 투자가들은 세 가지 출신의 경영자가 있다. 엔지니어 출신, 마케팅전문가 출신, 재무전문가 출신이 있는데, 우리 같은 투자자들은 마케팅전문가 출신을 제일 선호하며, 엔지니어 출신을 가장 선호하지 않는다. 경영자라면 시장을 보고 고객을 보는 눈이 필요한데, 엔지니어 출신 경영자의 경우 기술에 너무 오리엔티드 되어 시장을 무시하는 경향이 강하다.'라고 한다. 이 인터뷰 내용을 통해, 엔지니어출신의 경영자가 범할 수 있는 판단오류와, 이에 대한 외부투자자의 인식을 단석으로 이해할 수 있겠다.

기업을 성공시키는 순환구조가 '기술의 확보 → 사업아이템의 구체화 → 적절한 인력 Staffing과 자금관리(Funding 포함)'의 순환으로 구성되어 있다면, 경영자는 상기의 어떠한 과정에 대해서도 소홀히 해서는 안 될 것이다. 만약, 스스로를 비추어 봤을 때, 개인의 역량이 경영자로서는 부족한 면이 있다고 판단된다면, 과감히 외부의 전문가를 영입하는 등의 방법을 모색하여, 자신이 보유한 기술과 아이템을 死藏(사장)시키는 愚(우)를 범하지 않도록 해야 할 것이다.

Lesson 3

질적성장과 양적성장

"매출이 급속도로 성장한 기업이 갑자기 쓰러지는 것을
많이 볼 수 있다. 마치 요즘 아이들이 덩치는 크나
면역력이 없는 것과 비슷한 이유인 듯하다.
기업은 양적으로도, 질적으로도 동시에 성장할 수 있어야 한다.
이것이 균형성장이다"

'성장(Growth)'이라는 주제를 다루기에 앞서, 우리는 기업의 탄생부터 쇠퇴까지의 일반적인 과정(Cycle)을 이해할 필요가 있다. 우선 다음 페이지의 그림을 이해하자.

〈그림 1-4〉 : 기업의 Life Cycle과 단계별 특징

TIP 독자 여러분의 회사는 현재 어느 단계인가?

memo

〈그림 1-3〉에서 보듯, 기업의 성장 및 쇠퇴 과정은 인간의 그것과 비슷하다. 태어나서 성장하고, 성숙할 때쯤 되면, 쇠퇴하는 것이 마치 인간의 요람에서 무덤까지의 과정과 흡사하다고 생각한다. 다만, 기업이 다를 수 있는 사항은, 성숙 후에 재성장을 할 수 있고, 또 경영자의 능력과 노력에 따라 얼마든지 그 과정을 반복할 수 있다는 것이다.

기업의 생성부터 쇠퇴까지의 과정을 각 단계별 주제어의 관점에서 살펴보면 아래와 같을 것이다.

(1) 생성기 : 제품의 시장진입, 초기자금의 확보, 품질 확보

사실, 대부분의 기업이 '생성기'를 넘기지 못하고 좌초하는 경우가 많다. 오히려, 많은 경우 생성기를 넘겨서, 성장기에 들어간다면, 해당 기업의 경영자 들은 기업이 대폭 성장하리라는 기대에 鼓舞(고무)되는 경우가 많을 것이다. 즉, 생성기가 대다수 경영자에게 있어 1차적인 관문이 되는 것이다.

> "신기하게도 대부분의 기업이 성장 사이클을 따라간다.
> 도달하는 기간이나 머무르는 기간이 다를 뿐이다.
> 경영자는 이 점을 인지하고, 극복할 수 있어야 한다."

(2) 성장기 : 세계적 수준의 제품경쟁력의 확보, 인재확보, 업무수행의 시스템화

기업이 생성기를 지나 성장기에 접어들게 되면, 생성기때 유지하였던 업무처리프로세스로는 더는 발전을 기대할 수 없게 된다. 또한, 시장의 요구(Needs)가 좀더 구체적이고 까다로워짐에 따라, 높은 수준의 품질과 경쟁력있는 가격정책이 필요하게 된다. 이러한 연유로, 생성기때와는 달리, 각 분야의 전문가를 필요로 하게 되며, 결국 이러한 전문가의 확보가 기업 성장 가능성의 분기점이 되는 것이다. 생성기때보다 진보된 업무처리 프로세스(업무의 시스템화, 다만 시스템화가 반드시 '전산화'를 의미하는 것은 아니다)와, 이 업무처리프로세스를 개발하고 지원할 수 있는 인재의 확보가 필수적이라 할 수 있다.

(3) 성숙기 : 가격경쟁력의 확보, 신사업모색, 지속적인 개선

기업이 성숙기에 들어서면, 동시에 기업이 보유한 주력 제품 또한 성숙기에 들어서게 된다. 이때에는 경쟁업체의 제품으로 인해 점차 그 차별성이 낮아지면서, 결국 치열한 가격경쟁의 양상으로 시장이 변모하게 된다. 가격경쟁은 원가절감의 압력으로 기업내부에 작용하게 되고, 구매 및 생산을 아우르는 기업전반에 걸쳐 원가절감 운동이 시작된다. 동시에 더는 원가절감을 할 수 없을 때를 대비, 확보된 잉여자본을 바탕으로 새로운 사업을 모색하게 되며, 잉여 자금이 충분한 기업의 경우 기업합병(인수)의 방법으로 단시간에 새로운 사업에 안착하고자 한다. 만약, 기존의 사업이 이익율은 낮아도 기업의 현상유지를 위협할 정도가 아니라고 판단된다면, 보수적인 경영자의 경우 외부확장 보다는 내부의 지속적인 개선활동(개인적, 조직적 혹은 전사적 개선활동을 모두 포함한다)을 통해 기업의 수명을 연장하는 방안을 모색하기도 한다.

(4) 재성장기 : 신사업의 활로 확보, 조직의 양적 성장

성숙기에서 재성장기로 진입했느냐의 여부는 기업이 신(新)사업으로의 확장을 성공적으로 수행했느냐에 달려있다. 성숙기에서 재성장기로 넘어오기 위해, 기업 내 신사업기획팀 등의 부서를 신설하고, 초기 Setting 작업을 위해 많은 자금을 투입하는 등 최초 기업의 설립 시 만큼은 아니지만, 각고의 노력을 해야 함은 물론이다. 또한, 신사업이 성공적으로 기업에 정착하기 위해서는, 최소 몇 년 이상의 기간이 필요하며, 신규로 많은 인력이 필요함에 따라 조직인원의 확대 등이 수반된다. 재성장기를 성공적으로 경험한 기업은 제2, 제3의 재성장기를 통해 기업성장에 매진할 수 있게 되며, 이를 통해 기업의 '성숙과 성장'의 순환 Cycle을 조직내에 體得(체득)시키게 된다.

(5) 쇠퇴기 : Turn Around의 기회탐색, 경영승계

단일 제품 혹은 서비스를 제공하는 단순한 Business를 영위하고 있고, 재성장기에 대한 경험 없이 보수적인 경영을 영위한 기업일수록, 최초 창업자가 경영일선에 물러나는 순간을 쇠퇴기로 볼 수 있겠다. 이때, 기업은 경영승계 작업과 더불어 재성장기를 이끌어 내기 위해 M&A 등 경영다각화를 위한 노력을 수행한다. 성공적인 경영승계가 이루어져, 성숙기 상태의 기업을 유지할 수 있으면 그나마 다행이겠지만, 경영승계의 실패 및 다각화 등의 실패는 결국 자본의 외부유출로 이어지는 결과를 낳고, 종국적으로 기업의 수명이 다하게 되는 상황을 야기하게 된다.

앞에서 살펴본 바와 같이 기업의 생성 및 쇠퇴까지 그 단계가 있다면, 결국 각 단계를 극복하기 위한 과제를 정의할 수 있을 것이며, 결국 그 극복과정에서 기업의 성장(Growth)을 논의할 수 있을 것이다. 기업의 성장은 순환 과정이고, 더 정확하게 말하면 善循環(선순환) 과정이라 할 수 있다. 기업의 선순환 과정과 기업의 수명 Cycle을 바탕으로 양적성장 및 질적성장의 요소(Factor)를 도해한다면 다음 페이지 〈그림 1–5〉와 같이 표현할 수 있다.

"기업의 라이프 사이클을 길게 하는 가장 좋은 방법은
지속적인 매출을 일으키는 것이다.
하지만 진정성있는 기업의 존속을 바라는 경영자라면
추가적인 요소, 즉 질적성장에 대하여 이해할 수 있어야 한다"

〈그림 1-5〉: 기업의 Life Cycle과 단계별 성장요소와의 Mapping

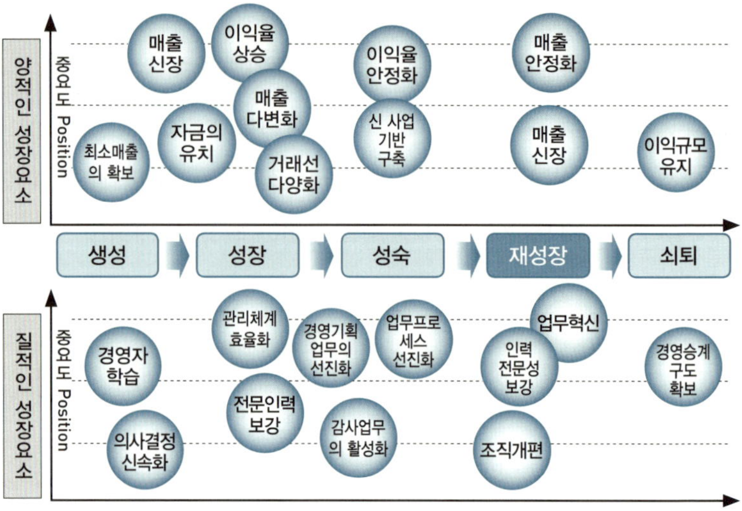

TIP 독자 여러분의 회사는 현재 어느 단계인지 이해했다면, 현재 필요한 성장요소는 무엇인가?

memo

양적성장요소와 질적성장요소의 구분 기준선은 각각의 요소가 재무제표상의 숫자와 직결되느냐의 여부와 관계가 있다. 양적성장 요소는 재무제표상의 숫자와 직결되는 반면, 질적성장 요소는 재무제표 상의 숫자가 결정되기까지의 양적인 성장을 조성하는 기반(Infra) 요소라고 할 수 있다.

저자가 위 그림에서 제시한 바가 절대적이진 않을 것이다. 다만, 여기서 주지하고자 하는 바는 기업의 성장단계별로 반드시 해결해야 할 과제가 있으며, 경영자는 그 과제의 중요성을 인지하고 적절한 시기에 해결해야만, 적절한 성장을 달성할 수 있다는 것이다. 양적성장과 질적성장의 관계, 그리고 해당 사항이 적절히 수행되지 않았을 때의 위험을 예시적으로 나타내면 다음 페이지 〈그림 1-6〉과 같이 표시할 수 있다.

"질적성장은 양정성장을
보다 견고하게 하는 도구가 될 수 있다.
이를 전문적인 용어로
'이익의 질을 좋게 한다'라고 표현하기도 한다"

〈그림 1-6〉: 양적 성장요소와 질적 성장요소와의 관계 예시

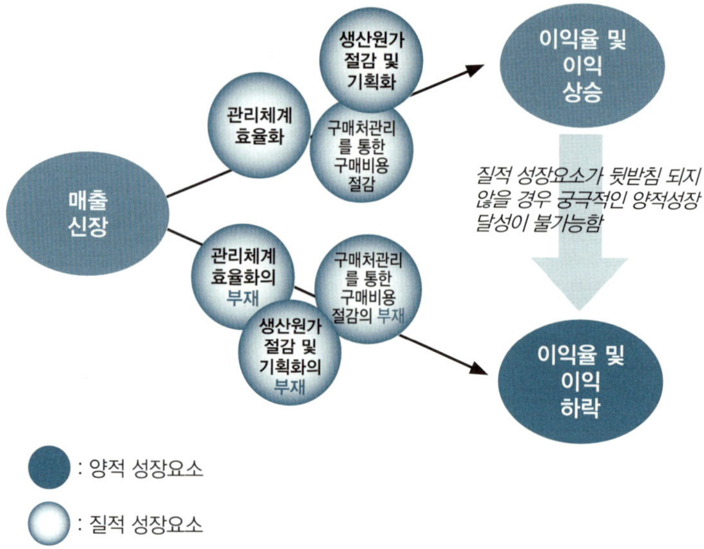

TIP 매출신장이 '칼'이라면, 관리체계 등의 질적요소는 '방패'이다. 독자 여러분 회사의 방패는 안전한가?

memo

앞의 〈그림 1-6〉에서 보면, 경영자가 종국적으로 달성하고자 하는 바는 '매출신장을 통한 이익의 증가'임을 알 수 있다. 일반적인 경영자는 매출신장 달성을 위한 노력에 핵심역량을 집중한다. 또한 매출의 신장이 이익율 및 이익의 상승을 가져오리라 판단한다. 일반적으로 맞는 말이다.

하지만, 일반적인 사항이 항상 절대적인 사항이 되는 것은 아니다. 내부관리가 부재한 경우, 매출의 신장이 이익의 상승을 담보할 수 없다는 사례를 쉽게 찾아 볼 수 있다. 저자가 직접 경험한 사례로, 매출이 해마다 2배씩 상승하는 제조업 관련 벤처기업이 있었다. 해당 회사의 제품은 재료비의 비율이 절대적으로 높았으며, 이러한 이유로 제품의 원가통제를 위해서는 '원재료 단가의 통제(즉, 구매비용의 절감)'가 상당히 중요한 '질적 성장요소'였다.

하지만, 회사의 대표이사는 이러한 사항을 간과했고, 1인의 구매담당자에게 전권을 위임했다. 결과를 뜯어보니, 매출의 2배 성장에도 불구하고, 이익은 전년도와 거의 동일한 상태에 도달했다. 그 결과를 알았을 때, 해당 구매담당자는 이미 회사를 떠난 뒤였다. 질적 성장요소(관리체계의 효율화가 뒷받침된 구매비용 절감요소의 존재)가 뒷받침되지 않을 때, 궁극적인 양적 성장이 불가능함을 보여주는 단적인 예라고 할 수 있겠다.

기업의 궁극적인 목적은 양적 성장이라는 점은 부인할 수 없는 사실이다. 경영자는 언제까지 얼마의 매출을 달성할 것이며, 얼마의 이익을 달성할 것이라는 계획을 세우고, 직원들에게 해당내용을 하달한다(좀 더 민주화된 기업의 경우 해당 내용을 Workshop 등을 통해서 공감시키기도 한다). 하지만, 애석하게도 대다수의 경영자들은 목표 매출을 달성하고, 목표 이익을 달성하기 위해서 내부적으로 어떤 부분이 필요한지에 대해서 심각하게 고민하지 않는다.

쉽게 말해서 '관리는 알아서 해라'의 식이다. 관리, 즉 기업의 질적 성장 요소의 중요성을 고민하지 않으면, 이러한 사항이 부지불식간에 기업의 양적 성장 요소를 저해하는 요소로 자리잡게 되는 것이다. 정리하자면 기업의 양적성장을 위해서는 질적성장이 적시에 뒷받침되어야 하며, 양적성장에 맞는 질적성장 요소를 적시에 찾기 위해서는 무엇보다, 질적성장의 중요성에 대하여 경영자가 인식하는 것에 그 출발점이 있다고 하겠다.

이 책에서 지속적으로 강조할 사항이지만, 경영자는 기업의 모든 측면을 포괄할 수 있는 전반적인 지식이 있어야 한다. 더 정확하게 말하자면, 경영자는 기업을 운영하면서, 현재의 기업의 상황(Condition)을 판단한 결과, 양적성장 요소와 질적성장 요소간의 균형(Balance)이 적절한지에 늘 관심을 기울여야 하는 것이다.

〈그림 1-7〉 : 기업의 Value 창출 핵심요소

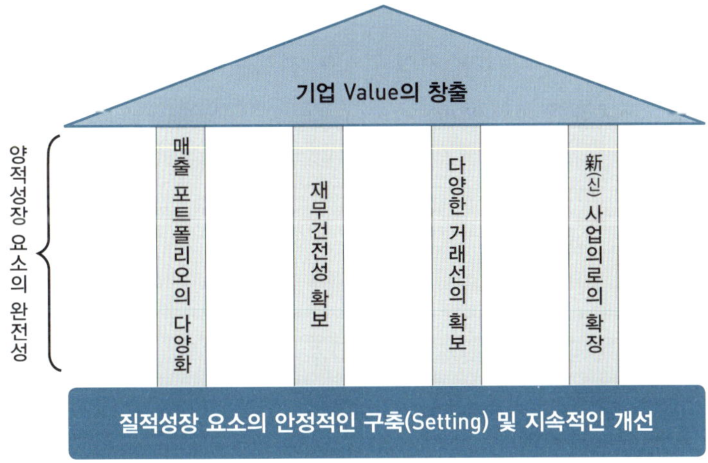

TIP 결국 'Value의 창출'을 위해서 양적 요소와 질적 요소간의 조화가 필요하다고 할 수 있다. 경영자의 지속적인 관심과 실행만이 그 출발점이 될 것이다.

memo

경영자가 앞의 〈그림 1-7〉과 같은 그림(Image)을 '성공적인 기업경영을 위해 필수적으로 갖추어야 할 구도(Structure)'라고 인식하였다면, 경영자 자신뿐 만이 아니라, 기업 구성원 전체에게 이러한 내용을 인식(혹은 습득)시키고자 해야 한다. 이러한 사항을 '변화관리'의 관점에서 생각할 수 있는 바, 이제 다음 Lesson에서는 '변화관리'에 대한 사항을 살펴보고자 한다.

"전쟁의 승리를 위해선 창과 방패가 동시에 필요하다.
기업경영이라는 전쟁에서 창과 방패는 결국
양적성장과 질적 성장이 될 것이다"

Lesson 4

변화관리에 대한 이해와 실행

"변화관리는 리더가 먼저 '진정성' 있게
변하고자 하는 열의를 가지고자 하는 것에서 출발한다.
하지만 이는 리더 자신의 '희생'을
필요로 할 수도 있음을 이해하여야 한다"

'변화'라는 주제는 참으로 이해하기 난해하면서, 동시에 달성하기 힘든 목표이다. 기업뿐 만이 아닌 개인 역시, 변화라는 주제 앞에서 늘 낮은 성공율을 보이는 것은 이를 반증하는 것이라 할 수 있다(통계에 따르면 기업이 혁신 및 변화를 시도해서 성공할 확률은 20~25%에 불과하다고 한다). 여기서 변화라는 주제를 단어적인 측면에서 단순화 한다면 '현재의 상황'에서 '다른 상황'으로 이동하는 것을 의미하며, 이를 기업의 관점에서 본다면 결국 '기업의 현 상황'에서 보다 '개선된 상황'으로 이동한 결과 혹은 과정을 의미한다고 할 수 있다.

앞의 'Lesson 1에서 Lesson 3'까지의 주요 내용은, '기업의 현 상황을 이해할 때는 단순한 재무관점(혹은 양적 관점)뿐 만이 아닌 비재무관점

(혹은 질적 관점)까지 동시에 고려해야 하고, 이를 통해 기업의 생성주기(Life Cycle)를 적정하게 이해할 수 있다'로 정리할 수 있다. 덧붙여 설명하자면, 현 상황의 이해는 기업이 현시점에서 필요한 개선과제를 도출하는 근거가 되며, 이러한 미시적인 개선과제를 종합하여 기업이 달성해야 할 일정 기간 동안의 목표를 수립할 수 있음을 알 수 있는 것이다.

상기의 사항을 '기업의 변화관리'라는 관점에서 정리하자면, '기업의 변화관리'란 기업이 직면한 현 상황을 '내부적, 미시적 사항'과 '외부적, 거시적 사항'으로 구분하여, '거시적 환경의 분석을 바탕으로 미시적인 개선을 지속적으로 달성하고, 결과적으로 기업의 비전(Vision)을 달성하는 과정 및 결과'로 이해 할 수 있을 것이다.

〈그림 1-8〉 : 기업의 변화관리 개념도

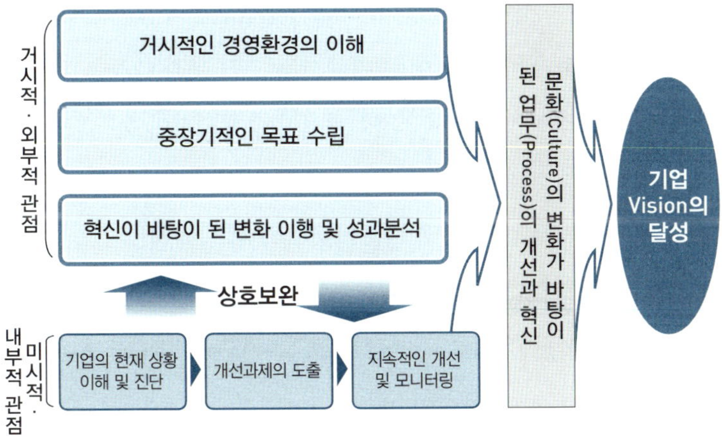

TIP 성공적인 변화관리는 경영환경에 비추어 기업의 현재를 '진단'하는 것에서 출발한다. 이 점이 정말 중요하다.

memo

〈그림 1-8〉에서 보듯, 변화(변화관리)의 최종목표는 당연히 기업 'Vision의 달성'일 것이다(기업 Vision의 수립방안은 후술하는 'Chapter 2. Lesson 5'를 참고하기 바란다). 이를 위해서는 조직 문화(Culture)의 변화가 바탕이 된 자발적인 업무(Process)의 개선이 수행되어야 하는데, 이는 거시적 경영환경과 목표를 지탱할 수 있는 미시적 관점의 지속적이면서 꾸준한 업무 및 관리의 개선이 뒷받침되어야 하는 것이다.

변화관리에 관하여 시중에 나와 있는 각종 연구물이나 책자를 보면, 성공적인 변화관리를 위하여 가장 필수요소를 꼽는 것이 바로 '최고경영자의 지속적인 관심과 지원'이다. 저자가 강조하고자 하는 사항도 이와 일맥상통한다.

변화관리에 대한 사항을 구체적으로 다루기 위해서는 이 책을 모두 변화관리에 대한 설명으로 채운다 해도 모자라기 때문에, 본 책에서 다루고자 하는 사항은 경영자가 '알아야' 할 변화관리에 대한 최소한의 사항으로만 국한하고자 한다. 또한, '중소기업의 경영자를 대상으로 한다'는 이 책의 흐름에 맞추어 가상의 사례를 만들어 독자의 변화관리에 대한 이해를 높이고자 한다. 이에 우선 경영자가 알아야 할 변화관리의 성공요건을 나열하면 다음 페이지의 설명과 같다.

〈그림 1-9〉 : 경영자가 알아야 할 변화관리의 성공요건

- 아무리 성공적인 기업이라 할지라도 변화를 시도하지 않으면 결국 '성공함정(Success trap)'에 빠질 수 밖에 없다고 인지할 정도의 '변화관리의 중요성'을 인식

- 변화관리의 가장 중요한 사항은 '조직문화'의 이해가 선행되어야 함을 알고, 조직과 그 구성원의 문화를 이해하려 하는 적극적인 자세

- 기업마다 적합한 변화관리 방법론이 다를 수 있음을 이해하고, 우리 조직에 가장 적합한 변화관리 방안이 무엇인지 조직원 들과 탐구하려 하는 자세

- 우리조직에 필요한 변화관리 목표와 지표를 설정하고, 이의 동인(Driver)을 결정한 후, 성급하지 않은 꾸준한 자세로 목표 및 동인관리를 하고자 하는 인식

- 조직원들과의 지속적인 Communication을 통하여 변화관리의 주체가 되거나, 별도의 관리자를 선별하여 변화관리가 지속적으로 수행될 수 있는 환경의 설정 혹은 지원

- 일단 설정된 변화관리프로그램 등은 단기적으로 그 성과가 나타나지 않더라도 운영의 방안은 바꿀지언정 본질은 바꾸지 않도록 하는 일관성 유지

- 변화관리에 부정적인 조직원에 벌을 주기보다는, 적극적이고 성과가 높은 조직원에 상을 부여하여 변화관리에 대한 저항을 최소화 할 수 있는 환경의 조성

TIP 변화는 CEO 혼자 하는 것이 아니기에 위 사항에 대한 기업 내 전사적인 공유가 중요하다. 그 전에 위 사항에 대한 CEO의 이해가 선행되어야 함은 물론이다.

memo

서두에서 언급한 것처럼, 기업의 변화관리 성공율은 20~25%에 지나지 않는다. 이러한 통계치는 '변화관리에 대한 완벽한 이론'이 그 성공을 보장한다기보다는 '이론을 넘어선 그 무엇'이 변화관리의 성공을 보장하는 것을 보여주고 있다고 생각된다. 사실 변화관리에 특별한 이론은 필요 없다고 저자는 판단하고 있다. 변화관리는 이론보다는 실천의 문제이며, 속도보다는 꾸준함의 문제라고 생각한다. 상기에서 보더라도, 변화관리의 성공요건은 이론보다는 '자세'와 '인식'에 그 핵심이 있다고 할 것이다.

이에, 변화관리의 이론 설명을 대체하여 '변화관리 시뮬레이션', 즉 하나의 간단한 사례를 가정하여 성공적인 변화관리의 모습을 그려보고, 각각의 단계에서 시사하는 바를 설명하고자 한다(사실 본 사례는 저자가 직접 경험한 사례이며, 회사명 등 일부를 픽션화하여 설명하기로 하겠다).

"변화관리의 성공여부는 CEO의 의지와
그 의지에 대한 임직원과의 공유,
그리고 꾸준한 실천에 있다"

〈그림 1-10〉 : 사례 대상 기업 요약

회사명	주식회사 ABC정보컨설팅(가칭)
주요업무영역	기업(중견기업 이상)을 대상으로 전산/정보 컨설팅 서비스 제공
창업일 이후 경과연수	7년
매출액 규모	50억
종업원수	30명
주요 고객(사)	카드사, 증권사, 은행 및 건설사 등
대표이사의 성향	일의 추진력이 매우 강함. 정보에 민감하며, 상당히 꼼꼼하게 회사의 작은 부분까지 직접 관여 함
최대 약점	Global 컨설팅사에 비하여 객관적으로 낮은 Manpower, 낮은 지명도
고객들의 평판	최선을 다해서 일을 수행하는 모습 등이 좋다는 평판, 다만 컨설턴트 개개인의 역량(객관적 관점)은 낮다는 평판 존재
대표이사의 목표	Global 컨설팅사를 뛰어넘는 토종 컨설팅 회사를 만들겠다
변화관리 전의 Vision	뛰어난 전문가 Group

TIP 본 사례를 독자 여러분 회사의 현황에 비추어 이해한다면 보다 깊은 논의가 가능하리라 판단된다.

memo

위 ㈜ABC정보컨설팅(이하 '회사'라 함)의 사례는 약 2004년도 당시 해당 회사의 현황이었다. 상기에서 보듯, 회사는 굴지의 Global컨설팅 회사에 비해 지명도가 낮았으며, 그로 인해 객관적으로 Manpower(뛰어난 학벌, 뛰어난 경력 등)가 뛰어난 직원을 채용하기 어려운 형편이었다. 하지만, 대표이사의 목표는 '그럼에도 불구하고 Global 컨설팅 회사를 뛰어넘는 토종 컨설팅 회사를 만들겠다'였다. 컨설팅 서비스 사업에 대하여 아는 독자라면, 일반적으로 소규모 컨설팅회사가 해외 유명 컨설팅 회사와의 제휴 등이 없이 대기업의 컨설팅 서비스를 수주하기란 매우 어렵다는 것을 너무도 잘 알고 있을 것이다.

당시 회사의 대표이사는 회사의 약점을 정확히 파악하되, 약점을 일반적인 상식과는 다른 접근법으로 그 약점을 보완하고자 하였다. 즉, 직원들의 ① 객관적인 Manpower가 떨어지는 부분을 '외부에서 뛰어난 직원을 뽑는 것이 아닌 내부직원의 '변화'를 통해', 그리고 ② 외부지명도의 부족부분을 'Global 컨설팅사와의 제휴가 아닌 '업무성과의 향상이라는 변화'를 통해 회사가 지닌 두 가지 가장 큰 약점을 보완하고자 한 것이다. 요약하자면, 대표이사는 회사 내적인 사항의 '변화 혹은 혁신'을 통해 자사가 지닌 최대의 약점을 보완하는 동시에, 급변하는 컨설팅 서비스 시장에 대응하고자 한, '변화관리' 혹은 '변화에 의한 경영'을 시도한 것이다.

결과적으로, 약 7년이 지난 시점(혹은 회사가 창립한지 10여 년이 지난 요즘)에 보자면, 대표이사의 일관된 확신과 정책, 즉 '변화관리'의 성공에 대한 믿음 하에 '변화관리'를 추진한 결과물인 회사의 현재 상황을 요약하면 〈그림 1-11〉과 같다.

〈그림 1-11〉 : 변화관리의 성공적인 결과

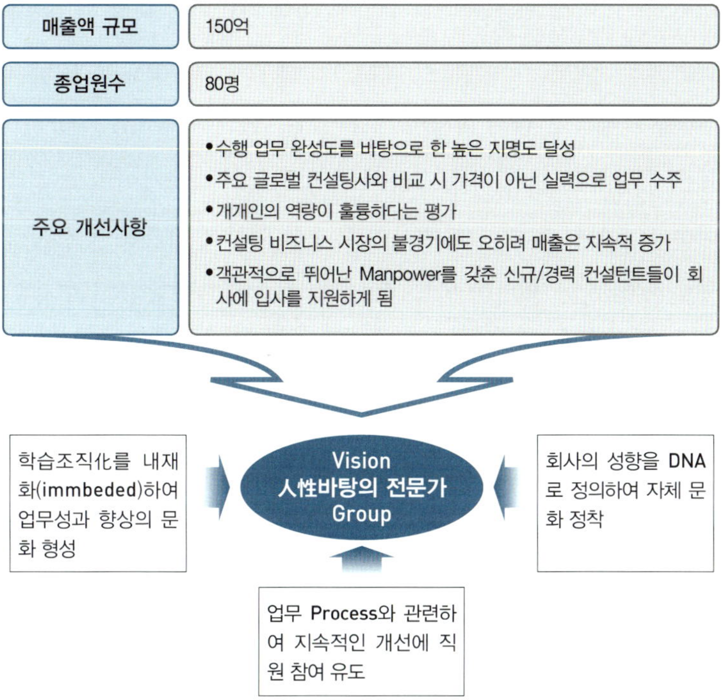

TIP 다음 페이지를 넘기기 전에 어떻게 위와 같은 '변화에 의한 개선'이 가능했는지 '자문자답'해 보고, 그 내용을 메모해 보는게 어떨까?

memo

성공적인 변화관리를 바탕으로 '매출액의 지속적인 성장, 고객 평판도의 상승 및 미래 매출 증대를 위한 잠재력 기반의 구축'을 달성함으로써, 회사는 컨설팅 회사로서의 성공적인 궤도에 안착했다고 할 수 있겠다. 이를 달성하기 위해 회사의 대표이사는 단기적이지 않은 장기적인 목표를 수립하였으며, 이에 대하여 전 임직원의 적극적이면서 '꾸준한' 참여를 유도하였다. 컨설팅회사의 특징상 외부에 파견중인 직원이 많음에도 불구하고, 온라인 커뮤니티(내부 인트라넷)의 충분한 활용을 통하여 '변화관리'의 상황을 한시적인 '이벤트성'으로 끝내려 하지 않았다.

본 사례의 회사가 '변화관리'에 성공한 이유를 수행한 업무의 일련의 순서, 즉 Process(즉 변화관리 Process)차원에서 살펴보면, 이의 각 단계별 시사점은 〈그림 1-12〉와 같이 간략하게 정리할 수 있다.

"진정한 변화관리는 외형의 변화가 아닌
내적인 변화가 수반되어야 한다.
마치 인성이 변화되어야 하는 것과
같은 이치라고 할 수 있다"

〈그림 1-12〉 : 변화관리 수행 내역과 시사점

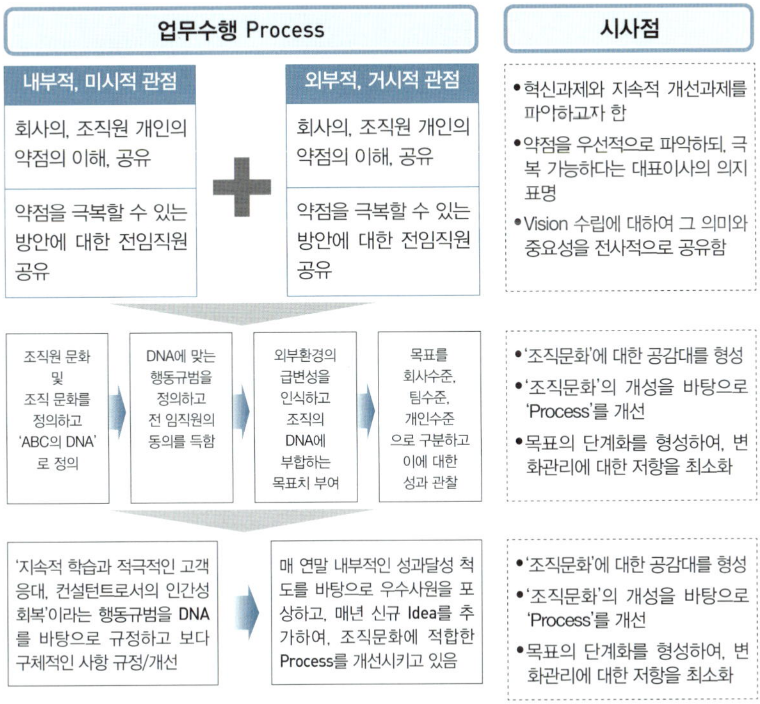

TIP 위 그림을 이해하면 알겠지만, '변화관리' 과정에 처벌은 없다. '독려'와 '포상'만 있을 뿐이다.

memo

상기 성공사례의 핵심 성공요인을 한 문장으로 요약한다면, '대표이사의 체계적이고 일관된 정책, 그리고 이에 대한 임직원의 공유'라고 할 수 있다. 위에서 보듯, 성공적인 변화관리에는 거창한 이론이 존재하거나, 복잡한 Process를 요구하지는 않는다. 오히려 단순하고 명쾌한 방향 및 방법의 정립하에, 꾸준한 실천만을 요구할 뿐이다. 그렇다면 많은 기업들이 변화관리에 실패하는 이유는 무엇일까? 오히려 변화관리의 시도 후, 조직 임직원들의 저항감, 반감만 남겨놓은 채 더 악순환을 불러오는 이유는 무엇일까? 상기의 성공사례에 대하여 성공요인과 이에 반대되는 실패요인을 요약한다면, 그 이유를 이해할 수 있으리라고 본다.

"어중간한 변화에 대한 시도는
조직원들에게 상처와 후회만 남긴다.
어쩌면 다시는 변화관리를 시도해 보지 못할
요인을 주는 것과 같다.
그만큼 변화관리는 신중하게 시작하고
집요하게 실천해야 한다"

〈그림 1 -13〉: 변화관리의 성공요인과 실패요인

성공요인	실패요인
채택된 변화관리 운영방안의 고수	변화관리 목표, 운영방안 등의 잦은 변동
대표이사의 주도 하에 꾸준한 실천 및 주기적인 성과 Feedback	회의체를 통하여 대표이사는 '보고'만 받는 식의 변화관리 운영
자사 조직문화의 특이성을 인정한 후, 그에 알맞은 변화관리 프로그램 운영	타사의 성공사례를 일방적으로 벤치마킹 함으로 인한 자사의 특이성 무시
단기적 목표(개선활동)과 장기적 목표(혁신활동)의 상호 조화 추구	장기적인 목표만을 부여함으로써, 성과달성에 대한 의욕을 상실시킴
성과에 대한 포상을 중심으로 변화관리에 대한 참여 유도	변화관리에 실패한 직원에 대한 징계를 통한 강제적 통제

TIP 재미있는 사실은 변화관리를 시도하는 대부분의 기업이 '실패요인'에 따라 변화관리를 수행하고 있다는 사실이다. 독자 여러분의 회사는 어떠한가?

memo

변화관리는 개인과 조직을 같은 선상에서 개선하는 과정을 의미한다. 이 과정에서 개인의 특성, 조직의 특성을 고려해야 함은 아무리 강조해도 지나치지 않을 것이다. 개인 및 조직의 특성을 반영한 Process 개선의 지속적 실천이 변화관리의 본질이며, 뚜렷한 목표의식 하에서 수

행되는 지속적인 개선과 거시적인 혁신이 변화관리의 두 가지 축이라 할 수 있을 것이다

변화관리의 총괄 책임자는 대표이사가 될 것이다. 여기에 이를 관리하는 담당자의 별도 지정도 매우 중요하다고 할 수 있다. 변화에 대한 저항을 최소화 할 수 있는 방안을 계속 고민하며, 변화해야만 살아 남는다는 필요성의 인식은 변화관리 성공의 전제조건이다.

'실천'이 중심이 된 행동양식의 개선을 꾸준히 모색하고, 징계보다는 포상 중심의 변화관리 문화를 수립하여야 한다. 기업의 변화는 환경변화에 대응하는 과정에서 기인된 필수적인 사항이며, 이는 기업의 존망과 직결된다는 사실을 경영자나 임직원 모두가 충분히 공감해야 할 것이다.

CONCEPT
NO
FAIL
strategy
PLAN
IDEA
STRATEGY
PLAN
TEAM
45% is SALE
MARKETING
PRODUCT
CONSUMERS
25% time
INTERNET
LOADING TV SERVER
main
A. ASIA
B. INDIA
C. USA
SUCCESS!
MAIN
Sub
300
2000
100%
25%
75%
50%
WWW
iDeA 45% is SALE!
TEAM
internet
MARKETING
SUCCESS
CLOUD
ANALYSIS

Chapter

02

실행가능한, 실행하여야 하는 로드맵Roadmap의 수립

기업 존립의 1차적인 목표는 이윤의 창출일 것이다. 이 명제는 반론의 여지가 없는 사실이다. 하지만 대부분의 경영자들이 단순히 '이윤창출'만을 기업의 존립 목적으로 수립하지는 않는다. 경영자 개인의 철학, 혹은 조직의 철학(또는 가치관이라 할 수 있다)을 수립하고, 그 안에서 행동원칙을 수립하며, 변하지 않는 원칙하에 구체적인 목표를 수립한다.

또한 이러한 목표를 달성하기 위해서 전략(Strategy)을 수립하고, 또 실천하고자 한다. 기업의 철학을, 또는 경영전략의 상위 개념을 '비전(Vision)'이라 할 수 있다. 즉, 경영자 혹은 조직의 철학을 근간으로 한 Vision의 수립은 기업 경영의 초석이요, 始發點(시발점)이라 할 수 있을 것이다. 이에 본 장에서는 기업비전의 수립, 전략의 수립, 목표의 수립 등에 대하여 경영자가 알아야 할 필수 요소에 대하여 논의하고자 한다.

Lesson 5

비전, 비전?
비전!

"비전은 현재 수립된 기업의 장·단기 목표에 대한 명분을 제공한다.
이 하나의 사실만으로도
CEO의 비전수립이 왜 중요한지에 대한 충분한 답이 될 수 있다"

"우리의 비전(Vision)은 물을 이기는 것이다." 뜬구름 잡는 소리로 들리지만, 위의 간단한 한 문장이 '코카콜라'의 비전이다. 기업을 설립한 경영자라면, 단순히 '돈을 많이 벌자'라는 생각보다는, 그것을 초월한 이미지를 늘 생각할 것이다. 추상적인 무엇보다는, 기업의 전 임직원이 다 같이 그리고자 하는 미래의 기업의 이미지, 즉 '象(상)'이 바로 '비전(Vision)'인 것이다. 마치 코카콜라의 비전이 '사람들이 물보다 콜라를 더 많이 마시는 모습'과 같다고 할 수 있다.

그렇다면 비전의 좀더 정확한 정의는 무엇일까? 비전의 정의를 올바로 알기 위해 사전적으로 어떠한 사항을 알아야 할까? 그리고 경영자가 비전의 중요성을 알아야 하는 이유는 무엇이며, 훌륭한 비전의 요건은 무엇일까? 또한 비전과 여타의 기업이 필요한 요소(예를 들면, 변화관리, 로드맵, 중장기 경영계획 등)와의 관계는 무엇일까?

사실 상기의 질문에 대하여 명쾌한 답을 할 수 있는 경영자는 상당히 드물 것이다. 그 이유를 생각해 보자면 '비전'이라는 주제 자체의 난해함(해석상의 난해함 혹은 다양함일 수 도 있겠다)도 있지만, 늘 접하는 단어이기에 오히려 그 구체적 의미에 대하여 고민을 하지 않은 원인도 있으리라 생각된다.

경영자가 비전의 중요성을 이해하고, 올바른 비전을 수립할 수 있기 위해, '비전'에 대한 명확한 이해가 필요하다고 생각된다. 이를 위해 일반적으로 기업에서 '비전'과 혼동하여 사용하는 단어들에 대한 정의를 내려보면 〈그림 2-1〉과 같을 것이다.

〈그림 2-1〉 : 비전, 경영이념(미션), 가치, 전략에 대한 정의

비전(Vision)

- 신뢰할 만하고 매력적인 조직의 미래상
- 조직이 진정으로 원하는 것에 대한 미래象
- 미션에 근거하여 사업을 통해 실현할 일, 모습

경영이념(미션)

- 조직의 존재 이유, 조직의 본질
- '왜 존재하는가'에 대한 답

가치

- 조직을 인도하는 불변의 원칙
- 전략 등은 변화가 가능한 반면, 가치는 환경 등의 변화에도 불구하고 불변
- 조직의 성공철학

전략

- 목표달성을 위하여 조직의 자원을 효과적으로 배분/조합하는 기능
- 기업의 현재 모습을 비전에 가깝게 이동시키기 위한 수단

TIP 비전, 미션, 가치 및 전략..단어를 외우는 것보다, 그 의미를 한번 이해하고 각각의 단어에 대하여 독자 여러분 회사는 어떠 한지 생각해 보는게 중요하다.

memo

비전, 미션, 가치 및 전략의 정의와 차이를 이해했다면, 이제 그 이해를 바탕으로 올바른 '비전'을 세워야 할 것이다. 하지만, 이에 앞서 더 중요한 것은 '비전의 필요성'을 인식하는 것이라 할 수 있다. 많은 기업들이 각각의 비전을 세웠음에도 불구하고, 필요성에 입각한 비전수립이 아닌 형식적으로 비전을 수립하기 때문에, 비전수립의 효과성을 전혀 달성 못하고 있다.

'비전'은 조직을, 그리고 조직원을 일깨우는 힘의 원천이다. 강력하고 호소력 짙은 비전은 조직의 의식을 일깨운다. 링컨, 마틴 루터 킹 같은 정치가들은 호소력 짙은 비전을 통해 국민의 의식을 일깨우고, 국민의 움직임을 유인했다. '창고마다 자동차를 한 대씩 갖게 하겠다'는 헨리포드의 비전, '집마다 컴퓨터를 갖추게 하겠다'는 스티브 잡스의 비전 등이 조직원들의 감정, 상상력을 일깨우는 원동력이 되었고, 적절하게 자원을 동원하게 하는 指標(지표)가 되었다.

비전은 명확한 의무와 가치, 철학과 결합할 때 조직이 나아가야 할 방향을 안내하는 별자리의 역할을 하며, 계획수립과 의사결정, 조직적 행위에 지침을 준다. 이러한 비전의 역할, 필요성을 인지해야, 개별 기업에 알맞은 적절한 비전을 수립 할 수 있다. '세계 1등 품질', '세상을 아름답게 만드는 기업' 등의 형식적인 비전은 누구도 감동시킬 수 없으며, 비전의 궁극적 역할인 기업 방향성의 指標(지표) 역할도 하지 못한다. 그렇다면, 훌륭한 비전이 갖추어야 할 요소는 무엇이 있을까?

〈그림 2-2〉 : 훌륭한 비전이 갖추어야 할 요소

- 변화를 기대하는 조직원에게 의미를 제공하고 현재와 미래를 연결해야 한다.
- 미래의 상태에 대한 명확하고 긍정적인 이미지를 환기시켜야 한다.
- 단순하고 명확하며, 조직원들에게 열망을 심어주어야 한다.
- 비전 달성을 위한 '핵심요인(Key Driver)'을 보여줄 수 있어야 한다.
- 비전과 기업의 핵심역량이 연계되어야 한다.
- 비전에는 기업의 미래 목표치가 내재되어 있어야 한다.
- 비전과 기업의 경영계획 수치가 연계될 수 있어야 한다.

TIP 상기 내용을 포함하는 비전이 독자 여러분 회사에 존재하는지 확인해 볼 일이다. 아니라면, 지금 비전을 수립을 위한 스케치를 해보는 것은 어떨까?

memo

훌륭한 비전수립을 통해 경영자는 조직원들에게 기업이 나아가야 할 방향을 제시한다. 그리고 나아가야 할 방향으로 조직원들을 변화시키며 이끌어간다. '변화'에 대해서는 앞의 'Chapter 1 Lesson 4'에서 논한 바와 같이 지속적이고 꾸준한 실천이 필요하다. 또한 비전을 통하여 경영자는 조직의 전략을 도출할 수 있다. 비전의 달성, 즉 기업의 궁극적인 목적 달성을 위한 통로가 바로 '전략'이 될 것이다. 정리하자면, 현재 상황에서 보다 나은, 즉 기업이 궁극적으로 나아가야 할 방향점이 비전이라면, 경영자는 비전달성을 위한 전략을 제시하고 이의 이행에 참여 및 독려해야 할 것이며, 이러한 이행을 위한 지속적인 관리가 바로 변화관리가 되는 것이다. 전략, 비전, 변화관리 및 기타의 요소의 관계를 표현하면 〈그림 2-3〉과 같이 나타낼 수 있을 것이다.

"때론 올바른 비전이
전략 실행을 위한 명분을 제공한다.
오랫동안의 실행을 요구하는 변화관리에 있어서
올바른 비전은 성공의 버팀목이 될 수 있다"

〈그림 2-3〉 : 비전, 전략, 변화관리 및 기타 요소들과의 관계도

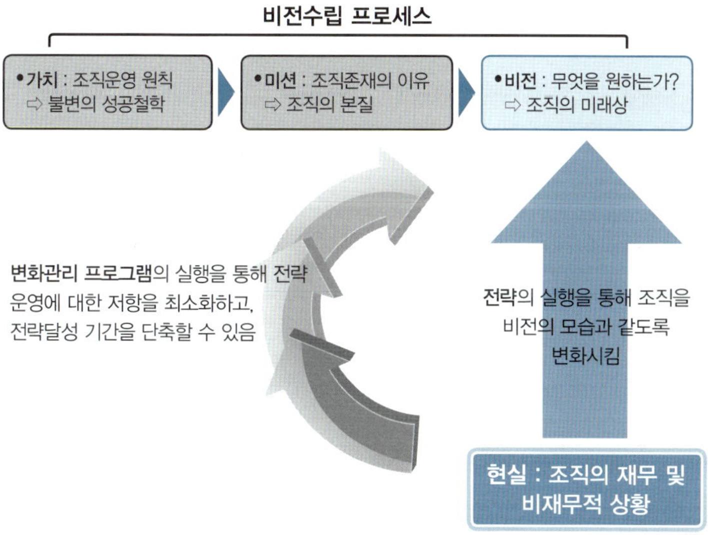

TIP 위 그림에 대한 이해를 통해 경영자는 올바른 비전수립을 할 수 있어야 한다. 비전은 '우리가 무엇을 원하는가'에 대한 궁극적인 해답임을 이해하여야 한다.

memo

위 그림을 요약하자면 '비전수립을 통해 전략이 나오고, 이러한 전략을 효율적으로 달성하기 위해 변화관리가 필요하다'라고 할 수 있겠다. 즉, 현실과 동떨어진 비전, 현실에 비추어 볼 때 기업이 수행 불가능한 전략이 바탕이 된 비전 등은 비전으로서 의미가 없다고 할 수 있는 것이다. 비전에 현실성을 부여하고 비전이 가지고 있는 본래의 의미와 목적을 갖추고 달성하기 위해 가장 중요한 사항으로 '비전달성을 위한 핵심요인(key Driver)'를 전 임직원이 인식하고 공유하는 것이다.

'비전달성을 위한 핵심요인'이란 전략과는 다른 의미로 해석되어야 한다. 전략이 비전달성을 위해 '조직의 자원을 효율적으로 배분/조합'하는 과정(Process)이라면, 핵심요인(Key Driver)이란 어느 요소에 자원을 배분 혹은 조합하여야 하는가의 목적물이다. [즉, 비전달성을 위해 '우선적'으로 달성해야 하는 '최소단위의 목적 혹은 목표'로서, 이러한 요소의 극복 내지는 개선을 통해 비전을 달성할 수 있다고 할 수 있는 것이다.] 요약하자면, 비전이라는 큰 숲에서 'Top Down Approach'를 통해 숲을 구성하는 나무를 인식하는 것이 '비전달성을 위한 핵심요인'의 올바른 이해라고 하겠다.

비전과 비전달성을 위한 핵심요인의 사례를 간략하게 든다면 〈그림 2-4〉와 같다.

〈그림 2-4〉 : 비전과 핵심요인 사례

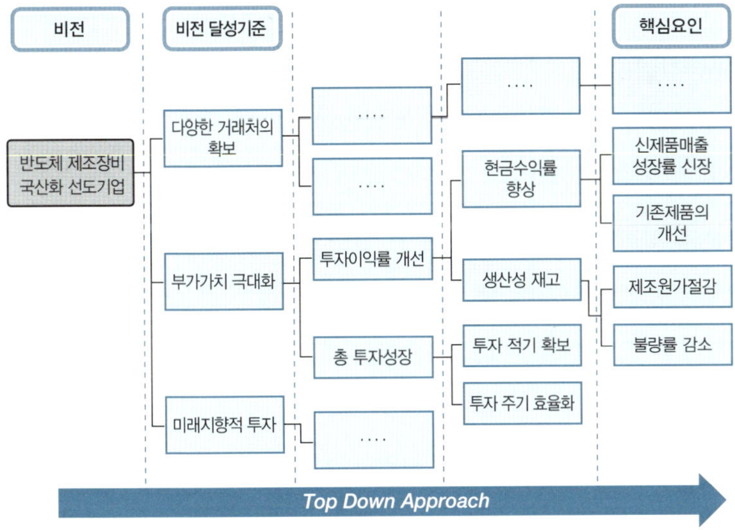

TIP 독자 여러분 회사의 비전은 무엇이며, 그 비전을 달성하기 위한 핵심 (성공)요인은 올바르게 결정되었고 임직원들과 공유되고 있는가?

memo

위 그림에서 보듯, 수립된 비전을 바탕으로 비전의 달성여부를 판단할 수 있는 기준을 수립하고, 그 기준을 충족하기 위한 요소들을 'Top Down'방식으로 분석하면, 결국 비전 달성을 위한 핵심요인을 도출할 수 있다. 여기서 중요한 것은, 핵심요인을 한꺼번에 달성할 수는 없기 때문에, 앞에서 언급한 '전략', 다시 말해서 '기업의 자원을 효율적으로 배분/조합하는 선택'이라고 할 수 있는 전략이라는 경영자의 결정이나 방향이 중요한 것이며, 이러한 전략을 효율적으로 성공시키기 위한 '변화관리'가 또한 필요하다고 할 수 있겠다.

> "비전과 핵심요인에 대한 전 직원의 공유와 이해의 중요성은
> 두말할 나위가 없다고 하겠다.
> 또한 핵심요인에 대한 달성여부를
> 경영자와 기업의 임직원이 주기적으로 Feedback하는
> '비전달성을 위한 실천 문화의 형성'도
> 매우 중요하다고 할 수 있다."

지금까지의 내용을 종합하자면, '① 어떠한 비전이 훌륭한 비전이며, ② 기업에게 왜 비전이 필요하고, ③ 비전달성을 위해서 무엇을 이해하고 실행해야 하는지'에 대한 것이었다. 만약 수립한 비전이 달성되었다면, 그 후에 할 일은 무엇일까? 예를 들자면, '5년 내 매출 1,000억 달성, 시장점유율 50% 달성'이라는 비전을 수립한 기업이 그 비전을 달성하였다면, 그 후에 경영자가 수행해야 할 사항은 무엇이 있을까?

철학자 비트겐시타인은 "담장을 오르고 나면 사다리는 버려야 한다."

는 말을 남겼다. 이 말을 기업의 비전에 적용한다면, 달성된 비전은 과거의 것이며, 새로운 목적하에 새로운 비전을 수립해야 한다고 할 수 있겠다. 바꾸어 말하면 비전은 고정된 목표가 아니라 움직이는 목표(moving target)가 되어야 하는 것이다.

비전을 통해 경영자는 임직원의 감성을 깨울 수 있다. 지향하고자 하는 목표제시를 통해 내재된 잠재력을 깨울 수 있다. 하지만 이러한 사항을 위해선 올바른 비전을 수립하고, 구체적으로 그 성공요소를 정의하며, 꾸준하게 비전달성을 위한 실천을 독려하는 경영자의 지속적인 관심이 필수적이다.

아마도 비전을 수립하지 않은 기업은 없을 것이다. 하지만 수립된 비전의 진정한 의의를 임직원이 공유한 회사는 상당히 드물다. 이러한 사항을 인식하고, 지금부터라도 비전에 대한 인식을 새롭게 하길 바라는 바이다.

Lesson 6

필요한 것의 규정, 큰 그림을 그리자

"비전의 수립이 실제 기업에 가치를 제공하기 위해선
비전 달성을 위한 행동방향이 아주 구체적으로 결정되어야 한다.
여기서 중요한 것은 '구체적'이어야 한다는 것이다."

회사의 현황을 이해하고 회사가 나아가야 할 방향(모습, 비전)을 설정하였다면, 이제 경영자에게 남은 과제는 '비전을 달성하기 위해 무엇(Things)이 필요한가?'에 대한 답안을 마련하는 것이다. 동시에 이러한 답안을 전사가 공유할 수 있도록 하고, 체계적인 행동지침을 마련하는 것이 필요하다.

일반적으로 기업에 필요한 프로세스의 구축, 혹은 재설계 등을 지칭하는 일련의 활동을 BPR(Business Process Reengineering)이라 부른다. 하지만 저자가 여기서 설명하고자 하는 것은 BPR이라는 전문 컨설팅 용어를 설명하거나 그의 적용을 Guide 하자는 것이 아니라, 개별 기업의 현 상황에 대한 이해를 바탕으로 기업이 비전달성을 위하여 경영자가 할 수 있는 큰 그림(Big Picture—이는 필요한 것을 규정하기 전에 전체적인 '숲'을 그리는 과정으로 이해하면 될 것이다)을 그리는 방법, 그리고 이를 다시 Top—Down하여 전사적 행동지침으로 옮기는 과정을 설명하고자 하는 것이다. 다만, 상기의 과정에 대한 선반적인 흐름이 BPR의 그것과 유사한 측면을 많이 보이기에, BPR이란 단어를 언급한 것이다.

Big Picture, 즉 '기업 비전 달성'이라는 목적 달성을 위한 요소를 포함하는 '전체적인 숲'을 그리기 위해 일반적으로 〈그림 2—5〉와 같은 절차를 고려해 보아야 한다.

"비전의 달성 과정은 어찌 보면
끊임 없는 개선과정으로 이해할 수 있다.
이 개선과정은 상당히 실천지향적이며
합리적이어야 한다."

〈그림 2-5〉 : 전사적 업무개선 활동 Process

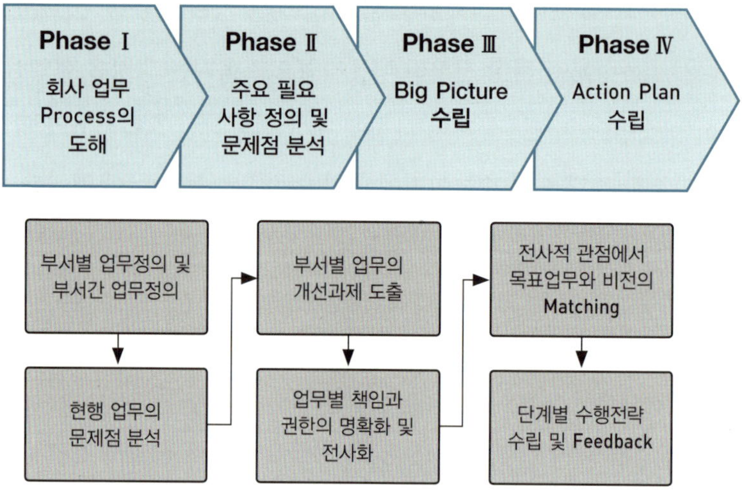

TIP 비전의 달성과 위 그림이 결코 별개의 이야기를 하고 있는 것이 아니라는 점을 이해할 수 있어야 한다.

memo

위 그림의 제목이 '전사적 업무개선 활동 Process'인 이유는, 경영활동에 필요한 활동을 정의한다는 개념이 결국 '改善(개선)'과 같은 의미에서 해석될 수 있기 때문이다. 그렇다면 개선을 통해 달성하고자 하는 목적은 무엇일까? 즉, 위와 같은 개선활동을 해야 하는 이유는 무엇일까?

사실 상기에 대한 대답을 명확히 해야만, 우리는 '큰 그림(Big Picture)'을 합목적적으로 그릴 수 있을 것이다. 개선활동의 목적 즉, 기업의 경영에 필요한 활동을 정의하고, 이에 대한 큰 그림이 필요한 이유는 '기업의 비전'을 확실하게 달성할 수 있게 하기 위함이다.

기업의 비전을 달성하기 위한 방편에 대하여 '〈그림 2-4〉'에 표시되어 있듯이, 기업의 비전을 'Top Down Approach' 접근방법을 통해 Drill Down을 하면 비전달성을 위한 '핵심요인'이 도출됨을 알 수 있다. 결국 경영자가 해야 할 일은 '비전을 수립하고, 비전 달성을 위한 핵심요인을 정의하며, 핵심요인의 중요성에 따라 우선순위를 결정한 후, 그 핵심요인을 단계적으로(일반적으로 이러한 방법을 '단계적 접근법'이라고 한다) 실행할 수 있는 조직을 만드는 것'이다. 그리고, 이러한 조직을 구성할 수 있도록 '큰 그림'을 그리고, 조직이 수행하여야 할 구체적인 업무를 정의하는 과정이 결국 개선과제를 결정하는 과정이며, 이를 다른 말로 '필요한 것을 정의'하는 과정이라 할 수 있다.

결국 '비전'과 〈그림 2-5〉에 표시된 'Big Picture'는 같은 Level에서 이해할 수 있는 것이며, '핵심요인'과 '구체적인 활동(본 Lesson에서는 '필요한 것'이라고 정의 된 단어')을 같은 Level에서 이해할 수 있는 것이다. 이러한 사항을 〈그림 2-4〉의 사례와 연계지어 예시를 들면 〈그림 2-6〉과 같다.

〈그림 2-6〉 : 비전과 업무정의 Matching 사례

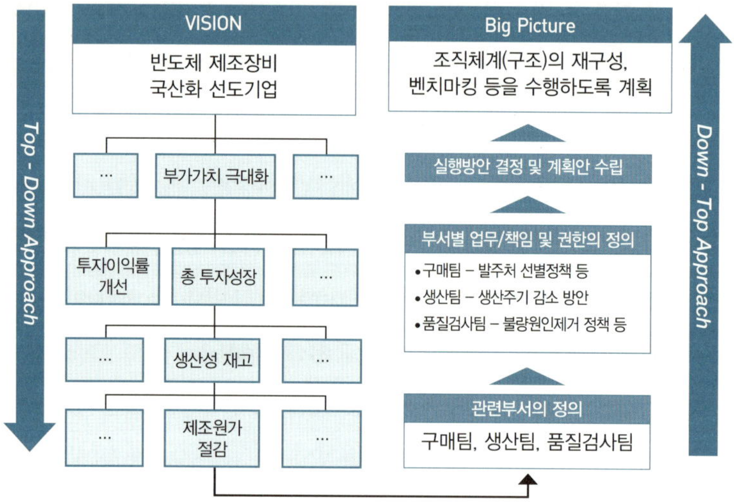

TIP 비전과 업무와의 연계과정을 도해한 그림으로, 비전이 각각의 조직원들에게 어떻게 영향을 줄 수 있는지 이해할 수 있는 그림이다.

memo

상기의 사례는 '반도체 제조장비 국산화 선도기업'이라는 비전을 Drill Down하여 '제조원가절감'이라는 핵심요인을 도출하고, 이 핵심요인을 수행할 부서의 정의, 업무/책임 및 권한을 정의함으로써, 실행방안을 계획 및 결정하는 '아래에서 위로의 접근방법(Down-Top Approach)'을 바탕으로 Big Picture를 그릴 수 있음을 보여주고 있다.

앞에서도 잠깐 언급했지만, 상기의 과정에서 경영자가 결정할 가장 중요한 요소는 '어떤 핵심요소'를 우선적으로 선택하여 조직에 반영할지에 대한 사항이다. 사실 도출된 모든 핵심요소들이 중요할 수 있겠지만, 여러 제한요소(시간, 비용, 조직의 저항 등)를 이유로 한꺼번에 모든 사항을 조직에 적용할 수는 없을 것이다. 즉, '비용 대비 효익'이라는 가장 근본적인 제약 사항을 고려하여, 조직에 최적의 효과를 가져올 수 있는 '핵심요소'를 선택하고, 기업을 개선시키겠다는 강력한 의지(Leadership)를 발현하고 유지하는 것이 경영자가 해야 할 가장 중요한 일이라고 할 수 있는 것이다.

기업의 비전을 정의하고, 비전 달성을 위해 필요한 사항을 정의하며 이를 바탕으로 발전모습에 대한 전체적인 윤곽(Big Picture)을 잡아가는 과정에서, 전략이라면 전략일 수 있는 사항이 바로 '단계별 접근방안'이다. 기업에게 있어서, 革新(혁신)이라 일컫는 'Big Bang' 형식의 '일괄적'인 '변화'도 좋지만, 점진적이면서 연속적이라 할 수 이는 '지속적인 개선(Continuous Improvement)'이 오히려 장기적인 관점에서 기업에게 적합할 수도 있기 때문이다.

〈그림 2-7〉 : 단계별 접근방안 사례

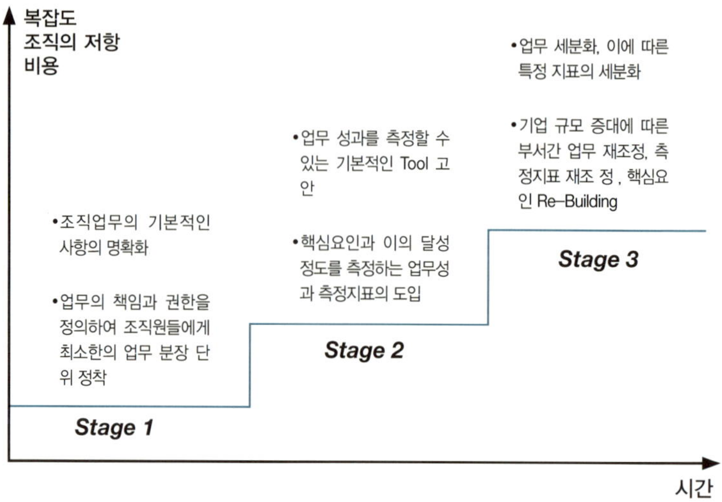

TIP 많은 기업이 위와 같은 '단계적' 접근법을 무시하여 '변화'에 있어 실패를 겪고 있다.

memo

〈그림 2-7〉은 필요한 사항을 정의하는 '단계적'인 과정을 보여주고 있다. 특히, [Stage1]에서 [Stage3]로 흘러가는 과정에서 '복잡도, 조직의 저항 및 비용'이 늘어나고 있음을 설명하고 있는데, 이는 적용 및 달성하고자 하는 '핵심요인'의 목표가 높고 구체적일수록 조직에 적용하기가 쉽지 않음을 보여주고 있는 것이다.

'단계적 접근방안'의 기본 전제는 '지속적인 개선'에 대하여 기업이 명확히 인식한다는 점에 있다. 즉, 상기 그림에서 보듯 '[Stage1~Stage3]'까지의 점진적인 개선을 통하여(상기에서 예시된 단계는 기업의 상황에 따라 얼마든지 추가적으로 세분화 될 수 있다), 기업이 종국적으로 달성하고자 하는 바는 [Stage 3]라는 것을 인지해야 하는 것이다. 하지만, 성공적인 [Stage 3]를 경험하기 위해서는 [Stage 1]을 견고하게 달성하는 것이 무엇보다 중요하다. 부서 내, 혹은 부서 간 업무에 대한 명확한 분장이나 책임/권한에 대한 정의 없이 핵심요인 달성여부에 대한 지표를 설정하고, 또는 이에 대한 성과를 측정한다는 것 자체가 무의미하기 때문이다.

"대부분의 기업에게 있어서 변화를 성공적으로 이끄는 핵심요소로서 경영자가 해당 기업에 어떠한 '단계'가 필요한지를 이해하는 것이 필요하다."

저자가 경험해본 많은 중소기업 및 벤처기업들은 사실 [Stage 1]의 단계에 머물러 있는 경우에 있거나, [Stage 1]과 [Stage 2], [Stage 3] 등이 서로 혼재되어 있어서 이도 저도 아닌 경우도 많았던 걸로 기억한다. [Stage 1]에만 머물러 있는 기업의 경우에는 [Stage 2]로 가기 위한 자원

(시간, 비용 등)이 부족하거나, 혹은 [Stage 2] 이상으로 끌어가기 위한 내부역량(경영자의 리더십, 부서장들의 역량 등)이 부족한 경우가 대부분이었다. 또한 Big-Bang 방식을 도입하여 모든 [Stage]가 혼합되어 있는 경우에는 항상 같은 시행착오를 반복(예를 들어 말하자면, 업무의 분장이 명확하지 않은 상태에서는 성과평가에 대한 합일치를 이끌어 내지 못하는 것 등이 포함된다)하는 경우를 장기간 보여주고, 이러한 이유 때문에 '비전'을 달성하고자 핵심요인을 도출한 경영자의 노력이 실질적으로 기업에 도움이 되지 않는 경우가 대부분이었다.

사실, '비전 달성을 위한 핵심요인을 도출하고 이를 통하여 조직에 필요한 사항을 정의하여, 기업의 비전에 적합한 Big Picture를 구상하는 것' 자체가 'Chapter 1'의 'Lesson 4'에서 언급한 '변화관리'와 일맥상통하는 개념이며, '변화관리의 성공율이 20~25%'에 불과하다는 것을 고려하였을 때, 본 내용에서 다루는 사항 또한 경영자에게는 상당히 달성하기 어려운 難題(난제)라는 것을 알 수 있겠다.

"결국 Big Picture를 그리고 해당 목표를 향해 개선하는 행위, 이것이 바로 '변화'이고 이를 관리하는 것이 '변화관리' 이다."

하지만, '작고 탄탄한 기업'이라는 대부분의 중소기업이 지향하는 '상태'에 도달하기 위해선, 기업의 규모와 상황에 맞는, 그리고 경영자의 철학과 비전에 적합한 상태로 기업의 체질(혹은 개별 부서의 체질)을 개선하기 위한 꾸준한 노력은 필수적이라 하겠다. 체질개선에서 경영자가 지불하게 될 비용(실질적인 비용, 시간, 임직원들의 저항)은 경영자로서 충분히 대가를 치러야 하는 사항이라 판단된다.

기업의 경영자로서 현재 자신이 경영하는 기업의 현황을 전반적으로 인식하였고, 향후 달성하고 싶은 기업의 비전을 설정하였으며, 이를 위하여 필요한 과제를 도출하였다면, 이제 이 모든 것들을 종합하여 기업이 수행해야 할 과제를 목표 중심적으로(Goal Oriented) 시간의 축하에 나열하는 과정이 필요하다. 이를 기업의 'Road map이라 정의'할 수 있다. 이제 다음 절에서는 이러한 Road map을 그리는 방법, 그려야만 하는 이유에 대하여 논해보도록 하겠다.

Lesson 7

로드맵의 수립

"목표가 정해졌다면 모든 것을 수치화하고
기한(Due Date)을 설정할 필요가 있다.
이러한 과정에서 보다 강력한 동기부여가 가능하며
실천을 위한 과정이 보다 구체적으로 이미지화 되기도 한다."

로드맵(Road map)이란 '전략실행을 위한 청사진, 계획'으로 정의할 수 있다. 이 책의 시작부터 현재까지, 우리는 '기업의 현황 파악'이라는 의미, 진정한 성장의 의미, 그리고 기업이 변한다는 것에 대한 정의와 그리고 변하기 위한 방법모색 등에 대하여 논의하였다. 그렇다면 이제 남은 논의 사항은 변하고자 하는 하나하나의 목적물의 시간적 순서, 서로간의 연관성, 그리고 변화의 대상들이 구체적으로 재무적/비재무적 사안으로 반영되는 양상 등에 대한 '구체적인 試案(시안)'을 마련해 볼 필요가 있다. 이러한 試案(시안)을 일명 'Road map'이라고 明明(명명)한 것이다. 로드맵에 대한 이해를 돕기 위해 가장 일반적으로 작성된 로드맵 수립의 사례를 보면 〈그림 2-8〉과 같다.

〈그림 2-8〉 : 로드맵 수립 사례

(단위: 백만 원, 명)

	Fiscal Year	2011년	2012년	2013년	2014년
Financial Roadmap	매출액	6,760	21,912	33,550	40,258
	영업이익	1,392	2,869	6,958	9,804
	자산규모	12,287	22,540	32,466	43,415
	자본규모	8,612	10,745	16,089	23,679
Management Roadmap	임직원수	37	120	155	175
	1인당 매출액	182	183	218	230
	제도정비 등	• EPR구축 • 내부감사기능 강화 • 규정 보완 • 본사이전	• 외부감사 수감시작 • 성과평가제도구축		
	코스닥 상장 관련	• 정관정비	• 내부회계관리제도 및 K-IFRS 도입	• 코스닥 상장을 위한 TFT결성	• 예비심사 청구서 제출 코스닥 상장

TIP 상기 그림은 저자가 실무에서 직접 그린 사례이다. 위와 같은 계획을 수립하는 과정에서 경영자는 이전과는 다른 고민을 통한 새로운 목표와 그 달성과정에 대한 방안을 수립하게 된다.

memo

상기의 사례는 코스닥 상장을 목표로 하고 있는 한 중소기업의 실 사례이다. 상기의 내용을 보면 재무적 로드맵과 비재무적 로드맵(Management Road map)을 일괄적으로 표현한 것을 알 수 있다. 여기서 유의해서 보아야 할 점은, 서로 연관관계가 없을 것처럼 보이는 위의 개별적인 내용들이 사실은 서로간에 상당한 연관관계(또는 인과관계)를 갖고 있다는 것이다. 정확성이 있는, 신뢰성이 있는 로드맵을 작성하기 위해선, 로드맵 내에 포함된 내용간의 연관성을 정확하게 이해하여야 한다.

> "훌륭한 로드맵은 그 구성요소간에 서로 유기적인 연관관계가
> 설정되어 있어야 한다. 그렇지 않은 로드맵은
> 목표를 단순히 열거한 것에 불과하다고 할 수 있다."

위 사례의 연속성 상에서 로드맵 내에 포함되어 있는 항목간의 연관성에 대하여 〈그림 2-9〉에서 살펴보도록 하자.

〈그림 2-9〉 : 로드맵 항목간의 연관성

TIP 상기 그림은 결국 기업은 '유기체'라는 것을 설명하기도 한다. 어떠한 '목표'를 달성하기 위해선, 결국 '조직' 전체의 협업이 필요함을 보여준다.

memo

저자가 생각하는 기업의 로드맵은 단순히 미래의 추정 매출액을 나열하는 것이 아니다. 물론 모든 로드맵이 매출액의 추정에서 시작하지만, 기업의 현재와 미래를 있게 하는 모든 요소들에 대하여 구체적으로 고민하고, 이러한 사항들이 상호 작용할 때, 어떠한 모습을 갖추게 되는지에 대한 사항을 구체적으로 담고 있어야 올바른 로드맵이라고 생각한다. 이러한 추정 과정에서 기업이 겪을 수도 있는 재무적/비재무적 시행착오를 줄일 수 있음은 로드맵 작성의 중요한 목적 중의 하나라고 할 수 있을 것이다.

위 그림을 보면 로드맵을 작성하는 단계에서 매출액의 추정에 근거하여 영업이익을 추정하고, 매출액의 증가에 따라 기업규모가 증가하므로, 이를 뒷받침하는 제도(질적요소)등이 필요함을 표시하고 있고, 이에 따라 필요한 임직원 수(단순한 매출액에 비례하는 것이 아닌 기업운영의 효율성/환경변화 등에 근거한 수)를 추정하므로, 이에 따라 1인당 부가가치가 산출되게 된다. 또한 기업이 향후 코스닥시장에 상장할 목표가 있다면, 이에 대한 목표시점에 근거하여 양적/질적 요소를 갖추기 위한 목표의 단계(Milestone)를 제시할 수 있다.

로드맵은 기업이 달성하여야 할 과제를 의미하기도 한다. 저자가 생각하기에 그 과제는 구체적이면 구체적일수록 좋다. 또한 언제나 수정 가능해야 한다. 혹자들은 '그러한 추정은 추정일 뿐이다'라며, 이러한 로드맵의 수립에 별다른 의미를 부여하려 하지 않는다. 그러나 저자의 생각은 다르다.

예를 들어보자. 단순히 '향후 5년 내 매출 1,000억 원 달성'이라는 비전은 전체 조직원들에게 별다른 감흥을 주지 못한다. 즉, 강력한 동기유발요인이 되지 못한다. 조직원들은 '매출 1,000억 원'을 달성하기 위해 무엇이 필요한지, '매출 1,000억 원'이 달성되었을 때 회사의 모습은 어떻게 변해 있을지, 또 그에 대한 혜택은 무엇인지 등등에 대해서 별다른 아이디어가 없다. '매출 1,000억'은 그러한 비전을 만든 경영자 혹은 소수의 영업담당 임직원만이 의미를 부여할 수 있는 숫자일 뿐이다.

하지만 '매출 1,000억'이라는 목적을 달성하기 위해서 필요한 사항을 구체적으로 나열하고, 그 필요한 사항이 구비되어야 하는 개별적인 시점이 언제이며, 이러한 매출의 성장을 뒷받침하기 위해서 전사적으로 필요한 사항이 무엇인지에 대하여 구체적으로 보여준다면, 동시에 이러한 圖解(도해)를 바탕으로 전사 임직원들이 해야 할 과제가 구체적으로 제시된다면, 보다 강력한 동기 유발요인이 될 수 있을 것이다. 요약하자면, 로드맵은 기업의 경영계획의 가장 큰 그림이자, 임직원들에게 향후 과제를 부여하는 가장 구체적인 근거가 되는 것이다.

"로드맵은 목표를 달성하기 위해 조직원들이
수행해야 할 업무와 그 방향을 목표에 근거하여 제시한다.
이는 강력한 동기 유발요인이 될 수 있다"

로드맵의 작성과정에서 경영자가 해야 할 역할은 무엇일까? 사실 상기의 로드맵을 정확하고 구체적으로 그리기 위해서 경영자는 경영학적 지식(Management Methodology : 회계, 내부통제, 전산, 재무관리 등)에 대하여 해박해야 할 것이다. 하지만, 현실적으로 상기의 경영학적 지식을 알고 있는 경영자는 극히 드물다. '경영자가 경영학을 모른다'는 문장이 어찌보면 넌센스(Nonsense)처럼 들리지만, 이런 넌센스가 통용되는 것이 일반적인 현실이다. 많은 경영자들이 '관리는 중요하지 않다' 또는 '관리는 경영관리팀장 등이 알아서 해라'의 식의, '경영관리의 중요성'에 대해서 인식하는 정도가 매우 부족하다. 이러한 현실에서 저자의 견해를 피력하자면, 로드맵 작성 과정에서 경영자는 '최소한의 관리적 지식을 보유하고, 이를 바탕으로 임직원들이 수행하는 업무를 이해할 수 있어야 한다'로 요약할 수 있다.

동시에, 경영자가 이해하고 있는 사업에 대한 성격, 상황 등을 바탕으로 조직원(개별 부서의 임원들이 적당하리라 판단된다)들은 상호 피드백 과정을 수행하고, 지속적인 의견 교환을 통하여 상기와 같은 로드맵을 작성하여야 한다. 이러한 과정을 통하여 작성된 로드맵을 경영자가 검토(Review)하고 동시에 전사적인 상호 공유를 거친 후에야, 비로서 이상적인 로드맵이 완성된다고 할 수 있다. 상기와 같은 과정을 거치지 아니한 채, 단순히 경영자가 임직원 들에게 '로드맵을 작성해 보시오'라고 지시를 내리고, 작성된 로드맵에 대하여 어떠한 언급 등도 경영자가 하지 않는다면, 그 로드맵은 아무런 의미 없는 그림에 불과하지 않을 것이라는 것은 明若觀火(명약관화)한 사실인 것이다.

기업의 비전을 수립하고, 비전 달성을 위한 필요 요소들을 정의하며,

비전달성을 위한 중장기적인 계획을 수립하는 로드맵의 작성은, 그 각각의 과정들이 같은 선상에 있다고 설명할 수 있다. 이런 한 일련의 과정에서 경영자는 단순히 '지시자'가 아닌 '리더이자 동참자'가 되어야 한다. 이를 위해 경영자가 '최소한의 경영학적 지식을 보유'해야 함은 당연한 요구사항이라 할 수 있겠다.

상기와 같은 이유로, Chapter 3에선 경영자로서 이해하고 있어야 할 최소한의 관리적 지식에 대하여 설명하고자 한다. '아는 사람이 부릴 수 있다'라는 말이 있다. 적절하고 명확하며 효율적인 지시를 내리기 위해선 경영자도 알아야 한다. 경영자란 결국 '총괄적인 관리'를 수행하는 기업의 대표이며, 동시에 '최종관리자'라고 할 수 있기에 향후에 언급될 지식에 대한 무장을 당부하는 바이다.

Chapter

03

경영자로서의 식견 함양을 위한 개론

회사를 경영하는 관리계층(대표이사, CFO 등)은 회사를 전반적으로 통제(Control)할 수 있는 지식과 경험이 있어야 한다. 만약, 경험이 부족하다면, 최소한 지식은 있어야 할 것이다. 내가 아는 것이 없는 데 어떻게 수행해야 할 업무를 지시할 수 있겠으며 또 어떻게 수행된 업무를 검토할 수 있겠는가?

이러한 의미에서 제3장에서는 경영자라면, 혹은 회사의 관리자라면 최소한 알고 있어야 할 경영관리와 관련한 지식을 소개하고, 이에 대해 논의하고자 한다. 혹자들은 '경영자가 이렇게 세세한 것까지 알아야 하나?'하고 반문하기도 한다. 이러한 반문에 대해 저자가 확실하게 단언할 수 있는 사항은 '세세한 것은 알 필요가 없다. 다만, 조직에 무엇이 필요한지 '脈(맥)을 짚을 수 있는 識見(식견)이 필요'하다'라는 것이다.

앞의 Chapter 1 및 Chapter 2에서 언급한 사항을 제대로 移行(이행)하기 위해서라도 경영자는 조직에 필요한 사항을 정의할 수 있는 식견이 필요한 것이다. Chapter 3을 제대로 이해한 경영자라면, 경영관리와 관련한 사항에 대해 어느 정도는 식견이 있는 정도가 될 것이다. 이제 그 식견을 갖추기 위한 논의를 시작해 보자.

Lesson 8

내부통제제도 및 규정의 수립

"내부통제는 어느 조직에나 필요하다.
다만 그 깊이와 방향이 조직에 부합하여야
그 목적달성이 가능할 것이다.
이러한 관점에서 경영자는 조직의 내부통제에 대한
식견이 있어야 할 것이다."

I. 개요

기업을 경영하면서 대부분의 경영자는 〈그림 3-1〉과 같은 의구심을 가져 본 적이 있을 것이다.

〈그림 3-1〉: 경영자의 의구심

- 왜 업무가 수행되는 과정에서 문제가 발생하면, 개별 부서간에 서로 책임을 지려하지 않고, 서로의 책임으로 떠넘기려 할까?
- 왜 업무수행절차(Work-Flow)가 기술되어 있음에도 불구하고, 업무가 체계적으로 수행되지 않을까?
- 왜 동일한 오류(거래처 Claim의 발생, 재고실사 수량과 장부 수량과의 차이 등)가 개선되지 않고, 지속적으로 반복될까?
- 왜 부서간 업무협업이 적절하게 수행되지 않을까?
- 우리 회사의 직원들간의 상호 견제기능은 적절히 수행되고 있을까?
- 임직원들이 보고하는 사항들이 진실하고 적정한 내용을 담고 있을까? 왜 이러한 사항을 적시에 확인할 수는 없을까?
- 임직원들이 수행하는 업무 등에 부정이 개입될 여지는 없을까? 이러한 사항을 막을 수 있는 안전장치는 없을까?

TIP 올바르게 설계된 내부통제는 위 의구심에 대한 일정부분의 해답을 제시할 수 있다.

memo

상기의 의구심과 관련하여 많은 사람들이 직원들의 '월급쟁이 마인드(Mind)'에 모든 원인이 있다고 언급한다. 그러기에, 상기의 문제들은 기업이라면 모든 조직이 동시에 고민하고 있는 사항이며, 더욱이 중소기업이라면 일정규모 이상의 기업이 되기 전까지는 해결할 수 없는 사안이라고 치부하고 만다. 하지만 저자는 이러한 일반적인 생각이 그리 바람직하지는 않다고 생각한다.

앞서 언급한 바가 있지만, 중소기업이기에 혹은 기업의 규모가 작기 때문에 위와 같은 물음에 대해 경영자가 직접 대책을 마련해야 한다. 이를 위하여 경영자는 '내부통제'라는 하나의 경영이론에 대해 識見(식견)을 가지고 있어야 할 것이다. 이는 중소기업이 대기업처럼 기업 내부에 일정수준 이상의 지식과 경험을 겸비한 상근감사를 두거나, 내부감사팀을 마련할 수 없는 데에도 그 이유가 있다.

즉 경영자가 자신의 지휘하에 자신의 기업 규모에 알맞은 '통제체제'를 구비할 것을 직원에게 지시할 수 있어야 하고, 이러한 지시에 순응하여 직원들은 개별 기업에 알맞은 '적절한 통제체제'를 구비하도록 합심하여야 한다는 것이다.

"기업 내부에 내부통제에 대한
전문가가 없다는 사실이
중소기업 경영자에게 내부통제에 대한
식견을 요구하는 이유이다"

일반적인 내부통제의 정의는 아래와 같다.

> "내부통제제도(Internal Control System)"란 회사 '경영자의 목적' 달성을 지원하기 위해 경영자가 채택한 모든 정책과 절차(내부통제)를 말하며, 회계제도, 통제환경 및 통제절차로 구성되어 있다.

상기의 정의와 관련하여 예를 들자면, '일정 금액 이상의 구매건에 대하여는 반드시 복수이상의 거래처에 대하여 가격 및 품질 관련 입찰을 수행하고, 이에 대한 품의서 및 근거서류를 작성 및 편철하며, 이에 대하여 전결권자 혹은 대표이사의 승인을 득해야 한다' 정도로 예를 들 수 있겠다.

내부통제제도를 기업내부에 구축(Setting)함으로써, 경영자가 기대할 수 있는 목적을 이론상으로 나열하면 아래와 같다.

- 경영정책의 준수를 포함한 영업의 효율적 수행
- 부정과 오류의 발생방지와 발견
- 회사자산의 보호
- 회계기록의 정확성과 완전성 및 재무정보의 신뢰성과 적시성 확보

상기의 사항을 경영자 혹은 기업이 겪을 수 있는 위험(Risk)의 관점에서 재해석한다면 아래와 같을 것이다.

- 임직원 등이 경영정책을 준수하지 않을 위험을 감소시키는 역할

- 부정과 오류가 발생할 위험을 감소시키는 역할
- 회사자산이 보호되지 않아 자산의 외부유출이 발생할 위험을 감소시키는 역할
- 회계기록의 정확성과 완전성 및 재무정보의 신뢰성과 적시성이 확보되지 않을 위험을 감소시키는 역할

내부통제제도는 절대로 회사의 이익을 상승시켜 주는 수단이 아니다. 내부통제제도는 회사의 이익이나 자본 등이 감소되는 것을 막아주는 수단이다. 이러한 관점에서 내부통제는 '경영위험을 감소시키는 수단'으로 인식하는 것이 보다 적절할 것으로 판단된다.

상기와 같은 내부통제제도의 목적을 이해하였다면, 경영자는 내부통제제도의 어떠한 사항을 이해하고 있어야 할까?

이 책의 기본적인 목적(즉, '관리자로의 식견 함양'이라는 목적)을 고려할 때, 경영자가 내부통제제도에 대해서 전문가 수준의 지식을 얻고자 함이 아닌, 기본적인 사항에 대한 이해를 하고자 함이 주요 목적이라 할 수 있으므로, 다음 페이지 〈그림 3-2〉의 영역에 대하여 기본적인 사항을 이해하면 될 것이라 판단된다.

〈그림 3-2〉 : 내부통제제도에 대한 필수 이해 사항

	주제	이해의 목적
1	내부통제제도의 기본 개념	• 내부통제제도의 기본 개념의 이해 • 내부통제제도와 한계점 이해
2	업무 Process별 내부통제절차	• 주요 업무 Process별 핵심 통제 절차 이해 • 내부통제를 실제 적용할 수 있는 능력의 배양 • 주요 업무 Process별 내부통제제도의 필요성 인식
3	업무 Process별 내부통제절차 Check List	• Check List 검토를 통하여 자사에 필요한 통제절차 재검토

TIP 이제부터는 상기에 나열된 주제에 대하여 살펴보도록 하겠다.

memo

Ⅱ. 내부통제제도 이론의 이해

(1) 내부통제제도의 기본 개념

앞의 개요에서 언급하였듯이 내부통제제도는 회사 '경영자의 목적'의 달성을 '지원'하는 것을 그 목적으로 하고 있다. 이를 위하여 우리는 '통제'라는 관점을 '(1) 관리적 통제(Administrative Controls) 목적과 (2) 회계적 통제(Accounting Controls) 목적'으로 구분하고, 동시에 이러한 통제제도자체의 한계를 인식함으로써 '내부통제제도에 대한 기본 목적과 한계점'을 인식할 필요가 있다. 이러한 사항을 그림으로 표현하면 〈그림 3-3〉과 같다.

〈그림 3-3〉 : 내부통제제도의 목적과 그 한계

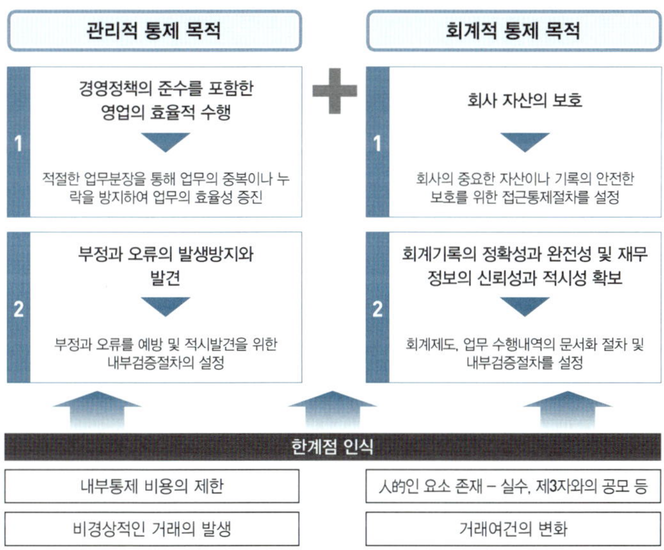

〈그림 3-3〉을 통해 경영자가 우선적으로 체크해봐야 할 사항은 아래와 같다.

- 우리 회사에 적절한 업무분장이 설정되었는가? 또 해당사항이 문서화(사규화)되어 있는가?
- 부정과 오류에 대하여 임직원은 어떠한 인식을 하고 있는가? 이에 대한 상호검증절차가 설정되어 있는가?
- 자산, 기록 등에 대한 접근통제 절차가 적절히 구비되어 있는가?
- 모든 업무는 적절히 문서화되고 있는가? 이에 대한 검증 또는 적절한 승인이 이루어지고 있는가?

아마도, 업무분장이 전혀 안되어 있거나, 자산에 대한 접근통제절차가 전혀 안되어 있는 등의 회사는 없을 것이다(즉, 인식하던 인식하지 않던 간에, 내부통제제도가 전혀 없는 회사는 없을 것이다). 주시해야 할 사항은 이미 설정된 내부통제제도의 '구체성과 문서화'의 깊이라고 할 수 있다.

하나의 사례를 살펴보자.

일반적으로 기업은 원자재, 소모품 등의 구매를 위한 전담 구매팀이 있어야 하나, 기업별 인력적인 측면 또는 비용절감적인 측면 등으로 인해 회계팀 또는 총무팀에서 그 업무를 수행할 수도 있으며, 혹은 각 현업부서(즉 업무수행 부서)가 각각 자체 소요 물품을 구매하고, 자금집행을 위한 결제만 자금팀에서 수행하는 경우도 있다. 본 사례에서 가장 중요한 포인트는 '구매업무와 대금지급, 입고 및 검수 절차 등의 업무분장 존재 여부'라고 할 수 있다.

중소기업에서 가장 많이 발생하는 위험요소인 人的인 위험, 즉 사람이 사람을 믿음으로서 발생할 수 있는 위험이 바로 '업무분장의 결여'에서 발생할 수 있는 위험이다. 위 사례와 관련하여 저자가 감사를 수행했던 중소기업(이하 'H사'라 함)의 사례를 들어보겠다.

결과적으로 보면, 'H사'의 대표이사는 더는 직원을 전적으로 '신뢰'하지 않는다. 이 말은 대표이사가 모든 직원을 '의심'한다는 뜻이 아닌, 직원이 더 이상 '부정'에 대한 유혹에 빠지지 않도록 최대한의 근무환경, 다시 말해 내부통제제도를 구축할 필요가 있다는 것에 동의한다는 뜻으로 이해하여야 할 것이다. 'H사'는 현업 담당자에 의해 구매 및 검수가 이루어진다는 업무분장의 결여로 인하여 대폭적인 횡령사건이 발생한 사안이다.

일반적인 구매프로세스(중소기업에서라도 최소한 갖추어야 할 프로세스)를 간략하게 도해하면 다음 페이지 〈그림 3-4〉와 같다.

〈그림 3-4〉 : 일반적인 구매프로세스 Flow

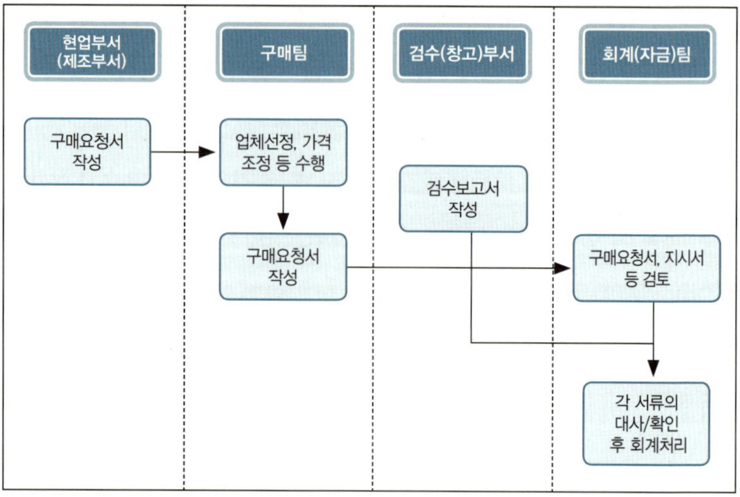

TIP 위 그림에 대한 이해를 토대로 독자 여러분 회사의 구매 프로세스를 그려 보길 권하는 바이다.

memo

한편, H사의 구매관련 프로세스는 〈그림 3-5〉와 같았다.

〈그림 3-5〉 : H사의 구매관련 프로세스 Flow

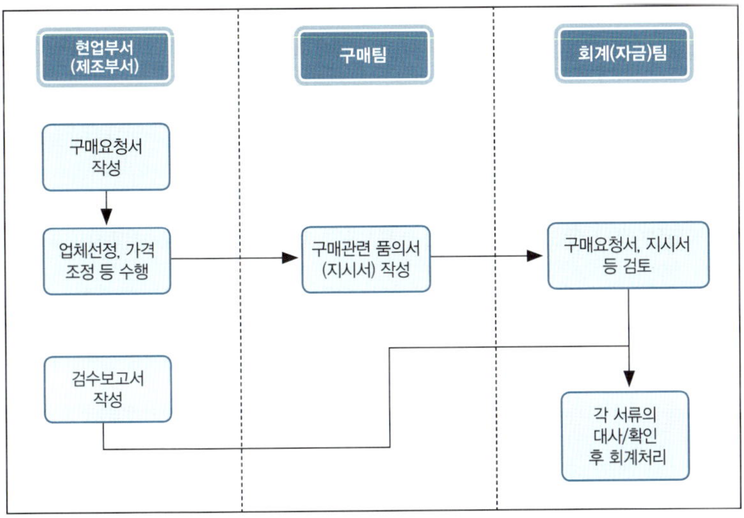

TIP 〈그림 3-4〉, 〈그림 3-5〉, 그리고 독자 여러분 회사의 현황을 비교해 보면 어떠한 차이가 있는가?

memo

내부통제에 대한 경험이나 지식이 없는 사람이라면 위 두가지 사례가 별 차이가 없이 보일 수 있으나, 다음과 같은 측면에서 엄청난 차이가 있다고 할 수 있다.

- H사의 경우 제조부서에 구매업체를 선정하였고, 이로 인해 업체선정의 객관성이 결여될 수 있다. 또한 가격을 조정(협상)하는 과정에서 부정이 개입될 수 있다.
- H사의 경우 구매팀이 구매물품에 대한 지식, 필요성, 구분이 안되는 이유로 현업에서 요청한 구매요청서의 적정성이나 정당성을 판단할 수 없다. 때문에, 구매팀에서 작성하는 구매지시서는 단순한 서류(즉, 구매업무 통제의 수단이 되는 서류가 아닌 통제기능이 없는 일반 품의서)가 될 가능성이 높다.
- H사의 경우 제조부서가 구매물품을 자체 검수하기 때문에, 검수의 객관성을 담보할 수 없으며, 심한 경우 미입고 자재 등에 대해서도 '정상입고 검수보고서'를 작성할 가능성도 배제할 수 없다.
- 이러한 상태에서 H사의 회계(자금)팀이 수행하는 서류간 대사확인 절차(구매요청서, 구매지시서 및 검수보고서의 대사)는 통제로서의 목적을 달성하기 어렵다.

결국, 상기와 같은 H사의 프로세스상 문제로 인해, 제조부서의 담당자는 다음 페이지 〈표 3-1〉과 같은 부정을 저질렀다. 또한 이를 '내부통제제도의 부재로 인한 실패'라는 측면에서 본다면 〈표 3-1〉과 같이 정리할 수 있을 것이다.

〈표 3-1〉

부정의 유형	내부통제제도 부재에 따른 결과 유형
거래처 업자와 공모 하에, 구매대금을 과다 지급하고, 과다 지급된 금액을 거래처로부터 회수하여 부당이득을 취함	• 회사 자산 보호의 실패 • 부정과 오류의 발생방지와 발견 실패
B급 자재를 A급 자재로 둔갑시켜 검수 보고함	• 부정과 오류의 발생방지와 발견 실패
불필요한 자재의 구입을 통하여 구매대금을 지급하게 하고, 동 대금을 거래처와 공모 하에 공동으로 부당이득을 취함	• 회사 자산 보호의 실패 • 부정과 오류의 발생방지와 발견 실패

상기와 같은 부정이 발생할 수 있었던 이유는 결국 아래와 같이 요약할 수 있다.

- 대표이사가 제조부서의 담당자를 너무 믿음
- 구매팀의 인력부족, 능력부족으로 인해 제조부서에서 작성하는 구매관련 업무내용의 적정성을 올바르게 파악하지 못 함(실제 당시의 구매팀은 경영지원부 산하의 여직원 1명이 전부였음)
- 검수부서의 부재로 인하여 구매와 검수의 업무분장이 결여 됨
- 전체적으로, 담당자의 생각 하에 타 부서의 견제기능 없이 부정을 저지를 수 있는 환경이 조성 됨

위와 같은 뼈아픈 경험을 통하여, 현재 H사는 중소기업임에도 불구하고, 중소기업이 구축할 수 있는 최대한의 내부통제제도를 구축하고

있고, 또 이를 통하여 일반적으로 발생할 수 있는 부정 및 오류를 예방하고 있다.

사실, H사가 경험한 위와 같은 부정의 사례는, 내부통제제도에 대한 기본지식이 있는 사람이라면 충분히 예상 가능한 사례였다. 저자 역시, 위와 같은 상황이 발생할 수 있음을 충분히 대표이사에게 설명하였지만, '인력의 부족 · 예산의 부족 · 중소기업의 한계'라는 전형적인 대답을 들을 수 밖에 없었다. 결국, 앞의 '〈그림 3-3〉 : 내부통제제도의 목적과 한계' 중 '비용의 제한'에 발목을 잡힌 셈이었던 것이다.

'한정된 자원과 부족한 業力(업력)'이라는 태생적인 한계로 인해 중소기업은 내부통제제도의 구비현황이 대기업의 그것에 비해 상당히 낙후된 편이다. 이에 더해, 내부통제제도의 필요성을 어느 정도 인식한 경영자라 할지라도, 내부통제제도를 구비하기에 힘쓰기 보다는 , 역설적으로 내부통제제도가 가진 한계(예를 들면 '아무리 훌륭한 내부통제제도가 있어도, 사람이 작정하고 부정을 저지르면 내부통제제도도 무용지물이다'라는 식이다)에 무게를 두는 경향을 보이기도 한다. 어찌되었던, 이러 저러한 이유로 중소기업의 내부통제제도는 상당히 빈약한 성향을 보이고 있다.

여기서 저자가 말하고자 하는 바는, '아무리 훌륭한 내부통제제도라도 그 한계로 인해 모든 부정과 오류를 예방 및 적발할 순 없으나, 그 가능성을 최소화 할 수 있다'는 것이다. 또한 '비용과 편익'이라는 기본 한계점을 인식하되, '최소한의 비용을 통하여 내부통제제도를 구축하는 것은 상당히 필수적인 경영환경이다'라는 점도 부언하는 바이다.

여기까지 내부통제제도의 기본개념을 살펴보았다. 이제 업무 프로세스별 내부통제절차에 대한 필수적인 사항에 대해 알아보도록 하자.

"전쟁에는 창과 방패가 필요하다.
경영을 전쟁이라 한다면,
내부통제는 반드시 필요한 방패임에 틀림없을 것이다."

(2) 업무 Process 별 내부통제절차

앞에서 내부통제제도의 기본 개념과 한계점을 이해했다면, 이제 업무프로세스 별로 어떠한 내부통제절차가 필요한지 알아보아야 한다. 중소 제조업을 가정했을 때, 일반적인 프로세스는 〈그림 3-6〉과 같이 표현할 수 있을 것이다.

〈그림 3-6〉 : 제조업의 업무 프로세스 圖(도)

Process 명	주요 활동(activity)
매출 Process	• 거래상대방 신용도 조사 • 주문수령 • 대금청구 • 매출채권 관리 • 매출대금 회수 • 입금관리
구매 Process	• 구매 • 입고 및 검수 • 매입채무 관리 • 매입대금 지급
급여 Process	• 인사관리 • 급여책정 및 계산 • 급여지급
생산 Process	• 원가계산 및 재고관리 • 생산계획 및 통제 • 재고실물 통제
재무 및 재무보고 Process	• 자금관리 • 회계업무 관리

TIP 독자 여러분 회사에서 수행되는 프로세스를 위와 비교하여 이해해 보고, 다음 페이지부터 설명되는 내용을 보면 보다 효과적일 것이다.

memo

〈그림 3-6〉에서 보이는 프로세스 별 활동에 대하여 통제해야 할 절차를 '주요 통제절차'라고 할 수 있다. 경영자라면, 상기의 내용을 바탕으로 회사의 주요 프로세스를 이해해야 하며, 동시에 개별 프로세스를 구성하는 활동을 규명하고, 이를 위한 '통제절차'를 설정할 수 있어야 할 것이다. 지면 관계상, 위 활동과 관련한 모든 통제활동을 설명하는 것이 아닌, 경영자라면 알아야 할 ' 핵심 통제절차'를 프로세스 별로 나열해 보도록 하겠다.

TIP 아래의 내용은 지극히 '이론적'인 부분으로, 시간이 부족한 독자라면 건너뛰어도 무방하리라 판단된다. 다만, '경영자로서의 식견 함양'을 위해 한번 정도는 읽어보기를 권하는 바이다.

memo

거래상대방 신용도 조사

내부통제 절차	내부통제 부재시의 발생가능 위험의 유형
공식적이고 문서화된 신용관리 정책과 절차가 존재하여야 함	대금회수를 적정하게 하지 못할 위험
거래처별 신용한도(또는 여신한도)를 설정하고, 이를 주기적으로 검토하여야 함	불량채권(미수채권)이 발생할 위험
신용한도의 초과 시에 취할 수 있는 정책을 문서화하고, 이에 대한 실행여부에 대하여 관리자의 승인을 득하도록 함	불량채권(미수채권) 발생으로 인하여 대손금액이 증가할 위험

주문수령

내부통제 절차	내부통제 부재시의 발생가능 위험의 유형
주문은 구두에 의한 것이 아닌, 구매요청서 또는 기타의 문서에 의하여 수령하도록 함 (즉, 주문수령 내역은 반드시 문서화 하도록 함)	주문수령이 잘못되어 생산품목, 수량, 판매가 등이 왜곡될 위험
주문수령이 확정되면 즉시 고객에게 주문내역을 통보하도록 함	고객에게 제품 인도 후에 발생할 수 있는 Claim에 대응을 못할 위험
인도하지 못한 주문서는 일별 (혹은 일정 주기별)로 검토하여, 제품인도에 지연이 발생하지 않도록 함	납기를 준수하지 못하여 고객이 이탈할 수 있는 위험 혹은 고객과의 마찰 위험

대금청구

내부통제 절차	내부통제 부재시의 발생가능 위험의 유형
매출송장(Invoice 등)의 작성은 반드시 자금담당부서에서 작성되고, 자금담당부서가 책임을 져야 함	매출송장이 잘못 작성되거나, 제품이 출고되었음에도 청구가 되지 않을 위험
제품의 선적서류와 매출송장 등은 최소한 월 단위로 장부에 기재되어야 하며, 선적이 완료된 사항은 모두 대금을 청구해야 함	선적 이후에도 대금을 청구하지 않을 위험
매출할인, 매출에누리 등은 반드시 사전에 재무관련부서의 승인을 득하도록 함	자의적인 매출할인, 매출에누리 등을 통하여 자금을 횡령하거나, 성과를 왜곡시킬 위험

매출채권관리

내부통제 절차	내부통제 부재시의 발생가능 위험의 유형
매출채권장부 혹은 전산상의 매출채권리스트는 대금청구담당자 혹은 대금수령담당자와 분리되어야 함	대금 회수액의 횡령 위험
매출채권보조부는 반드시 총계정원장과 대조해야 하고, 해당 결과는 적절히 승인되어야 함	회계장부와 영업상의 장부간의 차이가 발생할 수 있는 위험(혹은 거래처별 원장과 총계정원장간의 세부 항목이 차이가 발생할 위험)
채권잔액에 대한 조정사항(매출할인 및 에누리, 대손상각 등)은 반드시 문서화된 회사정책에 의거하여 조정되어야 함.	장부상 채권잔액에 부정이 개입되어 왜곡될 위험

매출대금 회수

내부통제 절차	내부통제 부재시의 발생가능 위험의 유형
회사 정책적으로 문서화된 대금회수절차가 있어야 함	대금회수절차나 정책이 없이 매 건별로 대금회수자 자의적으로 대금회수가 이루어질 위험
주기적(월단위 등)으로 채권잔액을 검토하고, 부실채권(장기미회수채권) 등에 대한 거래처 관리를 수행하여야 함	부실채권이 관리되지 않아 채권의 회수가능액이 감소하거나, 대손 발생내역에 대한 관리가 되지 않을 위험

입금관리

내부통제 절차	내부통제 부재시의 발생가능 위험의 유형
직접적인 현금입금의 경우 수령 즉시 안전하게 보관되어야 함	영업사원의 횡령 혹은 유용 위험
현금 수령 시 채권잔액보조부에 해당 내역을 기록하도록 해야 함	현금 수령액이 어느 거래처로부터 수령된 것인지 확인되지 않을 위험

| 구매 process |

구매

내부통제 절차	내부통제 부재시의 발생가능 위험의 유형
거래처 선정, 대금지급 및 회계장부의 기록의 업무는 반드시 분리되어 수행하여야 함	부적절한 거래처의 선정, 대금지급의 임의성이 발생할 위험
구매담당자는 정기적으로 교체되어야 함. 만약 교체가 불가능할 경우 이를 보완할 보완통제가 있어야 함	거래처와 구매담당자와의 공모로 인해 부정이 발생할 위험

내부통제 절차	내부통제 부재시의 발생가능 위험의 유형
구매요청서는 반드시 구매원인부서 (예 : 제조부서)에서 작성되어야 하며, 구매부서에서 검토 및 승인되어야 함	부적절한 거래처에서 구매되거나, 구매 단가 등에서 부정이 발생할 위험
구매요청서는 반드시 입고 및 검수부서로 이관(통보)되며 동시에 회계부서로 통보되어야 함	입고되지도 않은 구매물품에 대하여 대금이 지급되거나, 미 검수품목에 대하여 대금이 지급될 위험
단일거래처로부터 장기적인 구매가 이루어 질 경우 그 원인 및 이유에 대한 타당성을 검토하고, 해당 사항을 문서화 하여야 함	거래처간의 경쟁유도를 통해 가격인하를 노력하지 않음으로 인해, 구매물품의 가격 상승을 방지하지 못할 위험
구매단가가 변경되는 경우 반드시 상위권자에 의한 승인을 받아야 함	승인되지 않은 고가 매입으로 인하여 그 차액을 횡령할 위험

입고 및 검수

내부통제 절차	내부통제 부재시의 발생가능 위험의 유형
입고 및 검수 부서는 생산부서 및 선적부서와 물리적으로 분리되어 있어야 함	입고절차 없이, 혹은 입고품의 분실이 발생했음에도 불구하고, 별다른 절차 없이 생산절차에 투입될 위험
입고 및 검수 부서는 검수보고서 작성시 일련번호를 부여해야 하며, 적절한 승인이 있어야 함	未 입고품에 대하여 구매대금이 지급되거나, 이중으로 구매대금이 지급될 위험
검수보고서에는 정상적인 입고 및 검수를 가정하여 입고 및 검수물품이 작성되어서는 아니 되며, 반드시 사실에 근거하여 입고 및 검수보고서가 작성되어야 함	입고절차 없이, 혹은 입고품의 분실 혹은 비정상적인 물품이 입고 됐음에도 불구하고, 별다른 절차 없이 생산절차에 투입될 위험

매입채무 관리

내부통제 절차	내부통제 부재시의 발생가능 위험의 유형
매입채무의 기장은 구매활동, 입고활동 등과 구분되어야 하며, 총계정원장의 작성과 분리되어야 함	구매물품의 도난이나 오류 등이 발생할 위험
대금지급 전에 승인된 구매요청서, 검수보고서 및 거래처 송장 등이 대사 확인되어야 함	대금지급의 누락, 대금의 이중지급, 지급금액의 오류 등이 발생할 위험
특이하게 구매요청서나 검수보고서가 없는 경우의 매입대금지급의 경우에는 반드시 최상위권자의 승인을 받아야 함	가공채무가 발생하거나, 가공채무의 지급으로 인하여 자금의 유용(또는 횡령)이 발생할 위험

매입대금 지급

내부통제 절차	내부통제 부재시의 발생가능 위험의 유형
대금지급활동은 매입채무관리활동 및 입고 · 검수활동과 분리되어야 함	입고되지도 않은 물품 등에 대하여 대금 지급이 이루어질 위험
대금의 지급은 회사의 정책에 기준하여 약정기일에 수행되어야 함	일부 납품처에 비정상적으로 유리한 조건이 지속될 위험
대금지급 후에는 매입채무장부 등 관계서류에 반드시 지급이 되었음을 기록해야 함	고의적으로 지급된 거래처 관련 서류를 다시 첨부하여 이중으로 대금 지급을 유도할 위험

| 급여 process |

인사관리

내부통제 절차	내부통제 부재시의 발생가능 위험의 유형
인사와 관련한 고용정책, 승진정책, 인사이동정책 등이 명확하게 문서화(내규화)되어야 함	원칙이 없는 부적절한 채용, 승진 등으로 인해 직원들의 사기가 저하되거나 불만이 증가할 위험
급여대장과 인사기록을 주기적으로 대사 및 확인 해야 함	가공인물에 대한 급여의 지급, 임의의 급여인상이 이루어질 위험

급여책정 및 계산

내부통제 절차	내부통제 부재시의 발생가능 위험의 유형
급여계산 전산 시스템은 주기적으로 Up-Date 되어야 함	급여산정, 원천징수 등에 오류가 발생하여 잘못된 급여, 잘못된 원천징수가 지급될 위험
급여계산시 전산상의 급여 Master-File의 변경은 엄격하게 제한되어야 하며, 적절한 승인을 받아야 함	Master-File의 변경으로 인해 급여지급 등에 오류나 부정이 발생할 수 있음

급여지급

내부통제 절차	내부통제 부재시의 발생가능 위험의 유형
별도의 법인 급여지급통장을 보유하며, 급여지급통장에 급여를 전액 이체한 후, 개별 급여통장으로 이체하여 잔액이 없도록 함	급여이체의 금액적 오류가 발생할 위험

| 생산 process |

원가계산 및 재고관리

내부통제 절차	내부통제 부재시의 발생가능 위험의 유형
회사에 적합한 원가계산 제도를 구비하고 있어야 함	부적절한 판매가격의 설정, 이로 인해 손익구조가 부실해질 위험
최소 1년에 한번 원가계산 내역(예 : 표준원가 내역 등)을 재 점검하고 필요시 Up-Date 해야 함	비현실적이고 부적합한 원가계산제도가 지 속될 위험
원가계산제도의 개정 등은 현업의 의견을 수렴 및 승인 하에 수행하도록 함	비현실적이고 부적합한 재 · 개정이 이루어 질 위험
재고관리업무담당자는 생산관리업무담당자와 구분되어야 하며, 실물관리자와도 구분되어야 함	재고의 분실, 왜곡 등이 발생하거나, 분실 등이 되어도 파악되지 않거나 보고되지 않을 위험
재고의 입출고에 대한 기간귀속이 적정해야 함	원가계산 오류로 인하여 손익이 왜곡될 위험
재고의 입출고는 반드시 적정한 승인권자의 승인 하에 이루어져야 함	재고통제 불비로 인해 회사의 자산이 망실되거나 훼손될 위험
진부화된 재고는 최소한의 정기적 단위 (분기 등)마다 파악되어야 함	재고 진부화에 대한 책임을 설정하지 않아 회사의 자산이 훼손될 위험

생산계획 및 통제

내부통제 절차	내부통제 부재시의 발생가능 위험의 유형
자재소요표(BOM : Bill of Material)가 수립되어 있으며, 이를 준수 하여야 함	자재소요에 대한 규칙의 부재 등으로 자재 에 대한 여분 및 부족 현상이 발생할 위험
생산은 생산계획부서(혹은 기 설정된 생산계 획)의 승인에 의해서만 수행되어야 함	불필요한 생산을 하거나, 필요한 생산을 적기에 못 할 위험

재고실물 통제

내부통제 절차	내부통제 부재시의 발생가능 위험의 유형
재고실사 결과 차이의 원인을 반드시 규명하고, 실사는 사전 계획에 의해 체계적으로 이루어져야 함	차이원인의 未규명으로 인해 주요자산 등이 도난, 훼손될 위험
재고 실사는 반드시 계획적이고 체계적으로 이루어져야 함	재고 실사 결과인 실물과 장부와의 차이에 대한 사항이 밝혀지지 않을 위험

| 재무 및 재무보고 process |

자금관리

내부통제 절차	내부통제 부재시의 발생가능 위험의 유형
모든 계좌는 반드시 법인명의로 개설되어야 함	회사의 예금 등에 대하여 횡령이 발생할 위험

회계업무 관리

내부통제 절차	내부통제 부재시의 발생가능 위험의 유형
회계 정책은 업무매뉴얼을 통해 문서화되어야 함	일관되지 않거나, 오류가 포함된 회계처리가 지속될 위험

위에서 설명한 주요 업무 Process 별 내부통제 절차를 통하여 경영자는 현재 기업의 현황에 대비하여 부족한 부분을 반드시 보완할 수 있는 계획 및 실천을 수행하여야 할 것이다. 위에서 설명한 사항들이 절대적

으로 기업 내부통제의 필요 · 충분조건이라고 斷言(단언)할 순 없겠지만, 위에서 설명한 기본적인 통제절차의 목적과 관련된 위험을 이해할 수 있어야만, 각각의 기업에 최적화된 내부통제제도를 설계 및 운영할 수 있으리란 것은 확실하다. 동시에, 회사의 업무와 프로세스별 내부통제 절차의 Mapping 과정을 통해 업무를 수행함에 있어 내부통제 절차가 필요함을 인식해야 할 것이다.

(3) 내부통제절차 Check List

내부통제제도의 기본개념을 이해하고, 이를 바탕으로 주요 Process 별 내부통제절차를 이해하고 그 필요성을 인식하였다면, 마지막으로 내부통제절차 Check List를 통하여 개별적 업무활동(Activity)과 이와 관련한 통제절차를 검토할 필요가 있다(앞에서는 주요 Process와 이와 관련된 통제절차를 논의하였다).

본 Check List를 제대로 활용하기 위해 해당 통제절차 등이 기업내부에 존재하는지, 그리고 존재하지 않는다면 필요한지에 대한 확인이 필요하다. 존재하지 않는다고 해서 관련 통제절차를 수립하는 것이 무조건 옳다곤 할 수 없다. 아래에 제시된 통제절차 List는 사례이자 동시에 표준이 될 수 있는 것이니, 개별 기업의 상황에 맞게 적용할 수 있도록 해야 할 것이다.

다만, 본 Chapter에서 설명할 내용은 관점에 따라 'II-(2)'의 내용과 중복될 수 있으므로, 독자 여러분의 선택에 따라 Skip 해도 무방하리라 판단된다.

TIP 아래에 제시되는 통제 List는 일반적인 중소기업의 현황에 따라 설계된 업무 Cycle 별로 갖추어야 할 통제절차이다.

memo

전사적인 활동과 관련한 내부통제 Check List

- 이사와 감사의 기능의 분리
- 업적평가에 의한 경영통제
- 공정하고 합리적인 인사정책
- 책임소재를 명백하게 구분할 수 있는 조직 및 규정
- 주기적인 경영상태 등의 보고
- 예산 및 목표 달성에 대한 재무보고 절차와 이에 대한 방침
- 표준 작업 Manual

전산통제와 관련한 내부통제 Check List

- ERP 시스템 등에 대한 Password 관리
- 전산실의 통제
- 업무의 계속성 유지와 관련한 Back-up 절차의 구비
- 비상시의 복구계획의 수립 및 훈련

현금 및 예금에 대한 Check List

- 현금 영수 담당직원과 외상매출금 등의 채권 회수 담당자 혹은 기능의 분리
- 현금 입금 거래시의 입금표의 발행
- 입금표수불 등에 대한 담당자 이외의 직원에 의한 검토
- 주기적인 혹은 불시의 현금 시재의 조사
- 은행 구좌개설시의 경영자의 승인
- 은행 입금액에 대한 입금자 이외의 사람에 의한 증빙 대조
- 현금지급, 어음 및 수표의 발행자와 매입채무에 대한 기록 · 관리자의 기능 분리
- 어음 및 수표의 구입 · 발행 시 승인절차의 구비
- 어음 및 수표용지의 취급자 제한
- 어음 및 수표의 수입과 불출의 관리(예: 수불부의 유지 등)
- 어음 및 수표 발생시 발행한도에 따른 전결규정

매출 및 매출채권에 대한 Check List

- 외상거래처에 대한 사전 신용도의 조사
- 신용조사기능과 대금회수, 판매 및 회계와 관련한 담당자의 분리
- 거래명세서 및 청구서의 전수 발행 및 일련번호의 부여
- 영업부서가 작성한 매출총괄표와 회계팀의 매출장부와의 대사 확인
- 매출채권에 대한 연령분석표의 작성과 이에 대한 주기적인 보고
- 받을어음 실물에 대한 정기적인 실사 및 장부기록과의 대조 절차
- 매출처원장 담당자의 업무에 대한 주기적인 검토

매입 및 매입채무에 대한 Check List

- 구매요구서의 작성, 매입채무의 기록, 재고자산의 관리, 대금지급 등의 담당자의 구분
- 구매업무, 재고자산 보조부의 기록관리, 입고지시서의 발행, 입고제품의 검수 등을 수행하는 담당자와 입출고를 직접 담당하는 담당자의 분리
- 모든 구매에 대해 사전 일련번호가 부여된 구매요구서가 작성되어야 함
- 모든 구매요구서는 부서책임자의 사전 승인을 득하도록 함
- 일정액 이상의 구매는 입찰방식에 의하도록 함
- 구매조건은 권한 있는 책임자의 승인을 득하도록 함
- 주문서 부본은 검수담당자에 의한 검토가 필요
- 거래처별 외상매입금 명세의 월별 작성 및 검토
- 외상매입금의 거래처별 잔액에 대한 정기적인 조회 확인
- 지급어음이 발행되는 경우 반드시 임원에 의해 결정되고 전표작성자 이외의 자에 의해 교부되도록 함

재고자산과 매출원가에 대한 Check List

- 재고자산의 수령, 재고수불부의 기록, 재고불출의 승인 및 재고실사감독 등의 담당자 혹은 기능 등이 분리되어야 함
- 입고 검수는 모든 품목에 대하여 실시
- 창고 접근의 통제
- 재고 불출의 통제(파손자재 등에 대한 창고 재입고)
- 재고수불부의 작성
- 타처보관재고에 대한 통제 절차
- 주기적인 재고실사
- 원가계산 절차의 수립 및 주기적인 검증절차의 존재
- 주요 재고자산에 대한 보험 가입

급여에 대한 Check List

- 초과근무시간 등에 대한 통제절차
- 급여지급업무, 급여계산업무, 인사서류의 기록 · 유지, 급여입금 절차 등에 대한 담당자 분리 혹은 기능의 상호견제 절차
- 급여계산내역에 대한 주기적인 타인에 의한 확인

자금활동에 대한 Check List

- 자금의 차입, 상환 및 기타 전반적인 자금계획의 수립
- 자금 조달 및 투자활동 등에 대한 경영자의 승인 절차
- 받을어음의 할인, 회사의 어음의 교부 등은 반드시 지정된 금융기관에서 수행
- 차입금의 상환, 이자의 지급은 적절한 승인권자의 승인 하에 수행
- 자금의 대여 등과 관련해서는 담보확보 등에 대한 검토 수행
- 자금, 유가증권 담당자 등에 대하여는 신원보증 확보

Lesson 9

원가관리와 기업가치

"많은 중소기업 경영자들이 感(감)에 의한 경영을 한다.
그리고 나서 왜 생각만큼 이익이 안 나는지 이상하다는 식의 의문을 갖는다.
부정하고 싶겠지만 경영에 있어서 우리가 생각하는 感(감)은
그리 정확하지 않다."

Ⅰ. 개요

영리기업은 태생적 이유로 인해 이윤추구를 그 본질적 목적으로 한다. 이러한 사항을 다른 말로 표현하면, 기업 존재의 궁극적인 목적은 '기업가치의 극대화'라고 표현 할 수 있을 것이다. 모든 기업들은 '가치 극대화'라는 목적 하에, 장 · 단기 전략을 세우고 성과를 평가하며, 외부환경의 변화에 대응하며 각자의 생존방식을 터득한다. 이러한 생존방식 터득에 실패한 기업은 '그림 〈1–3〉'에 표현된 것처럼 안타깝게도 '쇠퇴'하는 운명을 맞이하게 되는 것이다.

영리추구를 목적으로 하는 것을 기업의 1차적인 목적으로 간주할 때, 가치 극대화란 '지속적인 이익 극대화'라고 달리 표현할 수 있을 것이다.

지속적인 이익의 극대화 혹은 이익의 창출을 통해 기업의 현재가치와 미래 성장 전망은 극대화 될 수 있는 것이며, 이러한 관점에서 기업의 '전략'이란 것은 계량화 할 수 있는 '재무적 관점'에서 기업의 이익을 극대화 할 수 있는 방안을 '시기', '방법론' 및 '그 수행 주체'의 관점에서 표현한 것이라 할 수 있겠다.

여기서 우리는 기업가치 극대화를 위한 '방법론'에 주목할 필요가 있다. 기업가치 극대화란 결국 '기업가치의 증가액을 극대화'한다는 말과 동의어라고 할 수 있는데, '기업의 가치 증가액'이란 결국 '매출(혹은 수익) 발생금액에서 관련된 원가 및 비용을 차감한 금액'이라 할 수 있고 이러한 금액을 극대화하기 위한 '방법론'이란, '매출을 극대화하는 동시에 원가 및 비용을 극소화'하기 위한 방안을 정의한 것이라 할 수 있겠다.

기업가치 극대화를 위해 '매출의 극대화'와 '원가 및 비용의 극소화'를 동시에 추구하는 것이 가장 최상의 방법이겠으나, '단기적인 관점'에서 혹은 '통제 가능한 관점'에서 본다면 원가를 극소화하는 것이 매출을 극대화하는 것보다는 효과적이라고 볼 수 있을 것이다(물론 본 저자도 장기적인 관점에선 '매출의 극대화'가 기업가치 극대화의 핵심요소임에는 異論(이론)의 여지가 없다). 〈그림 3-7〉을 통하여 이러한 사항을 보다 자세히 이해할 수 있다.

〈그림 3-7〉 : 원가관리와 기업가치

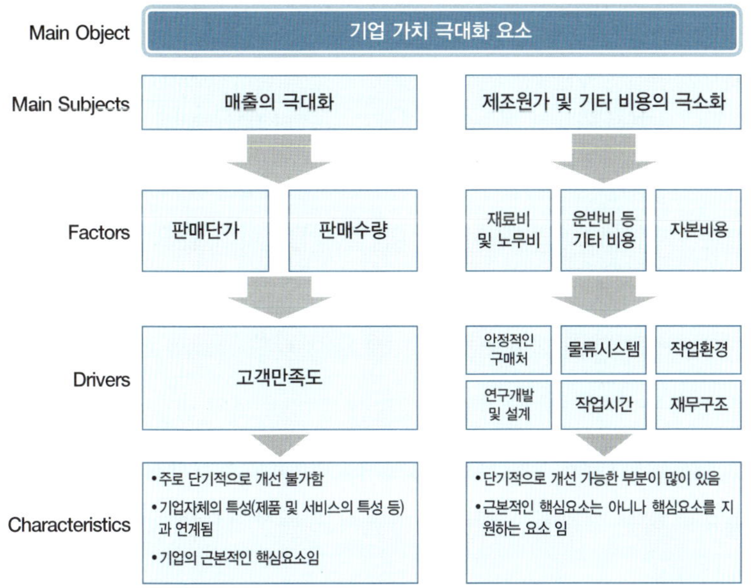

TIP 매출의 극대화와 비용의 극소화가 '기업가치 증대의 양 날개' 임은 분명하다. 하지만 단기적 관점에선 '비용의 극소화'가 상대적으로 달성 가능한 목표가 될 수 있다.

memo

본 Lesson 9의 'II'에서 주로 설명하고자 하는 사항을 요약하자면, '기업 가치 극대화'라는 목적을 달성하기 위한 주요 과제로 '제조원가 및 기타비용의 극소화'를 설정하고(즉, 상기 그림에서 표현한 바와 같이 장기적 관점에서 개선 가능한 매출의 극대화가 아닌 단기적 관점에서 개선가능한 제조원가 및 기타 비용의 극소화를 주요 과제로 설정함을 의미함), 본 과제 달성을 위해 '주요 요소(Driver)에 대한 정의'와 이의 '주요 개선 방안'을 제시하고자 함에 있다.

부연하여 한 가지 제시하자면, 본 절을 모두 이해한 후에 〈그림 3-7〉을 독자들이 경영하는 기업의 입장에서 그려 보길 권장한다. 해당 그림을 직접 고민하여 그려보면, 각각의 기업들이 기업가치 극대화를 위해 필요로 하는 요소를 아주 간결하면서도 핵심적으로 재조명할 수 있기 때문이다.

> "원가 계산을 치밀하게 수행하고 나면 그 동안 깨닫지 못했던
> 경영상의 오류를 발견하게 된다.
> 그것이 판매가격 정책이던, 제조정책이던 간에…"

II. 원가관리와 원가절감

(1) 기업활동과 원가의 이해

앞의 개요 말미에서 언급한 '주요 원가 요소(Driver)'의 정의와 '원가 개선'

을 다른 말로 풀이하면, 결국 '원가절감'을 위한 '제반 정보의 파악 및 개선과제의 도출, 그리고 개선을 위한 노력'으로 풀이할 수 있을 것이다.

일반적으로 원가(Cost)와 비용(Expense)을 구분하여 사용하는 것이 일반적(회계학적으로 원가라 함은 제조활동 혹은 서비스 활동에 直 소모되는 자산 가치 등을 의미하며, 비용이란 영업활동을 위해 쓰여지는 원가 외의 지출액 등을 의미함)인데, 기업의 이익은 결국 '매출 − (원가 + 비용)'으로 정의할 수 있으므로, 회계전문가가 아닌 이상 '원가절감'이라는 관점에서 원가와 비용을 구분하여 인식할 필요는 없을 것이다. 따라서 후술하는 부분부터는 원가와 비용을 혼용하여 설명하도록 하겠다.

'기업가치를 극대화 하기 위해서 원가를 관리(혹은 절감)해야 한다'는 논의를 진행시키기 위해, 우선 기업에서 발생하는 주요 원가 혹은 비용의 행태에 대해 살펴보면 〈그림 3−8〉과 같다.

〈그림 3-8〉 : 제조기업 원가의 사례

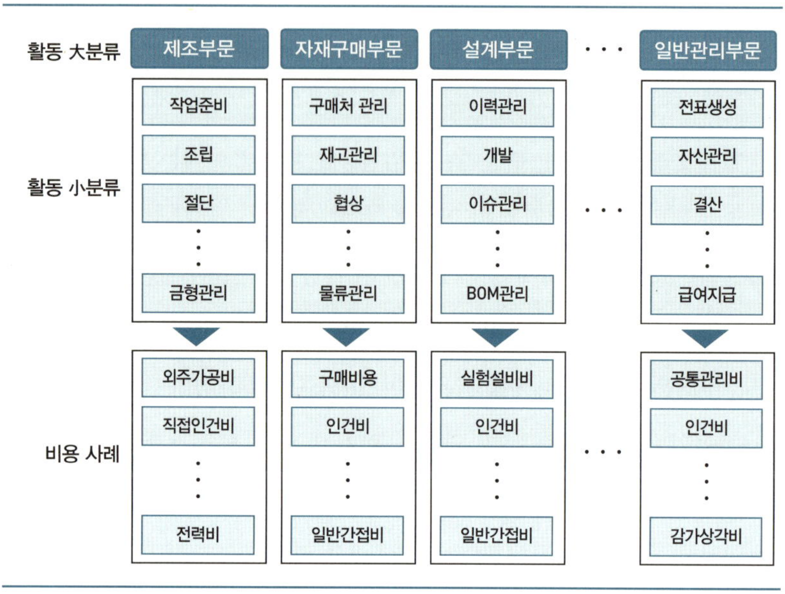

TIP '어떠한 활동이 어떠한 비용을 발생시키는가'를 이해하는 것이 원가계산의 출발점이라 할 수 있다.

memo

〈그림 3-8〉에서 보듯, 결국 기업에서 비용을 발생시키는 것은 목적하는 바를 이루기 위해 수행하는 '활동(Activity)'이라고 할 수 있다. 결국, 비용(원가)를 관리한다는 것은 '활동'을 관리하는 것으로 이해할 수 있는 것이다.

원가관리를 위해 활동을 관리한다는 개념을 좀 더 구체적으로 설명하자면, 활동이 발생시키는 원가행태를 관리한다는 것을 의미하며, 이러한 관리는 Data를 기반으로 수행되어야 한다. 우리의 최종목적인 원가절감은 사실 원가관리가 선행되어야 한다. 원가관리(Cost management)란 기업활동에 수반되는 원가의 발생패턴 및 금액 등에 대한 Data를 수집하고 이를 체계화하는 과정을 통해 원가 발생액을 계산 및 예측할 수 있는 기반을 수립하는 것이다.

요약하자면, 원가절감을 위해 원가관리가 선행되어야 하며, 이는 원가를 유발시키는 활동에 대한 관리가 필요하다는 것을 의미하고, 이 모든 관리를 위해 활동과 원가의 관계를 규명할 수 있는 Data의 관리가 필요한 것이다. 지금까지의 설명은 〈그림 3-9〉와 같이 표현할 수 있다

〈그림 3-9〉 : 활동관리와 원가관리의 Flow 및 요소

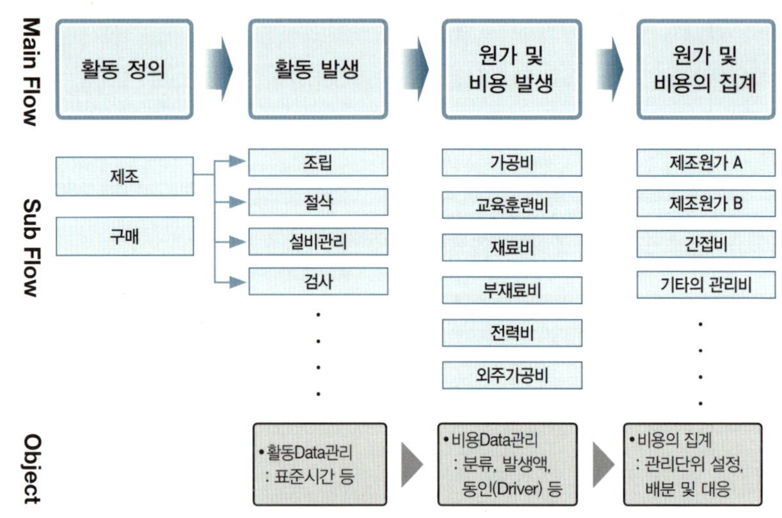

TIP 위와 같은 활동에 대한 원가의 흐름을 독자 여러분 회사에 적용하여 문서로 만드는 것이 원가관리의 출발점이 될 수 있다.

memo

상기 그림을 요약하면 '기업내의 활동을 정의하고, 정의된 활동이 발생시키는 원가를 집계한 후, 원가의 관리단위를 정의하여 향후 개선점을 도출하는 것'이 결국 원가절감을 위해 선행되어야 하는 원가관리라는 것이다. 각각 기업의 활동을 최대한 세부단위로 구분하는 작업, 그리고 그 활동이 소비하는 자원을 정의하는 작업 및 소비자원을 측정하고 관련 Data를 체계적으로 보관하여 원가 발생의 Pattern을 이해하고 DB(Data Base)화 하는 일련의 작업이 원가관리 행위라고 할 수 있을 것이다.

상기와 같은 활동관리 및 원가관리가 기업에 주는 효익(Benefit)을 설명하면 아래와 같다.

- 활동의 구분 및 구체적인 정의를 통하여 표준활동을 수립할 수 있다. 이는 공정개선의 기본 Data가 된다.
- 원가를 발생시키는 활동량의 측정을 통하여 새로운 목표활동에 대한 원가를 예측할 수 있다. 이는 사업계획 수립을 위한 의사결정 도구(Tool)로 활용할 수 있다.
- 원가절감기회를 도출할 수 있다. 즉, 활동을 통하여 소비되는 자원에 대한 Data의 관리는, 자원의 소비에 대한 동인을 명확히 보여줌으로써, 절감 가능한 원가를 식별할 수 있는 기회를 주는 것이다.
- 성과평가의 기회를 제공한다. 즉, 활동의 효율성 여부를 측정할 수 있는 세부 관리지표를 생성시킴으로써, 업무의 효율성 등에 대한 성과평가를 위한 기반을 제공한다.

여기서 우리는 위의 효익 중 3번째 효익인 '원가절감기회'에 주목할 필요가 있다. 원가관리만으로 원가절감을 할 수 있는 것은 아니지만, 원가관리를 통하여 산출된 Data는 원가절감을 위한 Target Points를 제시할 수 있다. 즉, 원가를 발생시키는 활동에 대한 통제를 바탕으로 원가 발생액을 감소시킬 수 있는 '잉여활동' 등을 도출해 낼 수 있으며, 목표활동량과 실제활동량의 효율성 Gap을 도출함으로써, 목표로 하는 원가를 발생시키기 위한 관리 Points를 제시할 수 있는 것이다.

위 문단을 부연하여 설명하자면 이렇다. 실제로 기업 내 원가의 모든 부분을 완벽하게 통제할 수 있는 것은 아니며, 동시에 원가절감을 위해 수행된 행위에 반대적 영향을 받는 객체(직원, 원재료 구매처 등)의 반발이 크면 오히려 '원가절감'이라는 순작용 보다는 '직원의 반발, 거래처와의 협력관계 소실' 등의 부작용이 더 클 수 있다. 이러한 이유 등으로 인해, 기업은 '원가절감'이라는 행위 이전에 효율적인 원가관리 체계 수립을 통해 원가절감 기회를 파악해야 하는 것이고, 이러한 원가절감 행위를 '기업 전사적'인 관점에서 단계적으로 수행해야 하는 것이다.

'기업 전사적인 관점에서의 원가절감'이란 무엇을 의미하는 것일까? 이를 한 문장으로 요약하면 '全(전) 부서 및 全(전) 임직원이 원가절감에 동참하는 것'이라 할 수 있다. 그러나 우리는 이 의미를 표면적으로 이해하는 것보다는 . '원가절감은 원가부서나 생산현장에서만 수행하는 것은 아니다' 라는 표현으로 이해하는 것이 보다 효과적일 것이다.

즉, 전사적 원가절감이란 과거의 전통적인 원가절감 구조인 '생산현장'에 국한된 원가절감 사고방식을 탈피하여 기업의 모든 활동을 기반으로 원가절감 기회를 도출하고, 도출된 기회를 기반으로 원가절감 노력을 수행하는 것으로 해석하는 것이 정확하다는 것이다.

원가절감이라는 목표를 달성하기 위해 기업의 활동을 이해했고, 이를 기반으로 원가관리를 위한 체계를 수립하였다면, 전사적으로 원가를 절감할 수 있는 기회를 도출할 수 있어야 할 것이다. 하지만 위에 언급한 것처럼 무분별한 원가절감은 오히려 그 순작용보다는 역작용이 클 수 있으므로 기업은 선별적인 원가절감 노력을 이행하여야 한다. 이러한 Flow를 그림으로 표현하면 〈그림 3-10〉과 같다.

〈그림 3-10〉: 원가관리와 원가절감 기회의 도출

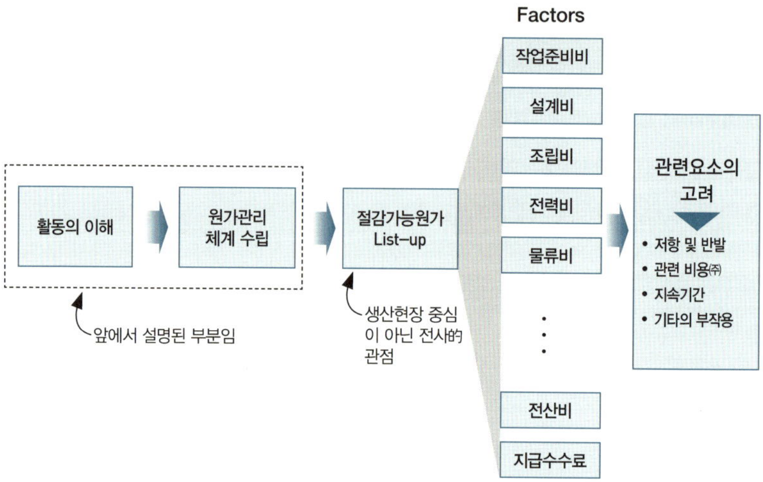

㈜ '관련 비용'이란 원가절감을 위해 투입되는 비용을 의미함.
예를 들어 인건비를 절감하기 위해 투입되는 자동화 설비비용이 '관련 비용'이 될 수 있음

TIP 원가절감 노력도 결국 변화관리의 일환으로 인식해야 한다. 이러한 관점에서 '단계적'인 접근법이 상당히 중요하다.

memo

이제 다음 페이지부터는 이러한 기반을 통해 원가절감을 실제로 수행한 기업의 사례를 바탕으로 실질적이고 실천적인 원가절감 방안에 대해 논의해 보고자 한다.

"원가관리는 기업의 전략에 상당히 중요한 요소가 될 수 있다.
어찌 보면 예상치 못한 경제위기 속에서 기업이 생존함에 있어
통제할 수 있는 유일한 방안일 수도 있다"

(2) 원가절감과 목표원가(Target Costing)

흔히 원가절감액을 '내부수익'이라고 표현하고들 한다. 그만큼, 원가절감은 기업에 있어 가치를 창출할 수 있는 한 부분이 된다고 할 수 있겠다. 하지만, 적정하고 합리적인 원가절감 수행을 위해선 원가를 얼마나 절감해야 하는지, 언제까지 절감해야 하는지 혹은 언제부터 절감할 수 있는지, 어디서 절감해야 하는지 등의 결정하거나 해결해야 할 사항이 많다.

이러한 해결과제에 대해 많은 회계학자들 혹은 생산관리학자들은 ABC(활동기준원가계산) 표준원가계산, 개별원가계산, 역류원가계산 등 수많은 원가 · 관리회계 이론을 개발하였다. 하지만 본 저자가 얘기하고자 하는 바는 그러한 원가계산제도상의 이론이 아닌, 실제 기업에서 동기부여를 통하여 전 임직원이 원가절감을 수행할 수 있는 실천적인 원가절감 방안이다. 이에 대하여 저자는 '목표원가제도와 기술기반의 원가절감'을 실천적인 대안으로 제시하고자 한다. '원가절감'이라는 행

위의 방법론적인 본질을 이해하기 위해 우선 아래의 그림을 이해할 필요가 있다.

〈그림 3-11〉: 원가절감에 대한 방법론의 변화圖

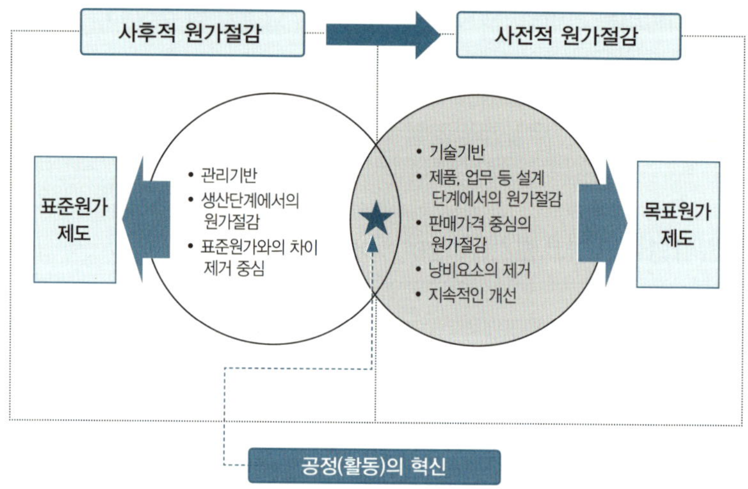

TIP 절감하고자 하는 원가를 '계량화'하고 '목표 수치화'하기 위해선, 원가 절감을 '事前的(사전적)'으로 수행해야 한다. 그래야만 혁신적인 절감이 가능하다.

memo

위 그림에서 보듯, 최근의 원가절감 방법론은 과거와는 달리 '설계 중심의 원가절감', 즉 '사전적 원가절감'으로 대변된다. 이는 다른 말로 '목표원가제도'라고 할 수 있는데, '표준원가제도'가 '발생하는 원가를 생산단계 등의 공성혁신을 통해서 설삼한다'라면, 목표원가세노는 '원가의 발생정도(금액)를 미리 결정하고, 이를 위해 사전적인 설계 활동 등을 통해 개선활동을 수행한다'라고 정의할 수 있겠다. 목표원가제도를 특히 '사전적 원가관리'라고 정의한 이유는, 旣(기) 설계된 프로세스, 공정도, 설계도 下(하)에서 원가절감을 하는 것보다는, 사전에 개선된 프로세스, 공정도, 설계도 등 下에서 원가를 절감하는 것이 목표를 달성하기에 보다 효과적인 것에 그 이유가 있다고 하겠다.

그렇다면 목표원가는 어떻게 도출되는가? 일반적으로 '목표원가'는 '판매가격, 즉 고객이 가치를 느끼는(다른 말로 표현하면 만족하는) 판매가격'에 기업이 목표로 하는 이익률을 기반으로 도출된다. 즉, 목표원가제도는 제품의 '기획 혹은 설계'단계에서 지극히 '고객에게 가치를 전달할 수 있도록' 하는 데에 그 근본적인 목적이 있는 것이다. 이는 현시대 대부분 기업들의 '고객중심' 철학과도 상당히 맥을 같이 한다고 하겠다.

목표원가라는 것이 과거의 '원가에 이윤을 가산하여 판매가격을 결정 할 때의 적정 원가'가 아닌, '고객이 만족을 느끼는 판매가격을 결정하고, 기업의 적정 이윤을 달성하기 위한 원가'를 의미한다는 측면에서, 어찌 보면 목표원가 또는 이를 수행하는 제도인 목표원가제도 자체는 상당히 엄격하고 가혹한 원가제도라고 할 수 있다. 이러한 관점에서 목표원가제도는 지속적인 改善(개선)활동을 통해서만 실행이 가능한 것이며, 기업의 모든 활동에서 事前(사전)적으로 업무적 설계가 수행되었을 때만 가능한 것이다.

이제 지금까지 언급한 '원가계산, 전사적 활동분석과 원가관리 및 목표원가'를 〈그림 3-12〉와 같이 표시할 수 있을 것이다.

〈그림 3-12〉 : 목표원가와 활동의 분석

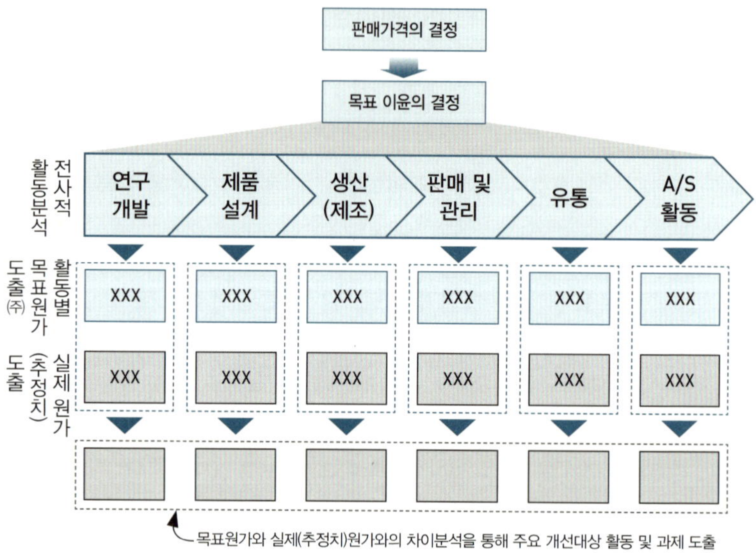

㈜ 여기서 언급된 목표원가란 대상 품목의 Life Cycle동안 회계적으로 배분된 원가를 의미함

TIP 위 그림과 같은 과정을 통하여 기업은 '예측 가능한 경영'에 접근할 수 있게 된다. 이는 Lesson 12에서 설명할 '경영계획' 과도 연관성이 있다.

memo

〈그림 3-12〉에서 보듯, 목표원가를 도출하기 위해선 전사적 활동분석이 선행되어야 한다. 이를 통해 활동별 목표원가를 도출하고, 이를 실제원가(혹은 실제 추정치)를 도출한 후, 목표원가와 실제원가와의 차이분석을 통해 개선되어야 할 수요 활동과 활동별 과세를 선별할 수 있다.

원가절감을 통해 성공한 기업의 대표적인 사례는 일본의 '도요타'일 것이다. 물론 도요타라는 기업이 비단 '원가절감'이라는 단일 요소(Factor)만으로 위대한 기업이 된 것은 아니겠으나, 적어도 '낭비요소 제거를 통한 원가절감'이 도요타라는 기업이 큰 이익을 시현할 수 있도록 一助(일조) 했음은 의심의 여지가 없을 것이다. 목표원가는 바로 이 '낭비요소'를 제거할 수 있는 첫번째 기회를 제공한다.

"원가관리에 있어서 '낭비요소'는 반드시 제거되어야 할 개선과제이다.
문제는 이 낭비요소를 어떻게 찾아내는가에 있는데,
그 해결 방법 중의 하나가 '목표원가' 계산이 될 수 있다."

원가관리, 원가절감 등에 대한 수많은 이론에도 불구하고 본 저자가 유독 '목표원가'를 강조하는 이유는 '목표원가'를 통해서 기업은 기업이 장기적으로 나아갈 전략방향을 설정할 수 있다고 생각하기 때문이다. 기업은 특별한 경우를 제외하곤, 결국 시장이 결정해 주는 판매가격의 지배하에 들어갈 수 밖에 없다. 결국, 기업은 판매가격이라는 시장의 지배하에, 품질과 원가라는 내부적 경쟁요소를 끊임없이 발전시켜야만 생존할 수 있는 것이다. 이러한 관점에서 목표원가는 기업이 현재 보유한 경쟁력이 어느 시점까지 유효할 수 있는지, 다시 말하면 판매가격의 지속적인 하락에 대비하여 어느 시점까지 원가를 절감하고 활동을 개선해야 하는지에 대한 목표점과 한계점을 제시할 수 있는 것이다.

기업이 목표로 하는 營利(영리)를 추구하기 위해서 '전사적인 활동을 분석하고, 활동이 야기하는 원가를 분석하고 , 활동별 원가의 목표치를 설정한 후, 목표이익을 달성'하는 일련의 프로세스(Process)는 전략방향을 설정하기 위해 필수적으로 수행되어야 할 절차이다. 비단 단순한 원가계산뿐만이 아니라, 원가를 전략적으로 활용할 수 있는 기업내 力量(역량)이 필요한 것이다. 그렇다면 이러한 역량을 강화하기 위하여 어떠한 과정을 거쳐야 하는 것일까?

〈그림 3-13〉: 지속적인 개선 활동과 원가관리 역량강화

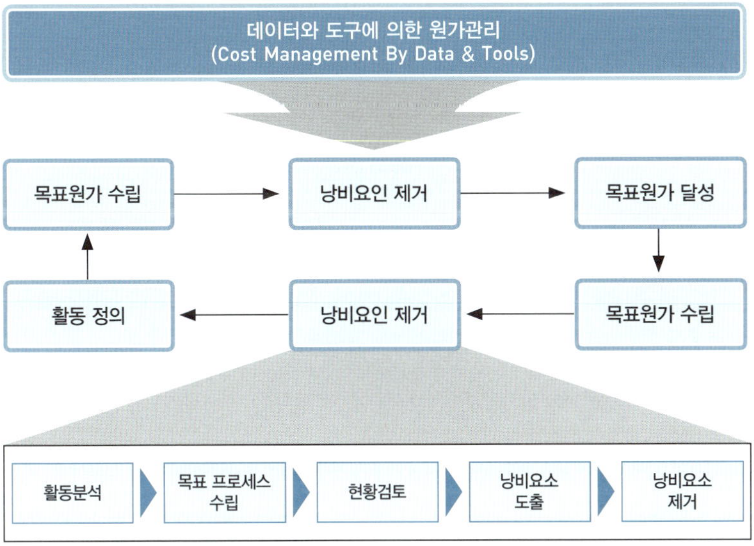

TIP 위와 같은 순환 과정은 결국 원가관리에도 '단계적' 접근과 '지속적인 개선'이 필요함을 의미한다.

memo

역량의 강화는 개선활동의 순환(looping)을 통해 지속적으로 이행되는 것으로 이해할 수 있다. 여기서 주의할 점은 이러한 원가관리의 순환활동은 반드시 '데이터와 도구(Data & Tools)'를 통해 이행되어야 한다는 것이다. 결코 경영자 혼자만의 感(감)이나 경험만으로는 합리적인 개선활동을 수행할 수 없다. 이러한 이유로, 역량의 강화는 단계적인 것이며 시스템적인 것이라고 할 수 있다.

기업내의 데이터를 활용하기 위해선, 데이터의 蓄積(축적)이 선행되어야 하는바, 의미있는 데이터의 축적은 어느 정도의 기간을 필요로 한다. 원가의 통제, 절감 등에는 흔히 이야기 하는 혁신적인 발전(Quantum Jump)이 어려운 이유가 여기에 있다. 또한, 데이터가 많아질 경우 이를 지원하는 도구(Tools), 즉 전산시스템(원가관리시스템 또는 ERP 등)이 필요할 수 있다. 전산시스템을 구축하고, 이를 활용하며, 이를 통한 원가의 계산, 관리 및 통제 등이 기업 내 임직원들에게 體得(체득)되기 위해서 역시 절대적인 기간을 필요로 한다. 경영자는 이러한 과정을 이해하고 끊임없는 개선활동을 통해 역량을 강화할 수 있도록 관련 직원 등을 督勵(독려)해야 하는 것이다.

사실 원가를 절감하기 위한 거시적인 방법론은 상당히 단순하다고 할 수 있다. 하지만 그 절차는 상당히 구체적이어야 하며, 동시에 집요해야 한다. 목표원가를 달성하기 위해 수립된 원칙은 아무리 작은 것이라 해도 반드시 準數(준수)되어야 한다. '도요타'가 낭비제거를 위해 생산과정에서 나사를 조이는 횟수까지 업무 매뉴얼에 정의한 것처럼, 원가절감을 위한 노력은 상당히 집요해야 한다.

여기서 더 나아가면, 낭비요인을 찾는 것보다 그 요인을 제거하는 방법을 모색하고 실천하는 것이 실질적으로 원가절감을 위한 노력의 핵심이라 할 수 있겠다. 원가관리나 원가절감은 이론적인 것이 아닌 실천적인 것이다. 연구현장, 제조현장, 물류현장 및 관리현장에서 모든 원인과 답이 도출될 수 있다. 이러한 관점에서 진정한 원가절감은 반드시 전사적인 협조와 지원 하에서만 가능한 것이라 할 수 있는 것이다. 저자가 제시하고 강조하는 목표원가제도는 상기의 사항들이 충족될 때만 의미가 있고 효과를 발휘할 수 있다.

III. 원가절감의 한계와 경영계획

아무리 원가관리를 잘하고, 이를 바탕으로 끊임없이 원가를 절감한다고 하여도 그 한계점은 분명히 있다. 목표원가를 통해 지속적인 개선활동을 수행한다고 하더라도, 더 이상 개선점을 찾을 수 없는 한계점에 도달할 수도 있는 것이다. 경영자는 이러한 한계점에 도달할 수 있는 시점, 즉 제품의 판매가격이 더 이상 원가를 上廻(상회)하지 못하여 이윤을 달성할 수 없다고 느끼는 시점을 그 제품의 라이프사이클 상의 종점으로 인식해야 할 것이다.

중소기업, 혹은 다수의 중견기업조차 단일의 제품을 중심으로 기업의 주요 영업을 영위하는 한국의 현실을 볼 때, 원가관리 즉, 목표에 의한 원가관리는 경영자가 기업운명을 예측할 수 있는 아주 유용한 도구가 됨은 무시할 수 없는 점이다.

하나의 제품이 한계 이익점에 도달하는 시점을, 합리적인 추정하에 시장 판매가격과 달성 가능한 원가를 바탕으로 도출하고, 이를 극복할 수 있는 대안을 준비하는 것이 경영자의 가장 중요한 역할이라 할 수 있다. 이러한 관점에서 원가관리는 단기적으로 이익을 결정하는 도구가 되지만, 장기적으로는 기업의 흥망을 결정하는 요소가 될 수 있는 것이다.

경영자는 결코 스스로 원가계산을 수행하려 할 필요도 없고 그러해서도 안 된다. 하지만, 원가관리를 해야 하는 이유, 원가관리를 바라보는 관점, 도출된 원가내역 등을 미래 경영의 방향에 반영하는 기술(Skill)을 보유해야 한다.

마지막으로, 목표 원가관리를 중심으로 경영혁신에 성공한 '도요타의 7가지 습관'을 소개하고 본 절을 마치고자 한다. 아래의 습관이 지속적인 원가절감을 달성한 핵심요인이라고 이해해도 무방하리라 판단된다.

계속 변화하는 기업, 도요타의 7가지 습관

1. 우선 상대방의 이야기를 잘 듣는 습관을 가지고 있다.
2. '무엇이 문제인가'를 생각하는 습관을 가지고 있다.
3. 격려하고 제안하는 자세를 가지고 있다.
4. '어떻게 하면 이길 수 있을까'하고 지혜를 짜내는 습관을 가지고 있다.
5. 언제나 네트워으로 일하기 때문에 서로 의논하는 자세를 가지고 있다.
6. 현장, 현물주의가 철저하다는 의미에서 사실에 바탕을 두는 습관이 있다.
7. '우선해보자'고 하는 습관이 있다.

Lesson 10

자본관리, 자금관리

"결국 기업의 생존은 자금관리에 직결되어 있다.
같은 업종으로 비슷한 매출을 해도
어느 회사는 생존하고 어느 회사는 문을 닫는 이유는
대부분 자금관리에 그 원인이 있다고 할 수 있다."

I. 개요

기업의 생존여부를 최종적으로 결정하는 것은 결국 자본의 가용성, 다시 말하면 '남아 있는 자금의 규모'라고 할 수 있다. 우리가 흔히 말하는 '흑자도산'이란, 재무제표상에서는 이익이 실현되고 있음에도 불구하고 과도한 설비투자, 거액의 불량채권, 재고자산의 과다 및 기술개발의 실패 등으로 인해 자금이 梗塞(경색)됨에 따라 발생하는 도산을 의미한다. 즉 '이익의 실현=생존'이라는 공식은 반드시 성립하는 것은 아니라는 점을, 재무제표의 작성원칙이 '현금주의'가 아닌 '발생주의'에 기반한다는 사실을 통해 경영자는 이해하여야 한다.

우리가 흔히 말하는 '탄탄한 기업'이라는 의미는 여러가지 의미를 함축하고 있을 것이다. 이는 '매출의 지속적 성장세, 다양한 거래처의 보유, 매출구성항목의 다양성' 등을 의미한다고 할 수 있다. 하지만 상기의 요인들이 경영자에겐 다음 페이지에 설명된 위험요소를 제공할 수 있음을 이해하여야 한다.

[경영호황과 자금흐름의 逆(역)관계 사례]

매출이 지속적으로 성장하고 있다 : 매출의 증가로 매출채권 규모가 증가하고 있으며, 채권의 회수가 지연될 경우 상대계정인 단기미지급금(매입채무) 증가, 이로 인한 미지급금에 대한 현금지출규모가 커짐으로 인해 자금운용상의 어려움이 증가할 수 있다.

다양한 거래처를 보유하고 있다 : 부실거래처에 대한 판별을 위해 더 많은 관리인원이 필요하게 되며, 만약 거액의 부실채권이 발생한다면 '부(−)의 자금흐름'이 발생할 수 있다.

매출구성항목이 다양하다 : 제품별 혹은 상품별 잘못된 수익성 측정으로 인해 규모의 증가에도 불구하고 제품별 혹은 상품별 자금흐름의 건전성에 대한 Check가 어려워지고, 이로 인해 자금수지가 악화될 수 있다.

개인사업자가 도산하는 가장 많은 원인 중 하나는 '어음의 부도'이다. 이는 개인사업자가 거래상대방의 '재무적, 영업적 건전성'을 판별하는 능력이 없기 때문이다. 하지만 이러한 사항은 소기업 혹은 중소기업도 크게 다르지 않다. 저자가 경험한 많은 회사 중, 일정규모 이하의 회사의 경우 거래상대방에 대한 신용도 조사에 대한 중요성을 인지하지 못하는 경우가 많이 있었다. 상당히 위험한 形局(형국)이라 판단된다.

비단 매출채권의 회수에 대한 사항만이 아닌, 기업활동의 모든 측면에서 자금의 관리는 체계화되어야 한다. 거액의 시설투자, 자금의 차입, 재고자산 규모의 증가, 연구개발활동의 확대, 직원수의 증가 등은 巨視的(거시적)관점에서 경영계획의 체계하에 수행하되, 반드시 자금의 흐름을 고려한 상태에서 해당 활동이 수행되어야 할 것이다.

자금의 관리는 거시적이면서 장기적이어야 하며, 한편으로는 미시적이면서 단기적이어야 한다. '수천억 원~수조 원'을 관리하는 기업들이 '수억 원~수십억 원'으로 인해 최종 부도처리되는 사례를 우리는 흔히 목격할 수 있다. 기업이 도산할 때, 그 최종 원인이 되는 자금의 규모는 결코 크지 않을 수 있다는 사실을 경영자는 直視(직시)하여야 한다. 이러한 관점에서 볼 때, 자금의 관리는 경영자가 항상 스스로 챙겨야 할 중요한 항목이라 할 수 있겠다.

Lesson 10에서는 경영자가 알아야 할 최소한의 '자금관리의 개념 및 방법' 등에 대해 설명하고자 한다. 저자가 본 책에서 자주 언급하는 사항이지만, '자금관리'에 대한 사항 역시 경영자라면 반드시 알고 있어야 할 기본적인 식견이라고 할 수 있다. Lesson10을 통해 독자들은 자금관리에 대한 기본 사항을 이해하고 해당 기업에 이러한 사항을 체계화 할 수 있는 환경을 조성할 수 있기를 기대하는 바이다.

"경영현장에서 가장 안타까울 때가 경영자의 판단 오류로 기업이 자금난을 겪을 때다. 경영자의 판단의 기준이 주관적인 感(감)이 되어서는 안된다."

II. 자금관리의 이해

(1) 자금흐름의 이해

앞서 개요에서 강조 한 바와 같이, 자금관리는 기업활동 전반에서 체계화되어야 한다. 그렇다면 여기서 설명하는 기업활동이란 어떤 활동을 의미하는 것일까? 여기서 우리는 기업의 자금흐름 및 이와 관련된 활동의 의미를 이해할 필요가 있다. 이를 위해 아래 〈그림 3-14〉를 보자.

〈그림 3-14〉 : 자금흐름과 관련 활동

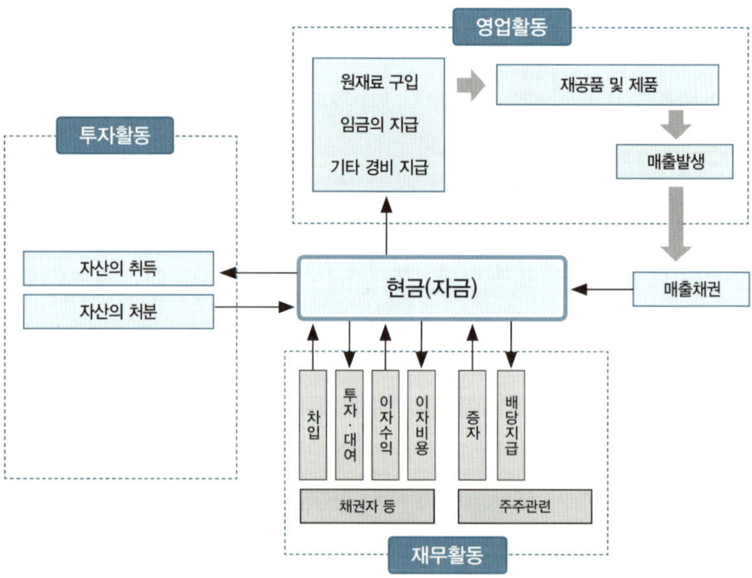

〈그림 3-14〉에서 보듯, 기업의 활동을 자금흐름 관점에서 본다면 영업활동, 투자활동 및 재무활동으로 구분할 수 있다. 이러한 관점에서 자금의 관리는 작게는 현금이나 예금 등의 잔고를 적정하게 유지하는 것이고, 넓게 본다면 영업, 투자 및 재무활동을 고려하여 자금의 수지를 조절하는 행위라고 할 수 있겠다.

여기서 우리가 놓치지 말아야 할 점은 위에서 언급된 활동은 결국 기업의 경영계획의 근간을 이루는 활동과 동일하다는 점이다. 자금계획이라 함은 일반적으로 기간별 목표로 하는 매출액을 기반으로 그에 수반되는 시설, 인사, 관련 기반조성 등을 위해 필요한 자원의 크기를 숫자로 표시한 것을 의미하는데, 경영계획 역시 목표한 매출액을 달성하기 위해 관련 영업활동, 투자활동 및 재무활동을 숫자로 표시한 것으로, 이러한 관점에서 본다면 경영계획은 자금계획 혹은 미래의 자금관리와 같은 선상에서 출발해야 한다고 하는 것이 옳은 표현일 것이다. 이와 관련한 자세한 사항은 본 절의 중간중간마다 계속 논의가 될 것이다. 일단, 여기서 우리가 인지해야 할 사항은 '자금관리'란 현금 및 예금을 중심으로 시작하는 것이 아닌, 기업의 활동을 거시적으로 이해하고 이에 수반된 현금 및 예금 등의 흐름을 예측한 후 현금 등의 과부족 현상이 예상될 경우 이를 대비한 계획을 수립하는 활동이라는 점이다.

자금관리에 대한 방법을 이해하기 전에 우선 자금관리와 이익관리와의 차이점 등을 이해할 필요가 있다. 아래 표를 보자.

[이익관리와 자금관리]

구분	이익관리	자금관리
목 적	수익성 개선	지급능력의 개선
대상기간 및 목표	일정기간(혹은 사업연도)의 총 수익이 비용을 상회하도록 함	일정시점(지급시점)의 총 수입이 총 지급을 상회하여야 함
실패 시 영향	배당의 감소 등	부도, 파산
활용도구	손익계산서 손익분기관리:발생주의 관점	자금수지(계획)표 현금흐름표
성향	공격적	보수적

위 표에서 보듯, 자금관리와 이익관리는 전혀 다른 개념으로 볼 수 있다. 이 절의 서두에서 언급한 '흑자도산'은 결국 많은 경영자들이 자금관리와 이익관리를 혼돈하는 데에서 그 원인을 찾을 수도 있겠다.

여기까지의 내용을 이해했다면, 이제 필요한 것은 자금관리를 위한 도구(Tool)와 방법(Method)를 이해하고, 이러한 도구와 방법을 기업내에 내재화(Embeded)하기 위한 절차나 방법일 것이다.

(2) 자금관리를 위한 도구와 방법, 그리고 내재화

기업의 업무를 수행한다는 것은 사실 업무의 수행계획이나 수행결과 등을 '문서화(Documentation)' 한다는 것과 같은 의미라고 이해해야 한다. 향후 계획을 문서화하지 않거나, 수행 내역을 문서화하지 않는다면, 어떠한 업무 등도 공유되거나 관리 및 감독되지 않을 것이며, 또한 발전되기도 힘들기 때문이다. 이러한 관점에서 자금관리도 그 업무의 수행계획과 수행결과 등을 문서화 하는 것에서 그 시작과 마무리를 정의 할 수 있을 것이다.

위의 내용을 바탕으로 자금관리의 방법(Method), 좀더 정확히 말해 거시적인 자금관리의 방법을 정의하자면 '자금관리의 계획과 수행을 위한 문서화 종류와 작성 순서 결정, 문서화의 수행 및 모든 업무를 수행한 후 결과에 대한 Feedback'으로 이해할 수 있겠다.

〈그림 3-15〉 : 자금관리의 도구와 방법

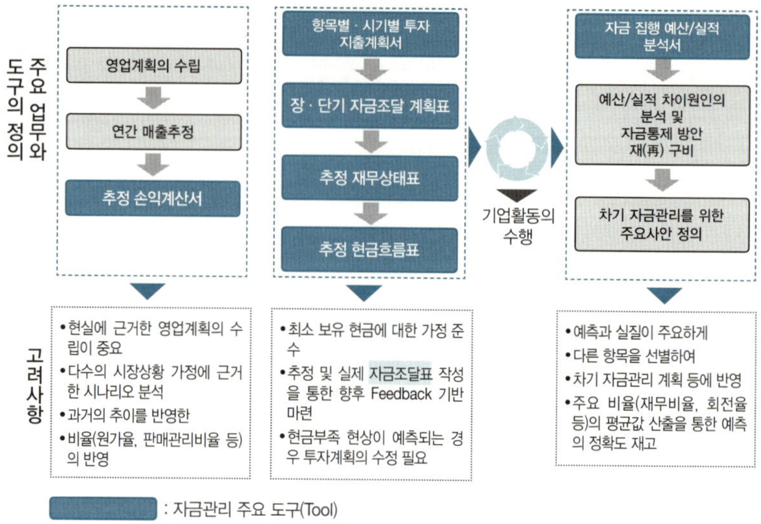

TIP 위 그림상에 나타난 문서를 자금관리의 도구로 이해해야 한다. 즉, 나열된 문서들을 작성하는 것이 '자금관리' 업무를 수행하는 것이다.

memo

〈그림 3-15〉를 구성하고 있는 항목을 꼼꼼히 살펴본다면, 자금관리에 대한 전반적인 이해를 할 수 있다. 이제 각각의 항목들이 의미하는 바를 살펴보자.

추정 손익계산서 : 앞서 언급한 바와 같이 자금관리의 시작은 기업의 전반적인 활동을 이해하는 것에서 시작해야 한다. 기업의 전반적인 활동을 일정 기간별로 구분하고, 해당 기간에서 가장 중요한 활동을 정의한다면 무엇보다도 매출활동이라 할 수 있을 것이다. 거시적인 관점에서 본다면 자금관리는 매출활동의 결과에 종속된다. 결국 매출활동에 대한 계획이 선행되지 않고서는 자금관리에 대한 계획을 수행할 수 없다. 이러한 관점에서 본다면 올바른 자금관리의 전제조건은 올바른 매출계획에 있다고 할 수 있겠다. 수립된 매출계획에 근거하여 추정되는 미래기간의 비용을 예측할 수 있다. 이 결과에 따라 미래 일정기간의 추정 손익계산서를 작성할 수 있다. 손익계산서의 작성은 미래 일정기간 자금수요 예측의 근간이 된다.

"추정손익계산서의 작성이 자금계획의 출발점임을 이해하여야 한다. 그 과정은 매우 솔직하고 객관적이어야 함은 물론이다."

항목별 · 시기별 투자 지출계획서 : 기업은 생산능력의 증대, 신사업에 대한 투자 등을 위해 일정항목(예 : 기계장치, 건축물, 토지 등)에 투자하고자 하는 계획을 가지고 있다. 경영자는 얼마의 금액을 언제 투자해도 되는지에 대해 늘 고민을 한다. 이러한 의사결정은 반드시 자금관리의 기반에 이루어져야 함은 물론일 것이다. 일단, 기업은 추정손익계산서와 추정일 현재의 자금 보유 현황을 바탕으로 투자계획을 수립할 수 있을 것이다. 하지만 이후에 수행될 자금관리 절차를 통하여 본 계획서가 수정될 수도 있음을 주지하여야 한다.

장 · 단기 자금조달 계획표 : 앞서 수립된 투자계획서와 추정일 현재의 자금상태를 바탕으로 기업은 필요한 자금에 대한 조달계획을 수립하여야 한다. 자금의 현황, 즉 유동성이 좋아서 거액의 투자지출에도 불구하고 외부의 자금이 필요하지 않다면 좋은 일이겠지만, 그렇지 않은 경우라면 외부자금(예 : 차입 또는 증자)이 필요할 것이다. 이에 기업의 자금담당자는 현재 기업의 신용도, 가용 담보자산 등을 바탕으로 외부자금의 조달 가능 금액과 시기에 대하여 검토하여야 한다. 이러한 과정을 통하여 일정기간 동안의 장 · 단기 자금조달 계획표를 수립할 수 있다.

추정 재무상태표와 추정 현금흐름표 : 위의 언급한 사항들이 마무리되었다면, 이제 추정 재무상태표와 추정 현금흐름표를 작성할 수 있다. 이렇게 작성되는 두 가지 재무제표를 바탕으로 미래 일정기간의 자금 안전성에 대한 예측을 구체적으로 수행할 수 있다. 만약, 이 과정의 결과 값이, 유동성에 상당한 문제가 있을 수도 있는 것으로 추정된다면 경영자는 투자계획을 수정하거나 가능한 제3의 계획 및 실행방안을 모색하여야 할 것이다. 또한 본 과정에 대한 절차를 충실히 하였다면, '경영계획'에 대한 기반을 마련한 것과 같은 업무를 수행한 것이기에(경영계획에 대한 사항은 후술 할 'Lesson 12. ERP 그리고 경영계획'에서 보다 자세히 다룰 것이다), 보다 융통성 있는 사업을 영위할 수 있을 것이다.

자금 집행 예산/실적 분석서 : 자금관리와 관련하여 추정했던 한 회계기간이 끝나면, 추정치와 실적치에 대한 비교/분석을 수행할 수 있다. 이러한 과정을 통해 차기의 자금관리 계획에 좀더 구체성을 더할 수 있으며, 더 나아가 경영계획에 대한 실질적인 의미를 부여할 수도 있다. 이러한 예산/실적 분석서는 크게는 연 단위 부터 작게는 주 단위까지 작성할 수도 있을 것이다.

지금 살펴본 사항은 자금관리의 도구와 그 절차라고 할 수 있다. 사실 대부분의 기업은 위에 언급한 절차나 과정을 수행하는 것으로 생각되나, 그 내용의 질(質)적인 면을 본다면 그 수준은 기업별로 천차만별이라고 판단된다. 하지만, 중요한 사항은 바로 그 자금관리의 '수준'에 있다. 즉, 단순히 자금을 '관리' 혹은 '통제'하고 있다고 해서 합목적적인 자금관리 프로세스가 기업에 內制(내제)되어 있다고 판단하기에는 그 조건이 충분하진 않다고 볼 수 있겠다. 그렇다면, 기업이 자금관리 프로세스를 내제화 하기 위하여 어떠한 사항을 갖추어야 하는 것일까?

"자금관리를 수행하지 않는 기업은 거의 없을 것이다.
하지만 중요한 것은 그 수준에 있다."

〈그림 3-16〉: 자금관리 내제화를 위한 3가지 요건

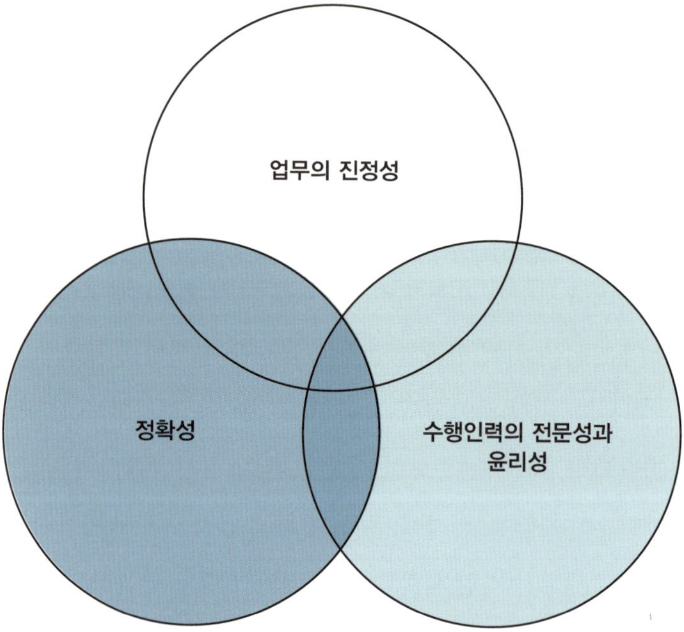

TIP 자금관리 업무에 그 의미를 부여하기 위해선 위의 세 가지 사항이 충족되어야 한다. 위 사항을 자금관리 업무의 수준이라고 할 수 있겠다.

memo

결국, 기업이 자금관리를 수행함에 있어 〈그림 3-16〉상에 표시된 세 가지 요건을 갖추지 않는다면, 자금관리 업무는 형식적인 업무로 치우칠 수 밖에 없을 것이다. 또한 위 항목은 어느 한가지도 소홀할 수 없는 상호 보완적인 것이며 동시에 순환적인 것으로 이해하여야 한다. 위 항목에 대하여 간단히 사례로 살펴보면 아래와 같다.

1. 업무의 진정성

여기서 언급된 '진정성'은 더 정확히 설명하자면 '형식성'의 반대되는 개념이라고 설명할 수 있겠다. 자금관리는 단순한 숫자놀음이 아닌 기업의 생존여부를 결정짓는 심각한 작업이다. 이러한 사항은 자금관리의 모든 세부적인 업무절차에 녹아 있어야 한다. 즉, 모든 절차나 수행결과가 주먹구구식이나 형식적이지 않은, 입력 및 산출되는 Data에 대하여 의미 있는 값이라는 확신이 들어야만 한다. 이를 위해서는 각각의 업무들이 체계화되어야 하며, 필요한 경우 상황에 맞게 업데이트가 될 수 있어야 할 것이다.

다음 페이지의 〈그림 3-17〉은 일반적으로 기업에서 가장 빈번하게 이루어지고 있는 자금관리 사례이다. 이 사례와 같은 형식이나 절차가 독자들의 기업에 존재하는지 검토할 수 있어야 할 것이다. 우선 매출채권 관리에 관한 사례이다.

〈그림 3-17〉: 체계적인 매출채권 관리 사례

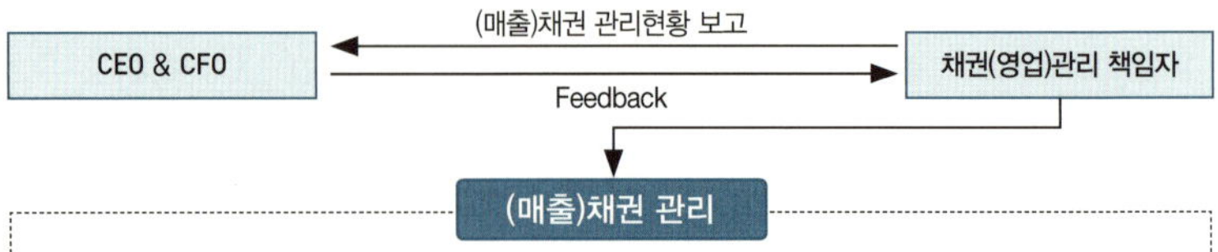

거래처	전월 매출채권 잔액	회수액		당월 매출액	당월 매출채권 잔액
		전월	당월		
AAA	XXX	XXX	XXX	XXX	XXX

대금회수예상표

차월회수 예상	예상회수율	채권잔액
XXX	XXX	XXX

특히, 당월 채권잔액에 대해서는 연령분석에 의한 관리(대손관리)도 필요

대금회수현황

거래처	당월채권 잔액	입금			입금합계
		초순	중순	하순	
AAA	XXX	XXX	XXX	XXX	XXX

TIP 독자 여러분 회사의 매출채권 관리 현황을 이해하고 위 그림과 비교해 보길 권장하는 바이다.

memo

〈그림 3-17〉의 절차가 반드시 표준적인 절차라고 할 수는 없지만, 적어도 위 수준의 절차가 기업에는 진정으로 내제(embedded)되어 있어야 하며, 본 절차에 대한 문서의 작성 · 승인 및 결과에 대한 책임 등이 모두 체계화되어 있어야 한다. 부가하여 설명하자면, 위에서 설명한 〈그림 3-15〉에서 설명하고 있는 '자금 집행 예산/실적 분석서'를 진정성 있게 작성하기 위해서도 상기와 같은 채권관리가 수행되어야 하는 것이다.

또 하나의 사례로서 '재고자산 관리'에 관하여 살펴보자.

"많은 중소기업들이 채권의 연령관리 조차도 수행하지 않고 있다.
그러면서 자금관리를 수행한다고 설명한다.
이 하나로 그 회사의 관리 수준을 예측할 수 있다"

〈그림 3-18〉 : 체계적인 재고자산 관리 사례

재고자산 관리-체계적 기법 요구

재고자산의 품목과 수량이 다양한 경우 최소의 비용을 최적의 관리효과를 도출해야 함
- 생산에 차질이 없는 최소한의 재고를 유지하는 것이 필요

ABC관리기법의 도입

재고자산의 분류

재고자산의 분류	성격	전 품목에서 차지하는 비율	재고자산 총가치에 대한 비율
A	고가	10% ~20%	70% ~ 80%
B	중가	20% ~ 40%	15% ~ 20%
C	저가	40% ~ 60%	5% ~ 10%

재고자산의 분류

자재구분	관리정도	구매승인	안전재고	재고조사
A	상	최고경영층	소량	수시
B	중	중간관리자	중량	주기적
C	하	하부관리자	대량	간헐적

TIP 재고관리는 제조업에 있어서 상당히 중요한 관리업무 중의 하나이다. 하지만 그 효율성을 무시할 순 없다. 위 방법이 그 대안이 될 수 있다.

memo

자금 유동성 확보를 위해 재고자산에의 과잉투자는 반드시 피해야 하며, 이를 위해선 재고자산에 대한 체계적인 관리가 필요할 것이다. 이러한 자금관리를 위한 도구가 바로 〈그림 3-18〉과 같은 재고자산 기법이며, 상기 사례정도의 구체적인 절차들이 실제로 기업에서 수행될 때, 자금관리의 진정성이 확보된다고 할 수 있는 것이다.

정리하자면, 〈그림 3-15〉가 거시적인 관점에서 설명하는 자금관리의 도구라면 〈그림 3-17〉과 〈그림 3-18〉은 미시적인 관점에서 설명하는 자금관리의 도구라고 할 수 있겠으며, 거시적 절차와 미시적 절차가 모두 갖추어져야만 자금관리의 진정성을 확보할 수 있다고 하겠다.

2. 정확성

자금관리를 진정성 있게 수행하고 있다 하더라도, 정작 중요한 사항은 그 결과를 해석하는 '해석의 정확성'에 있다. 이는 자금관리 결과에 대한 '대응의 정확성'과도 그 맥(脈)을 같이 한다고 할 수 있겠다. 자금관리 결과에 대한 해석의 정확성을 담보하기 위해 결국 '재무적' 결과값과 '비재무적' 결과값에 대한 자금관리에 대한 부실징후 체크리스트가 필요하며, 아래 예시한 체크리스트의 사항이 기업 내/외에서 발견되는 경우 자금관리 담당인원 또는 그의 차 상위권자 등은 '대응의 정확성'을 위한 대책 수립 및 행동을 이행해야 할 것이다. 우선 재무적 부실징후 체크리스트를 살펴보자.

〈재무적 부실 징후〉

재무상태표	손익계산서
· 현금 등가물 등의 절대적 부족 · 순운전자본의 만성적 부족 · 매출채권 회전기간의 둔화 · 재고자산 회전기간의 둔화 · 과다한 고정자산 투자 · 단기부채와 기타 유동부채의 증가 · 유동비율의 악화 · 매출채권의 급증 · 차입조건의 악화현상 심화	· 매출의 지속적 감소 · 채권의 대손현상 증가 · 지속적인 영업손실 · 매출원가(율)과 판매관리비(율)의 증가 · 영업이익을 상회하는 과다한 금융비용
현금흐름표	
· 영업활동 현금유입의 지속적인 감소 혹은 부의 현금흐름 · 단기차입금을 재원으로 한 장기차입금의 상환 · 투자활동으로 인한 현금유출의 증가	

상기와 같은 재무적 부실징후가 도출되는 경우, 지금까지 살펴본 자금관리의 절차를 근거 삼아 현재 기업의 자금현황을 면밀하게 검토하여야 한다. 왜냐하면, 습관적으로 수행되는 자금관리절차는 그 결과에 대하여 관리자가 둔감해 질 수 있기 때문에, 역(逆)으로 체크리스트를 통하여 수행되는 절차의 결과값에 대한 진정한 의미를 이해할 수도 있기 때문이다. 다음은 '비재무적 부실 징후'에 관하여 살펴보자.

〈비재무적 부실 징후〉

- 어음거래가 불량해 짐(높은 이자의 어음 사용)
- 동산 및 부동산의 갑작스런 처분
- 직원들의 기강(출퇴근율 등) 해이
- 자금관리인원의 잦은 부재 현상
- 주거래 은행의 변동
- 임직원의 빈번한 교체
- 대주주지분의 변동
- 무리한 사옥 증설
- 잦은 거래처 변동

본 저자의 직업적 특성상 많은 기업을 방문하게 되는데, 상기에 제시된 상황을 포함하여 느낌적으로 '자금에 문제가 있을 수 있겠다'는 감이 오는 회사가 있다. 그리고 그 감은 거의 정확하다. 여기서 본 저자가 논하고자 하는 것은, 자금관리를 위한 기술적 행위(자금관리 절차를 위한 거시적 · 미시적 절차의 수행)도 중요하지만, 자금 현황에 대한 위험상태를 '정확'하게 인지하는 경영자 및 관리자의 능력도 중요하다는 것이다. 즉 자금관리 업무를 수행하는 인력의 '전문성'이 중요하다고 할 수 있는 것이며, '정확성'은 '전문성'을 통해서 담보된다고 할 수 있겠다. 그렇다면 수행인력의 전문성이란 무엇을 의미하는 것일까?

3. 수행인력의 전문성과 윤리성

자금관리는 단순한 자금의 유입 및 유출내역을 정리하는 경리처리가 아닌, 경영활동 전반에 있어 기업의 혈류(血流)를 통제 및 예측하는 중요한 활동이다. 다시 말하면 원재료 구매 · 제조에서 영업 및 채권회수까지 전반적인 기업의 활동을 이해하고, 그에 수반한 자금의 적절한 사용과 예측을 수행해야 하는 고도의 경영활동이 바로 자금관리인 것이다. 하지만, 많은 경영자들이 자금관리 활동을 단순한 '현금 유 · 출입 관리 활동'으로 오해하고, 그 중대한 역할을 전문성이 없는 임직원에게 위임하는 실수를 범하곤 한다. 앞서 언급한 자금관리의 내재화를 위한 '업무의 진정성'과 '정확성'은 '수행인력의 전문성'이 담보될 때에만 가능한 것이라 하겠다. 경영자는 자금관리 담당인원의 전문성 보유여부를 확인하기 위해선 그의 경력, 교육수준, 업무능력에 대한 충분한 검토를 하여야 할 것이다.

또한, 경영자는 자금관리와 관련한 인원의 전문성과 더불어 자금관리 인원의 '윤리성' 또한 충분히 검토하여야 할 것이다. '見物生心(견물생심)'이라는 말이 있듯, 사람은 누구나 개인의 재정적인 위기 앞에선 '잠시만' 빌려 쓴다는 '스스로의 변명'을 바탕으로 회사의 돈에 손을 댈 수 있다. 이러한 상황을 방지할 수 있는 두가지 방안이 앞서 논의한 '내부통제 제도(Lesson 8 참조)'와 '수행인력의 윤리성'이다.

하지만 문제는 아무리 훌륭한 '내부통제 제도'가 기업 내에 구축되어 있다 하더라도, 작심하고 치밀한 계획하에 자금유용을 시도하는 내부자한테는 그 효과성이 제한적인 것에 있다. 따라서 경영자는 자금관리

인원의 적격성을 검토할 때, 인사담당자와의 충분한 협력을 통하여 그의 윤리성을 충분히 검토하여야 할 것이다.

지금까지 살펴본 '자금관리 내제화를 위한 3가지 요건'은 경영자가 반드시 챙겨야 할 사항이라고 거듭 강조하는 바이다. 이제 추가로 논의하여야 할 사항은 자금관리의 또 하나의 중요한 분야인 '자금운용'에 대한 사항이다.

지속적으로 강조하지만, 본서는 업무실무자를 위한 실무서적이 아닌, 경영자가 실무자의 업무를 이해하고 적절한 경영활동을 수행하기 위한 '식견'의 수립을 위한 서적이다. 하지만, '자금관리'만은 여러 경영활동 중에서도 경영자가 항상 관심을 가져야 할 부분이기에, 실질적인 자금운용에 대한 사항은 그 실무적 지침을 전달하고자 한다.

(3) 자금운용에 대한 실무적 지침

중소기업의 그 제한적인 전문인력의 특성상, 많은 중소기업들이 안타깝게도 비체계적인 자금운용으로 인해 순간적인 자금경색이 오고, 그 결과 돌이킬 수 없는 상황이 발생하는 사례를 많이 겪어왔다. 이러한 연유로, 본 저자는 경영자도 '자금운용'에 대한 사항만은 경영자도 그 실무적 지침을 알아야 한다고 판단하여 아래에 그 내용을 설명하고자 한다.

'자금운용의 실무적 지침'이란 '〈그림:3-15〉 자금관리 도구와 방법'에서 설명하는 사항을 적절하게 수행하기 위한 이론적인 지침이나 원칙이라고 이해해도 무방하리라 판단된다.

"자금운용에 대한 이행 현황과 그 수준을 중소기업 경영자라면 반드시 알고 있어야 한다. 생존을 위해서..."

〈그림 3-19〉 : 자금운용의 실무적 지침

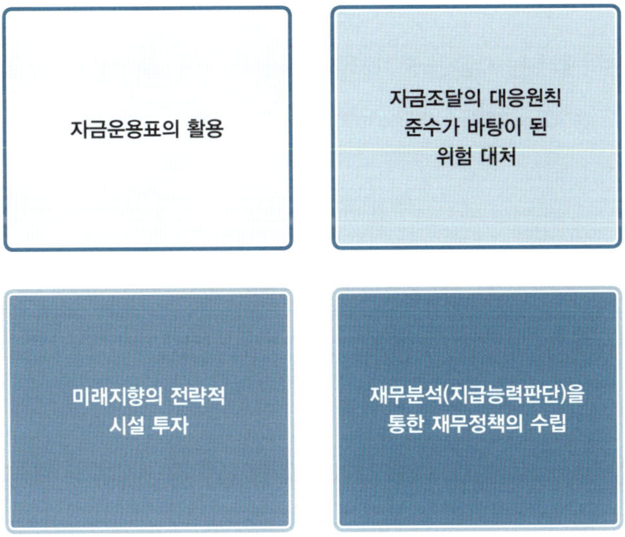

아래에서 설명하고자 하는 사항은 〈그림 3-19〉에 대한 구체적인 설명이다. 자금의 흐름과 관련하여 경영자가 반드시 이해하고 숙지하여야 할 사항을 나열한 것이라 이해하면 되겠다.

1. 자금운용표의 활용

자금운용표란 일정기간 동안 자금의 조달원천과 사용 및 운용내역을 명확히 표시해 주는 표이다. 또한 조달 및 사용(운용)의 차액인 순 운전자본의 증 · 감액과 증감요인을 표시해 주는 계산표이다. 자금운용표를 제대로 이해하기 위한 자금흐름에 대한 기본적인 이론적인 이해와 자금흐름표를 작성하고 활용하는 방안에 대하여 알아보자.

가) 자금의 증감은 여러 가지 원인에 따른다.

자산의 감소는 자금을 증가시킬 수 있다 : 매출채권의 회수, 재구자산의 감소, 투자자산이나 유형자산의 처분 등은 일반적으로 자금을 증가시킨다.

부채의 증가는 자금을 증가시킨다 : 매입채무나 지급어음의 증가, 장단기차입금의 증가는 자금을 증가시킨다.

자본의 증가는 자금의 증가를 유발한다 : 현금의 납입에 의한 자본의 증가(유상증자)는 자금의 증가를 유발한다.

나) 고정자산에 투자와 관련하여서 아래의 원칙을 준수할 수 있도록 한다.

- 고정자산투자를 위한 자금의 원천은 내부유보이익, 증자 및 장기차입금에 한정하도록 하여야 한다.
- 내부 유보 자금과 장기차입금으로도 부족하여 단기차입금 등을 원천으로 한 고정자산투자는 유동성 위기를 초래할 가능성이 높다.
- 고정자산투자와 관련하여 증가할 수 있는 미래의 예상 매출 등은 최대한 보수적으로 추정하여, 투자재원의 상환과 관련한 유동성 위험을 최소화 할 수 있도록 하여야 한다.

다) 자금운용표의 작성방법은 일반적인 수익/비용의 내용에서 비(非)현금거래를 수정 · 반영하는 것에 핵심이 있다. 이를 이해하여야 하는 이유는 경영자가 자금운용표를 작성할 목적이 아닌, 작성된 자금운용표를 이해하기 위함에 있다. 사실 자금운용표는 '현금흐름표'와 그 작성원칙이 동일하나. 아래의 사항은 자금운용표를 이해함에 있어 핵심적인 사항만 나열한 것이다.

- **감가상각에 의한 유형자산의 감소와 비용의 증가(또는 이익의 감소)** : 감가상각비를 계상하면 그만큼 유형자산이 감소됨과 동시에 비용이 증가(또는 이익이 감소)하게 된다. 이는 현금(즉 자금)을 수반하지 않는 거래이므로 실질적인 자금감소와는 관계가 없기에 수정이 필요하다.

- **퇴직급여충당부채의 전입에 의한 비유동부채의 증가와 비용의 증가(또는 이익의 감소)** : 퇴직급여충당부채의 전입이란 장래에 임직원이 퇴직할 시에 지급할 퇴직금을 연차적으로 적립하는 것으로 적립액 만큼 비용으로 계상된다. 하지만 이는 현금(자금)의 유출을 수반하지 아니하는 것이기에 수정이 필요하다.

- **준비금의 적립, 적립금의 적립 등 단순한 대체거래** : 이익잉여금의 처분이나 결손금처리에 의해 이익준비금, 임의적립금, 이월결손금 등이 증감한다고 하더라도 이것은 자본에 속하는 순이익이나 순손실과 이들 각 항목 간의 대체거래일 뿐이지 순운전자본의 증감과는 관계가 없는 비자금거래이므로 수정이 필요하다.

현재까지 살펴본 사항들이 반영된 자금운용표의 사례를 들면 다음과 같다.

〈자금운용표의 사례〉

자금의 조달		자금의 운용	
–영업활동에 의한 자금		–배당금지급	XXX
당기순이익	XXX	–임원 상여 지급	XXX
감가상각비	XXX	–고정자산 구입	XXX
퇴직급여충당금	XXX	자금운용합계	(XXX)
–장기차입금의 증가	XXX	–순운전자본의 증감	XXX

라) 자금운용표 활용의 TIP.

- 건전한 재정상태의 유지를 위해 운전자본이 증가하는 양상을 보일 수 있는 자금계획을 수립하고, 그 달성 정도를 수시로 Check 할 수 있도록 해야 한다.
- 유형자산 투자재원으로 단기차입금을 사용하게 되면 순 운전자본이 감소하고 재정상태가 악화된다.
- 재정상태를 견실하게 하고 향후의 자금운영을 원활하게 하려면 무엇보다도 이익극대화의 원칙하에 추정손익의 구체적인 근거마련과 대응방안을 위해 노력하여야 한다.

2. 자금조달의 대응원칙 준수가 바탕이 된 위험 대처

가) 자금조달 대응원칙 :

장기투자목적 ↔ 장기차입금

단기투자목적 ↔ 단기차입금

나) 자금조달에도 엄연히 원칙이 있어야 한다. 이러한 원칙을 위배할 경우 급성적인 자금경색 위험이 발생할 수 있다. 이에 아래에 언급된 '대응원칙과 그 원칙 위배에 따른 위험'을 살펴볼 필요가 있다.

- 이자율에 관련한 위험

운전자본의 조달은 흔히 단기차입금 및 변동이자율에 의해 이루어지기 때문에 차입금의 연장시에 이자율이 높아질 수 있다. 신용도의 상승이 이루어지지 않은 채 지속적인 단기차입금의 연장이 이루어진다면 이는 이자율의 상승을 초래하며, 유동성의 지속적인 악화를 초래하는 배경이 될 수 있다.

- 연장위험

단기차입금의 연장은 일반적으로 금융기관에서 인정하고 있는 관행이지만 운전자금의 대부분을 차입금에 의존하는 기업의 경우 언제나 유동성위험에 노출되어 있다는 사항을 명심하여야 한다.

■ 독자성 침해에 대한 위험

일반적으로 채권자가 급작스럽게 대출을 중단하는 경우는 흔치 않다. 그러나 채권회수의 문제가 예상될 경우 채권자는 기업이 받아들이기 어려운 이자율 보강, 추가담보 설정, 개인보증 등의 제안을 제시한다. 이러한 상황은 앞서 '연장위험'과 연관된 사항으로 조만간 기업에 급박한 유동성 위험이 발생할 전조라고 이해할 수 있다.

3. 미래지향의 전략적 시설 투자

사실 많은 기업들이 급작스런 매출의 하락을 제외하면, 올바르지 않은 시설투자로 인하여 자금의 어려움을 경험하곤 한다. 잘못된 미래 경영환경(수요 등) 예측으로 인한 시설투자 시기의 오류는 경영자를 상당히 당혹하게 할 수 있다. 그렇다고 미래를 정확히 알기는 불가능하니 이 또한 경영의 어려움이라 할 수 있겠다. 하지만 성장하는 기업이 시설투자를 안 할 수는 없는 법이니, '올바른' 시설투자에 대하여 '자금관리' 관점에서 다음의 3가지 사항을 살펴볼 필요가 있겠다.

가) 시설투자의 중요성

TIP 기업의 영업이 잘 진행될 때는 물론이고 심지어 잘 진행되지 않을 때도 기업의 경영자는 시설투자를 통한 기업의 성장을 계획한다. 하지만 치밀하게 계획되지 않은 불안전한 상황의 시설투자는 기업의 수명을 단축시키는 경우가 허다하다. 그렇다고 시설투자를 하지 않은 채, 늘 제자리 걸음을 할 수도 없는 노릇이다. 시설투자를 자금관리 관점에서 그 중요한 의미를 살펴보자.

- 투자결정의 결과에 따라 기업의 수익성 뿐만 아니라 기업의 미래위험이 결정된다. 즉, 투자의사결정은 기업의 위험수준과 수익성을 결정하는, 즉 기업가치를 결정하는 가장 중요한 요인이 되는 것이다. 따라서 투자결정은 기업가치에 직접적인 영향을 미치는 중요한 재무기능 중의 하나이다.

- 특히, 시설투자를 위한 자본(자금)예산은 기업의 생산관리, 마케팅 등 모든 경영기능의 장기 계획을 통합하므로, 자본예산의 중요성은 각 부문의 관리자들에게 다 같이 강조되어야 한다. 자본예산은 기업의 경영성과와도 밀접한 관련을 가지고 있으며 결과적으로 기업가치에 중대한 영향을 미치게 된다. 효율적인 자본예산에서는 기업가치가 증대되지만, 자본예산이 비효율적으로 수립될 때에는 기업가치를 감소시키는 결과를 초래하기 때문이다.

- 투자를 위한 자금관리(계획)를 재무관리 면에서 본다면 임기응변식의 투자결정으로는 좋지 않은 결과를 초래하기 쉽고, 이는 재무관리적 유동성 상실의 시발점이 될 수 있다는 것이다. 물론 시설투자 없이 기업가치의 Quantum 점프를 달성하기 힘든 것은 사실이나, 철저한 조사나 계획 없이 단순한 자금수급의 관점만으로 과대한 기업의 확장을 꾀하는 것은, 결국 '자금수급미비'라는 부메랑으로 돌아와 기업의 생존을 단축시킬 수 있다는 점을 잊어서는 안될 것이다.

나) 투자의 목적과 그 유형

TIP 현재 독자 여러분 기업에 필요한 투자의 유형이 무엇인지 그 목적을 바탕으로 검토해 보도록 하자.

- **대체투자** : 이미 보유하고 있는 자산의 수명이 다 되었거나 그 효율이 떨어질 때 새로운 자산으로 대체하는 것을 의미한다.

- **확장투자** : 신규 수요의 증가, 점유율의 증가로 인해 기존 생산시설만으로는 시장수요에 대응이 어려울 때, 기존시설을 확장하는 투자를 의미하는 것으로 일반적으로 대규모 자금을 필요로 한다.

- **제품투자** : 새로운 제품을 개발하여 생산하기 위한 투자를 의미하는 것으로, 연구개발투자(R&D투자)라고 하기도 한다. 새로운 제품 생산과 관련한 투자에는 정보의 부족, 생산경험의 미비 등으로 인하여 위험이 높은 편이다.

- **전략투자** : 기업의 직접적인 이익 증대보다는 기타의 편익을 장기간에 걸쳐 발생시키기 위한 투자를 의미한다. 사업 재구축을 위한 투자, 공해방지시설투자 또는 복지시설 투자 등이 이에 해당한다.

다) 시설투자를 위한 자본예산 편성 과정

TIP 자본예산 편성의 프로세스를 이해하여, 해당 과정의 누락으로 인한 피해를 방지할 수 있는 능력을 보유하는 것이 중요하다. 사실 투자 전에는 **'Step I ~ III'**의 과정을, 그리고 투자 후에는 **'Step IV'** 과정을 반드시 거쳐야 하나, 경영자의 특성이나 투자의 특수성을 이유로 해당 과정을 누락하는 경우가 종종 발생하곤 한다. 하지만 본 저자의 경험상 아래의 절차는 어떠한 경우에라도 반드시 수행해야 하는 과정임을 재차 강조하는 바이다.

• Step I : 투자대상을 물색하는 단계이다. 이 단계는 투자환경, 경영환경, 글로벌 경제흐름 등을 예측하여 새로운 투자기회를 발견하고자 하는 투자안의 개발을 의미한다.

• Step II : 물색된 투자대상으로부터 기대되는 현금흐름을 추정하는 단계이다. 이 단계를 흔히 가치평가 단계라고 한다.

• Step III : 추정된 현금흐름을 기초자료로 투자안의 투자가치를 평가하여 투자안의 선택여부를 결정한다. 이 단계를 흔히 '타당성 평가' 단계라고 한다.

• Sep IV : 투자 후에 투자안을 재평가하는 단계이다. 이 단계에서는 정기적으로 투자안의 진행과정을 검토하고 평가하는 피드백과 통제가 필요하다.

4. 재무분석(지급능력판단)을 통한 재무정책의 수립

재무정책을 수립할 때 수치화된 분석결과를 바탕으로 하면, 직관을 통해 수행할 때의 오류를 최소화 할 수 있다. 그래서 재무담당자나 책임자는 아래의 비율 등이 의미하는 바를 이해할 수 있어야 하겠다. 물론 CEO가 아래의 공식을 외우거나 평소에 머리 속에 넣어 둘 필요는 없을 것이다. 하지만, '기업 내의 누군가가 아래의 사항에 대하여 논의할 때, CEO도 알아들을 수는 있어야 하지 않겠는가?' 하는 의미에서 간단히 주요 재무분석 Tool을 설명하고자 한다.

가) 유동비율 검토

유동비율이란 회사의 단기지급능력을 측정하는 지표로, 재무상태표상에서 1년 이내 현금화가 가능한 유동자산에서 1년 이내 지급해야 하는 유동부채를 나누어 계산한다.

유동비율이 높을수록 단기 지급능력이 양호하다고 할 수 있으나, 유동자산 중 재고자산이 큰 경우 '단기지급능력'을 과대 해석할 수 있는 위험이 있음을 이해할 수 있어야 한다.(예 : 부실재고 과다의 경우 현금화가 불가능할 수 있으나, 유동비율은 높게 나올 수 있다. 이는 경영자의 판단오류를 야기할 수 있는 상황이다.)

$$\text{유동비율} = \frac{\text{유동자산}}{\text{유동부채}} \times 100$$

나) 당좌비율 검토

당좌비율은 당좌자산에 대한 유동부채의 비율로 일반적으로 100% 이상, 즉 당좌자산만으로 유동부채를 상환할 수 있는 상태가 이상적이다.

$$당좌비율 = \frac{당좌자산}{유동부채} X\ 100$$

다) 고정비율 검토

고정비율은 고정자산(유형자산)에 대한 자기자본의 비율을 의미한다. 토지, 건물, 기계장치, 차량운반구 등의 고정자산은 해당 자산에 투하된 자금이 장기간에 걸쳐 현금화가 불가능하므로 이에 해당하는 자금은 외부차입금이 아닌 자기자본으로 충당하는 것이 필요함을 의미하는 비율이다.

고정비율은 100% 이하가 바람직하다고 볼 수 있으며, 100%를 초과하는 경우 자기자본을 초과하는 시설투자 등을 의미하므로 유동성에 대한 위험이 있다고 볼 수 있는 것이다.

$$고정비율 = \frac{유형자산}{자본} X\ 100$$

라) 고정장기적합률 검토

고정장기적합률이란 장기적인 활용을 목적으로 취득한 고정자산(유형자산)을 상환기간이 장기에 해당하는 비유동부채와 상환의무가 없는 자기자본으로 어느 정도 조달하였는가를 측정하는 지표이다.

고정장기적합률이 낮다는 것은 유형자산의 취득을 위해 해당 자금을 비교적 안정적인 비유동부채나 자기자본으로 조달하였다는 것을 의미하므로, 그 비율이 낮을수록 재무구조가 안정적임을 의미한다.

$$\text{고정장기적합률} = \frac{\text{유형자산}}{\text{비유동부채} + \text{자기자본}} \times 100$$

마) 차입금여유율 검토

일반적으로 이상적인 차입금의 규모는 이자부담수익, 즉 영업이익과 이자수입을 합한 금액으로 차입금이자를 부담하고서도 여유가 있는 정도이어야 하는데, 이 부담정도를 일반적으로 차입금여유율이라고 한다.

차입금여유율은 높을수록 안전한 비율로서 75% 이상이면 안전하며, 50% 정도면 요주의상태를, 0%는 위험한 상태임을 의미한다.

특히, 차입금여유율 50%라 함은 매출액이 10% 떨어지면 영업이익이 반감한다는 경험적 사실에 근거를 두고 있으며, 0%라는 것은 영업이익이 제로가 되어 매출확대를 위해 새로운 차입이 이루어지는 악순환이 된다는 것을 의미한다(차입금증가 → 지급이자 → 손실 발생 → 자금부족 → 추가차입).

$$고정장기적합률 = (1- \frac{총차입금}{차입금한도액(주)}) \times 100$$

㈜ 차입금한도액 = 이자부담수익/이자율

이자부담수익 = 영업이익 + 이자수익

바) 차입금 대 월평균매출액 비율

해당 비율은 일반적으로 제조업인 경우 1.5배이면 안전, 3.0배이면 요주의, 6.0배이면 위험한 것으로 보고 있다.

$$차입금\ 대\ 월평균매출액 = \frac{총차입금}{월평균매출액}$$

사) 운전자금차입금 대 1회전운전자금 비율

일반적으로 제조업의 경우 200%이상이면 운전자금차입금 규모가 위험 수준인 것으로 판단한다.

$$운전자금차입금\ 대\ 1회전운전자금\ 비율 = \frac{운전자금차입금}{1회운전자금} \times 100$$

㈜ 운전자금차입금 = 순차입금 - 시설자금차입금

1회전운전자금 = 매출액 X 1/4 (제조업기준)

III. 자금관리, 그리고 도산

지금까지 살펴본 자금관리의 내용은 기업이 수행하는 자금관리 업무를 이해하기 위한 핵심 지도라고 이해해도 무방하다. 본 저자가 어느 기업의 경영자를 만나던 가장 강조하는 것은 자금관리의 중요성이다. 왜냐하면 자금관리의 궁극적 목적은 '번영'이 아닌 '생존'이기 때문이다. 요즘과 같이 경영환경의 변화가 빠르고 경쟁이 치열한 상황에선 그 어느 기업이라 해도 생존의 위협에서 자유로울 수 없다는 것은 누구나 공감하는 바일 것이다. 그러하기에 자금관리만은, 더군다나 중소기업이라면, CEO가 직접 챙길 수 있어야 한다. 여기서 '직접'이라 함은 실제 실무를 하라는 말이 아닌, '보고 받고 끝내기'에서 더 나아가 '보고 후 Feedback'을 할 수 있어야 함을 의미한다.

> "중소기업의 경영자는 반드시 자금의 흐름에 대하여 직접 이해하고 있어야 한다. 동시에 자금 위험을 직접 인식할 수 있는 능력을 유지하고 있어야 한다."

〈그림 3-20〉 : 기업의 도산 과정

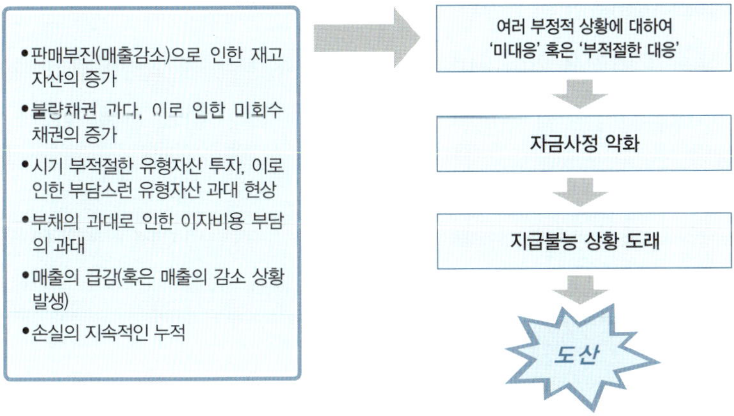

TIP 기업의 도산이 결코 일순간에 발생하진 않는다. 그럼에도 불구하고 많은 기업이 도산의 과정을 겪는 이유는 경영자의 욕심과 신속하지 못한 결정이 많은 부분을 차지하고 있다고 판단된다.

memo

〈그림 3-20〉에서 보듯, 기업이 도산으로 가는 과정은 누구나 알고 있는 'Reasonable'한 과정이다. 그럼에도 불구하고 많은 기업이 위와 같이 '전형적인' 과정을 밟아가며 '도산'에 이른다. 본 저자가 경험한 바에 따르면 매출이 '1조 원'이 넘은 상장기업이나, '수십 억'에 불과 했던 중소기업이나, 그 과정은 대동소이(大同小異) 했다.

기업의 도산과정을 지켜보면서, 본 저자가 기업의 CEO와 CFO에게 대응의 방향을 조언하며 강조했던 바는 아래와 같다.

- 필요한 경우 기업을 Slim화 해야 한다. 배가 가라앉고 있다면 중요성이 낮은 무거운 짐부터 빨리 바다에 던져야 한다.
- 도산과정에 있을 때야 말로 경영자가 모든 욕심을 버릴 때이다. 기업의 위기시점에선, CEO 자신을 '제외한' 기업의 모든 이해관계자(주주, 임직원, 채권자 등)을 위해 할 수 있는 최선의 결정이 무엇인지 냉정하게 파악해야 한다. CEO 자신을 챙길 경우 모든 의사결정이 결국 '도산'으로 향하게 된다.
- 기업이 위기상황에 직면할수록 회계를 투명하게 유지해야 한다. 단기간의 위기를 모면하기 위해 '분식회계'를 지시하거나 수행할 경우, 진짜 큰 위기가 올 때 기업은 그 위기를 감당하지 못하게 된다. 왜냐하면 회계의 본질은 '누적'에 있기 때문이다.

경영자가 알아야 할 한가지 중요한 사실은 자금의 경색 등으로 인한 기업의 '도산'은 결코 하루아침에 이루어지는 것이 아니라는 점이다. 부정적인 신호의 발생부터 기업 내/외부에서 감지되는 이상현상 등이 그 시발점이며, 이러한 현상이 2~3년 지속되며 기업은 서서히 도산의 과정을 밟게 되는 것이다.

경영자는 '신'이 아니다. 그러하기에 절대 미래를 예측할 수 없다. 즉, 경영자 자신만의 주관적인 예측에 기반한 기업의 운영은 엄청난 위험을 야기할 수 있나. 예측은 미래에 펼쳐질 수 있는 다양한 시나리오 중의 하나이므로, 그 다양성이라는 위험으로 인해 기업의 생존에 위협이 올 수 있다. 경영자는 이 점을 명심해야 한다.

경영을 하는 일상 속에서 감지되는 이상징후를 경영자는 절대 무시해서는 안 될 것이다. 시기 적절한 지혜로운 '대응'은 기업의 생명연장을 위한 핵심 예방법이자 치료법이 될 것이다. 마지막으로 강조하지만, 본 장(障)만은 늘 머릿속에 넣어두어 위기를 예방하고 슬기롭게 대처할 수 있는 경영자가 되기를 바라는 바이다.

Lesson 11

회계와 세무,
그리고 경영

"기업에서 이루어 지는 많은 회의 결과가
결국 회계적 숫자를 이해 하여야만
그 진정한 의미가 전달되는 경우가 많다.
그런데도 경영자들은 회계를 등한 시 한다.
참 안타까운 부분이다."

I. 개요

본서의 주제인 '경영자로서의 식견'을 마련하기 위해 많은 기술의 습득이 필요하겠지만, 사실 경영관리의 핵심은 '회계'라고 할 수 있다. '회계'란 기업의 언어로, 사실 기업 경영을 하는 담당자로서 기업 경영의 현실을 보여주는 '회계'를 모른다는 것은 어불성설이라 할 수 있다.

이 책의 서두에 잠깐 언급한 바 있지만 국내 기업들의 CEO가 엔지니어 혹은 영업사원 출신이 많은 현실적인 특성상, 이상하게도 국내에서 회계는 경영목적상 그다지 중요하지 않은 단순한 '관리'영역으로 치부된 것이 사실이다. 정말, 회계가 순수 관리 목적상으로만 의미가 있고, 경영자가 몰라도 되는 중요도가 떨어지는 학문일까?

"회계… 정말 경영자가 전혀 지식이 없어도 되는 영역일까? 이제 이 물음에 대한 답을 내어보자."

세계적인 금융인이자 뉴욕시장 3선에 성공했던 정치인인 블룸버그(Michael Rubens Bloomberg)가 벤처캐피탈 사장 시절 방한을 했을 때, 기자들이 "벤처기업이 미국에 상장할 때 가장 주의할 사항이 있다면?" 하고 물은 적이 있었다. 이때, 그의 대답은 의외였다. "회계와 법률 분야의 전문가 그룹을 따로 두는 것이 필수적이다"라고 대답했는데, 그 이유는 "외국(여기서 '외국'이라 함은 미국 이외의 국가를 의미한다. 여기에는 당연히 '한국'이 포함되어 있다) 벤처기업들은 자신이 보유한 기술의 우월성만 믿고 성급히 시장에 도전하려는 경향이 있다"라는 것이다. 물론 그가 언급한 이 말의 의미는 이 책의 '기술이 전부는 아니다'의 障에서 설명한 바와 같이, '기술의 경영화에 대한 중요성'을 강조한 말이기는 하지만, 그 이면에는 기업에 '경영학'이라는 실용기술이 내제되어 있어야 함을 의미하는 말이라고 본 저자는 이해하고 있다.

경영학의 많은 이론 중, 경영학의 뼈대가 되는 학문 또는 경영학의 언어가 되는 학문은 당연히 '회계학'이 될 것이다. 회계학은 경영학의 언어일 뿐 아니라, 모든 경영자들이 사용하는 경영을 수행하기 위한 '언어'이다. 그러나 현실적으로 많은 경영자들이 단순히 그들의 전공이 '경영'이 아니라는 이유로 또는 '회계'는 난해하다는 이유로 '회계'를 이해하려는 노력을 게을리한다.

예를 들어 '원자재가격이 회사 재무에 전반적으로 미치는 영향, 정말 돈이 되는 제품인지에 대한 이해와 통찰, 현재의 재무적 투명성이 기본적인 표준(Standard)에 도달하고 있는지 등에 대한 전반적인 시각' 등은 비단 회계담당자만이 아닌 경영자 또한 이해할 수 있어야 하는 분야임에도 불구하고, 이 모든 것들을 경영자가 몰라도 되는 '제3의 영역'인 것으로 간주하는 기업들이 많음은 참으로 안타까운 현실이다.

이에 본 Lesson에서는 경영자로서 회계에 대하여 알아야 될 최소한의 지식을 설명하고 이를 바탕으로 그 부대적인 사항(세무, 회계감사)등을 이해할 수 있는 그 토대를 제공하고자 한다. 특히 중소기업을 경영하는 경영자는 반드시 본 사항을 이해할 수 있어야, 회사의 재무제표가 본인도 모르는 사이에 왜곡되는 현상을 방지하는, 그 '당사자로서의 역할'도 수행할 수 있을 것이다.

중소기업의 경우 일반적으로 실력 있는 CFO나 회계담당자가 부재한 경우가 흔하기 때문에, 회사의 재무제표 작성 및 그 보고 등에 대한 수준이 매우 낮고, 이러한 사항이 수년 이상 지속되면 그 결과로 인해 재무제표 등에의 오류가 상당한 경우를 쉽게 볼 수 있다. 이는 결과적으로 회사가 성장(양적인 혹은 질적인 성장)을 하는데 걸림돌이 될 수 있으며, 궁극적으로 경영자가 의도하지 않은 분식회계를 야기하는 원인이 되기도 한다. 이러한 사항을 방지하는 첫 번째 해법이 바로 '회계에 대한 경영자의 관심'인 것이다.

지루할 수 있지만, Lesson11은 본 서의 전체적인 흐름을 깨지 않는 선에서 최대한 자세히 설명하고자 한다. 물론 회계를 좀더 정확히 이해하기 위해선 전문서적이나 '회계'만을 전문적으로 다룬 일반서적을 탐독하기를 권장한다. 하지만, 시간적인 한계 또는 여러가지 이유로 그러하지 못하다면, 본 Lesson만이라도 제대로 이해하기를 부탁하는 바이다.

Ⅱ. 경영자 기본 소양으로서의 회계

(1) 회계의 본질에 대한 이해

1. 개요

경영자의 기본 소양, 혹은 경영을 하기 위한 기본 식견으로서의 '회계'에 대하여 본 저자가 생각하는 기본적인 영역은 〈그림 3-21〉과 같다.

〈그림 3-21〉 : 기본 소양으로서의 회계를 이해하기 위한 영역

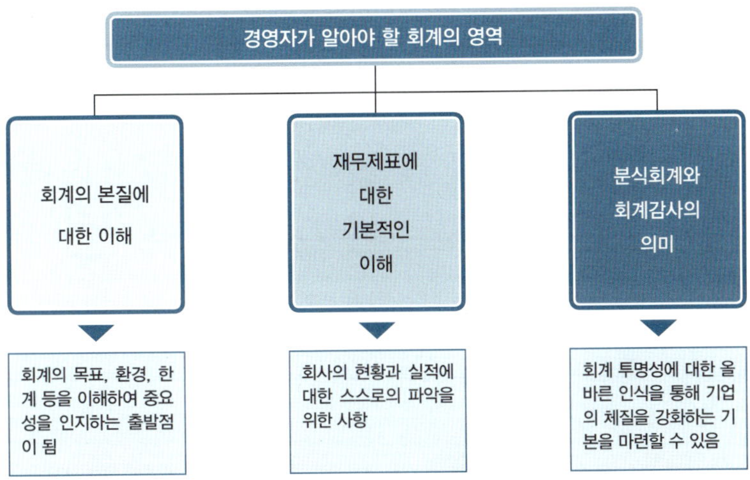

사실 회계의 모든 것을 경영자가 이해할 필요는 없다. 모든 사람에게 시간은 유한하고 가장 중요한 자원이기에, 회계가 기업경영에 필수적인 사항이라 하더라도 회계를 모두 이해하기 위해 경영자가 많은 시간을 소비하는 것은 오히려 비생산적인 일이 될 것이다. 그러한 관점에서 본 저자는 최소한 상기 그림에서 언급한 세 가지 영역에 대하여만 경영자가 알고 있어도 된다고 생각한다.

이에 우선 '회계의 본질'에 대하여 〈그림 3-22〉와 같은 구분 하에 설명하고자 한다.

〈그림 3-22〉 : 회계의 본질에 대한 이해

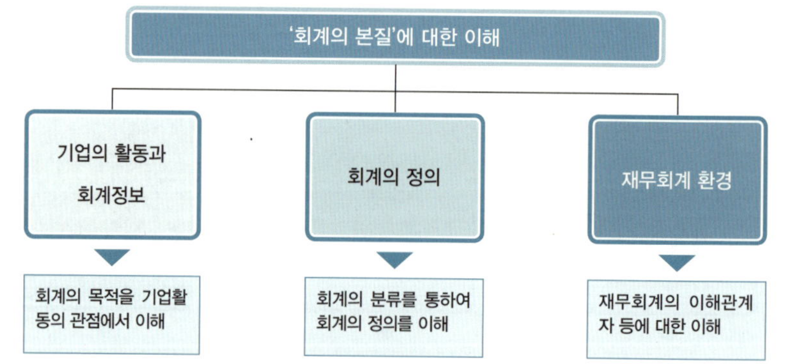

상기 세 가지 영역 중에서 우선 기업활동과 회계정보에 대하여 간단히 살펴보자.

2. 기업활동과 회계정보

모두 알고 있는 사항이겠지만, '회계'의 관점에서 '기업'의 정의는 아래와 같이 설명할 수 있을 것이다.

"기업이란 자원을 결합하여 재화나 용역을 경제적으로 생산하고 이를 판매하여 이익을 창출하여 활동을 지속해 나가는 조직"

위 정의를 좀더 구체적인 관점에서 그림으로 표현하면 〈그림 3-23〉과 같을 것이다.

〈그림 3-23〉 : 기업의 정의에 대한 이해

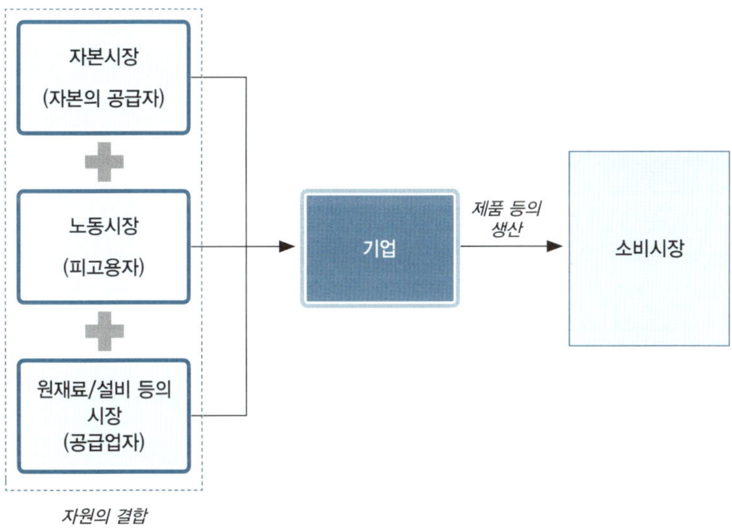

〈그림 3-23〉을 설명하자면, 기업은 자본, 노동 그리고 원재료 등의 자원을 결합하여 '경제적'이라는 제약하에 여러 '활동'을 통하여 제품이나 서비스를 생산하여 소비시장에 팔아서 '이윤'을 획득하는 조직이라는 점이다.

상기의 정의에서 '활동'이란 무엇을 의미하는 것일까? 이제 우리는 활동의 이해와 구분을 통하여 '회계'란 그 활동의 결과를 나타내는 정보임을 이해할 수 있다. 아래 〈그림 3-24〉를 통하여 확인하여 보자.

〈그림 3-24〉 : 기업의 활동과 회계정보

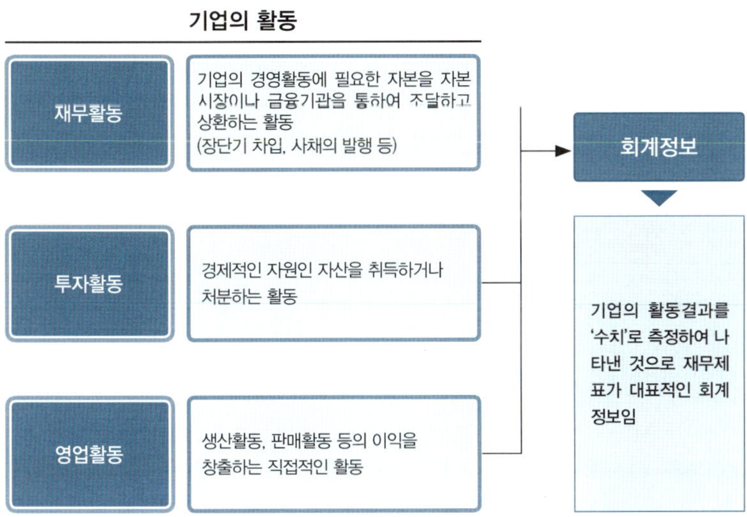

TIP 활동의 이해가 올바른 회계정보 이해의 출발점이 될 수 있다.

memo

〈그림 3-24〉에서 보듯, 회계는 기업의 활동의 결과를 수치로 나타내어 정보화하는 과정으로 개념적으로 이해할 수 있을 것이다. 이러한 사항을 후술할 재무제표의 관점을 추가하여 도해(圖解)하면 〈그림 3-25〉와 같이 나타낼 수 있다.

〈그림 3-25〉: 기업의 활동과 재무제표

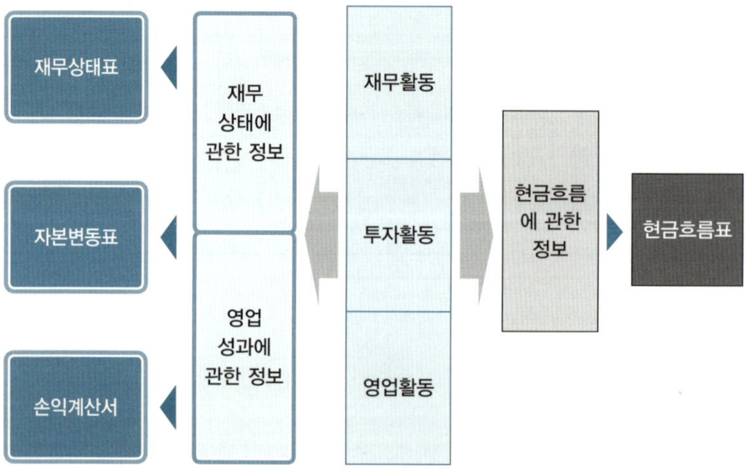

TIP 재무제표란 기업의 활동 결과를 수치화 한 보고서임을 이해하여야 한다.

memo

기업의 활동의 결과를 수치화한 네 가지 재무제표를 통하여 기업은 자신에 관한 정보를 제공할 수 있는 것이다. 그렇다면 이러한 정보의 역할은 무엇일까?

회계정보의 역할은 크게 두가지로 분류할 수 있는데 이는 '(1) 수탁책임보고의 기능, (2) 의사결정에 정보제공 기능'으로 요약할 수 있다.

우선 첫 번째 기능인 '수탁책임보고의 기능'을 이해하기 위해 '수탁책임'이란 단어의 뜻을 이해할 필요가 있다. '수탁책임(受託責任)'이란 '수탁받은 경영관리의 책임을 성실히 수행하고 이를 주주총회에 보고하는 경영자의 책임'으로 정의할 수 있다. 이러한 수탁책임의 보고기능을 통하여 주식회사의 경우, 주주 등의 이해관계자는 '대리인 비용(Agency Cost)을 최소화'할 수 있는 기회를 제공받게 된다. '대리인 비용'이란, 경영자가 자신의 이익을 극대화하는 행동으로 인해 발생하는 비용을 말하는데, 결국 회계정보라는 수단을 통하여 '경영자에 대한 감시와 감독, 성과의 보고'가 가능해지고, 이 결과로 대리인비용이 최소화 될 수 있다는 것이다.

두번째 기능인 '의사결정에 정보제공 기능'이란, 회계정보이용자인 '(1) 주주, (2) 채권자, (3) 경영자 및 (4) 고객, 정부, 종업원 등'에게 의사결정을 위한 유용한 정보를 제공한다는 의미이다.

여기까지, 우리는 기업의 개념에서 출발하여 기업의 활동과 회계정보의 개념, 그리고 회계정보의 목적에 대하여 살펴보았다. 이제, 이를 바탕으로 '회계의 정의'를 알아보자.

3. 회계의 정의

회계의 정의는 '의사결정에 유용한 정보를 식별, 측정, 기록, 요약 및 전달하는 정보시스템'이라 할 수 있다. 이때, 우리가 흔히 알고 있는 '부기(附記, 혹은 Book-keeping)'와 회계는 다음과 같이 세 가지 측면에서 차이가 있다.

- 부기는 단순한 기술이나, 회계는 실용 학문적인 성격이 강하다.
- 부기는 정보의 기술적인 생산측면이 강하나, 회계는 생산된 정보를 이용하는 측면이 강하다.
- 회계는 부기에는 없는 정보에 대한 분석, 평가 및 그를 이용한 예측자료의 성격이 있다.

위와 같은 관점을 바탕으로, 경영자는 회계를 단순한 '기술'이 아닌 기술이 바탕이 된 '정보'로서의 효용성에 더 의미를 두어야 할 것이다. 이러한 이유로 경영자는 회사의 회계적 사항에 대한 면밀한 이해가 필요하다고 하겠다. 즉, 회계를 단순히 경리 여직원이 수행하는 '정보의 생산을 위한 기술'이 아닌, 생산된 정보를 바탕으로 기업의 현황을 분석하고, 평가하며 미래의 경영을 예측할 수 있는 '고도화된 도구'로서 이해하는 인식이 경영자에게 필요한 것이다.

앞의 정의를 좀더 전문적인 관점에서 재해석 하면, 회계는 '(1) 일반적으로 정해진 기준의 준수아래 외부이해관계자를 위한 정보의 생산이라는 측면이 보다 강한 '재무회계'와 (2) 자유로운 형식으로 정보를 재생산 및 그러한 정보의 내부적인 이용측면이 보다 강한 '관리회계'로 구분을 할 수 있다.

〈그림 : 3-26〉: 재무회계와 관리회계

재무회계(Financial Accounting)	관리회계(Management Accounting)
1) 기업외부의 투자자, 채권자 및 기타 이해관계자들의 의사결정을 위한 도구 2) '일반적으로 인정된 회계원칙'의 준수 3) 일반목적의 재무보고서	1) 내부경영자의 경영의사결정을 위한 도구 2) 일정한 형식이나 원칙을 준수할 의무는 없음 3) 특정목적의 재무보고서
주요 영역	**주요 영역**
• 자금관리부문 – 자금계획, 자금조달관리, 실적분석, 출납관리 등 • 회계관리부문 – 계정관리, 전표관리, 장부관리, 결산관리 등 • 고정자산/프로젝트관리 – 취득관리, 감가상각, 건설가계정관리, 리스보험관리 등 • 세무관리 – 법인세관리, 부가세관리, 원천세 관리 등	• 사업계획/예산관리 – 예산편성, 예실분석, 과정관리 • 경영자정보(EIS) – 매출실적/추정, 이익실적/추정, 기타 경영실적, 추정 및 계획의 수정 • 원가계산관리 – 원가관리, 손익관리, 신제품타당성 분석, 임율관리, 수율관리 등 • 성과관리 – 목표설정, 평가보상, 진도관리 등

TIP 위 정의에서 회계가 '경영자의 도구'가 될 수 있음을 이해하여야 한다.

memo

회계의 정의를 이해함에 있어서 〈그림 3-26〉의 두 가지 구분에 대한 사항을 인지하고 있어야 하며, 경영자는 자신의 기업에 회계의 정의에 부합하는 두 가지 회계적 체계가 기업 내에 구축되어 있는지 늘 주의하여야 한다. 〈그림 3-26〉상의 구체적인 사항은 상당히 전문적인 부분에 해당하여, 본서에서는 그 내용의 설명을 수행하지 아니하나, 다만 상기 내역 중 특히 중요한 '자금관리' 부문과 '원가'에 부문만은 앞서 설명한 바가 있음을 부연하는 바이다.

4. 재무회계 환경

재무회계에 대한 포괄적인 이해를 위해서는 '재무회계가 만들어지고, 감독되며 이용하는 주체 및 이를 둘러싼 관계법규 등에 대한 이해'가 필요하다. 이러한 이해가 선행되어야 회계의 필요성, 방향 및 그(회계자료의 작성 및 보고 등)에 대한 회사의 책임 등을 올바로 이해할 수 있다고 판단된다. 이의 가장 기본적인 사항으로서 회계정보를 산출하는 '기준'이 되는 '회계기준'에 대한 설명은 아래와 같다.

'회계정보의 산출의 기준'

- 일반적으로 인정된 회계원칙으로 그 제정 및 개정은 '한국회계기준원'에서 수행함
- 이러한 기준을 '회계기준'이라 하며 상장회사(거래소 및 코스닥)의 경우 '한국채택국제회계기준(K-IFRS)'을 준용하여야 할 회계기준으로 정하고 있으며, 비상장회사의 경우 '일반기업회계기준'을 준용할 회계기준으로 정하고 있음

상기 회계기준을 바탕으로 회계정보가 산출되며, 이러한 회계기준의 이해관계자와 그 밖의 관계 법률 등에 대한 포괄적인 사항은 다음 페이지의 〈그림 3-27〉과 같이 설명할 수 있다.

〈그림 : 3-27〉 : 재무회계 환경에 대한 전반적 사항

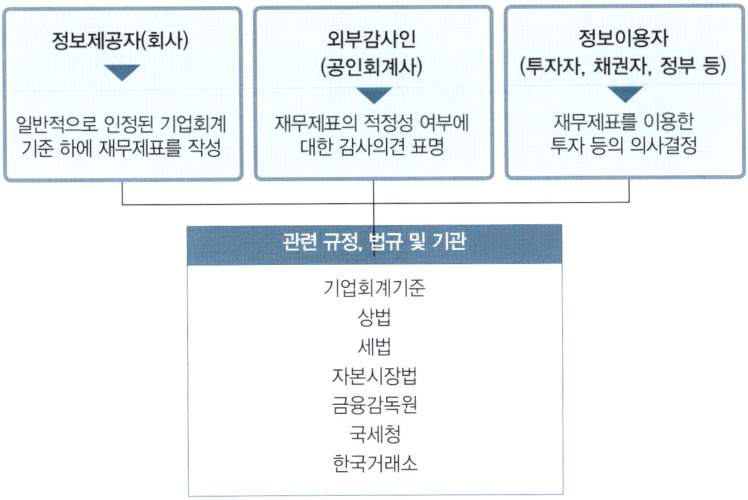

재무회계는 정보의 제공자와 이용자, 그리고 정보의 이용에 있어서의 신뢰성을 부가하는 외부 감사인이 핵심적인 이해관계자라고 할 수 있다. 이러한 이해관계자들을 조율하기 위한 기업회계기준 등의 각종법규와 금융감독원 등의 각종기관 등이 재무회계의 환경을 구성하는 것이다.

5. 요약

여기까지 회계에 대한 기본이해를 위한 사항들을 살펴보았다. 사실 현재까지 설명한 것은 계정과목, 회계기준 등의 전문적인 이론이 아닌, '회계'라는 낯선 용어를 친숙하게 하기 위한 일련의 선행학습이었다. 회계에 대한 정의, 목적 등에 대한 이해를 위해서 마지막으로 본 저자가 재차 강조하고 싶은 것은 회계의 진정한 가치는 '기업경영의 현황과 미래 방향을 결정하는 근거로서의 정보가치'에 있다는 것이다.

이러한 '정보가치'로서의 회계를 이해한다면, 경영자는 회계가 핵심 경영전략을 달성할 수 있는 전략적인 정보제공수단이 되어야 한다는 것에 동의할 수 있을 것이다. 이의 내용을 시대별로 유행했던 전략, 성과지표 등과 연관 지어 설명하면 다음 페이지의 〈그림 3-28〉과 같이 설명할 수 있다.

즉, 경영자는 각각의 전략에 대응하는 성과지표상의 회계적 해석을 수행할 수 있는 능력을 갖추고, 이러한 능력을 갖추기 위한 관점에서 회계에 대한 학습을 수행하는 것이 바람직할 것이다.

〈그림 3-28〉 : 경영패러다임의 변화와 성과지표의 변화

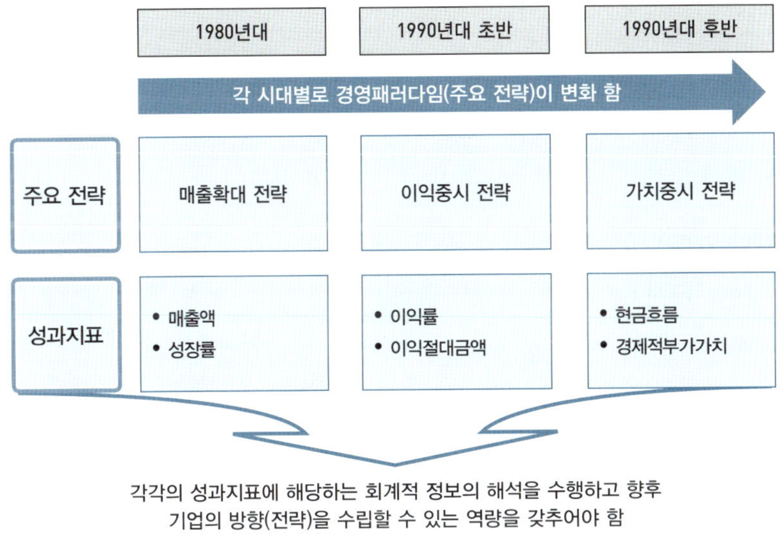

위 그림상의 전략의 변화에 대응하는 성과지표의 내용을 이해하기 위해서는 기본적인 회계의 지식이 기반이 되어야 할 것이다.

사실 회계학습의 출발점과 도착점은 모두 재무제표이다. 재무제표를 작성하진 않더라도, 작성된 재무제표를 읽지(혹은 이해하지) 못한다면, 회계를 이해한다는 말은 어불성설일 것이다. 위 그림상의 성과지표를 이해하는 출발점도 결국 재무제표 또는 재무제표를 구성하는 개별 항목에 대한 이해인 것이다. 그래서 이후의 설명에서는 재무제표를 이해하기 위한 간단한 설명을 하고자 한다.

(2) 재무제표의 이해

1. 개요

앞에서 회계의 정의를 언급하면서, 기업의 활동과 재무제표와의 내역을 설명한 바 있다.

이를 다시 정리하면, 기업의 활동은 크게 판매, 제조, 관리와 같은 영업활동, 자금의 조달과 관련된 재무활동, 영업활동에 사용할 건물, 차량, 사무실집기, 제조설비 등을 구입하는 투자활동으로 나누어진다. 재무회계의 주 산출물인 재무제표는 이러한 기업의 활동을 잘 요약하여 보고함으로써 주주, 투자자, 채권자, 고객, 정부기관 등의 외부이해관계자에게 경제적 의사결정에 필요한 유용한 정보를 제공해준다. 재무제표에는 재무상태표, 손익계산서, 자본변동표 및 현금흐름표 등이 있다.

위 내용을 그림으로 표시하면 다음 페이지의 〈그림 3-29〉와 같다.

〈그림 3-29〉: 재무회계 모형

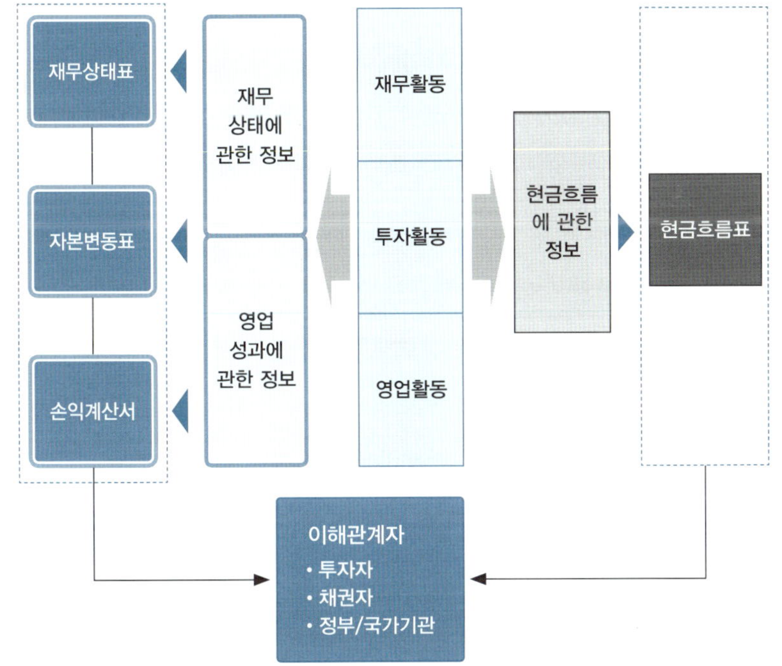

회계의 정보적 가치를 기업의 외부인 관점에서 본다면 소유자인 주주가 경영자의 업적을 평가하는데 사용할 수 있다는 점에서 그 효용을 알 수 있다. 한편, 경영자는 소유주를 대신하여 회사를 운영하는 책임을 부여받았기 때문에 회사의 경영상태에 대하여 소유주에게 정기적으로 보고할 의무가 있는데, 소유주에 대한 보고책임을 수탁책임(이는 앞서도 언급한 바 있다)이라 한다. 그러나 기업의 회계정보에 대한 이해관계자는 소유주에 국한되어 있지 않으며 채권자나 국가기관 또한 이해관계자라고 할 수 있으며, 이러한 이해관계자에게 기업에 대한 정보를 보고하는 수단으로서의 재무회계정보의 역할이 재무회계정보의 전통적 역할이라 하겠다.

자본시장의 발달과 더불어 기업에 자본을 공급하는 공급자가 불특정 다수의 채권자나 투자자로 확대되고 있다. 따라서 이들 자본 공급자들은 자본의 수요자들인 기업의 수익성, 성장성, 안전성 등에 관한 정보를 필요로 하며 이러한 정보를 바탕으로 신용 의사결정이나 투자의사결정을 하게 된다. 이와 같이 재무제표는 수탁책임에 관한 정보 이외에 이해관계자의 의사결정에 필요한 정보제공역할을 하게 되는 것이다. 결국 재무제표는 기 투자자에 대한 정보의 제공 및 신규 투자자 및 이해관계자 등에 대한 정보제공역할을 수행하는 것이다.

이제 회계적 정보제공의 기본 도구인 재무제표에 대하여 설명하고자 한다. 다만, 재무제표에 대한 설명을 구체적으로 하게 되면, 결국 회계의 모든 것을 설명하게 되므로 그 양이 방대해지게 될 것이다. 그래서 각각의 재무제표에 대한 개념적인 설명을 통하여 그 의미를 이해하는 것에 초점을 두는 바, 독자들의 양해를 구하는 바이다.

2. 재무상태표

재무상태표(과거에는 이를 '대차대조표'라 하였다)는 기업의 특정시점(일반적으로 회계기간 말)의 자산, 부채 및 자본을 나타내는 보고서로서 기업의 재무상태를 나타내는 재무제표이다. 여기서 재무상태란 주로 돈이 어떻게 조달되어 어떻게 투자되었는지, 그리고 현재까지 누적된 이익(혹은 손실)이 얼마인지를 보여주는 개념이다. 재무상태표의 구조는 다음과 같이 단순히 표시할 수 있다.

자산의 구성(차변)	자본의 구성(대변)
자산	부채
	자본

위 그림에서 차변(즉 왼쪽 칸)에는 자산이 표시되어 있고 대변(오른쪽 칸)에는 부채와 자기자본이 표시되어 있다. 크게 보면 '부채와 자기자본'을 자본이라고 하는데, 여기서 부채를 좀더 정확히 말하면 갚아야 할 의무가 있는, 즉 타인자본인 것이다.

아래는 코스피 상장회사의 실제 재무상태표의 사례이다.

과 목	제 63(당) 기		제 62(전) 기	
자 산				
유동자산		30,013,337,312		54,966,446,935
현금및현금성자산	3,814,963,158		2,283,879,265	
매출채권	17,730,907,068		28,386,175,113	
단기금융상품	1,000,000,000		–	
재고자산	5,679,378,500		4,774,351,422	
유동성만기보유금융자산	38,150,000		34,710,000	
기타유동금융자산	1,104,459,562		18,562,479,290	
기타유동자산	645,479,024		924,851,845	
비유동자산		238,815,527,427		252,329,484,180
유형자산	233,756,410,557		242,787,611,006	
무형자산	1,000		51,101,000	
투자부동산	–		794,552,000	
매도가능금융자산	560,350,000		2,434,500,905	
만기보유금융자산	1,790,000		5,230,000	
비유동금융자산	2,809,628,753		4,186,734,698	
기타비유동자산	1,687,347,117		2,069,754,571	
자 산 총 계		268,828,864,739		307,295,931,115
부 채				
유동부채		114,325,202,924		147,419,670,278
매입채무	6,203,275,933		11,207,617,557	
기타유동금융부채	7,670,754,591		7,216,839,310	
기타유동부채	2,344,649,854		3,630,339,471	
단기차입금	88,481,779,537		109,560,262,966	
유동성장기차입금	9,624,743,009		15,804,610,974	
비유동부채		34,011,146,200		43,515,017,118
기타비유동금융부채	1,554,201,549		1,520,041,341	
장기차입금	8,882,416,668		12,026,250,000	
사채	–		6,004,038,462	
순확정급여부채	2,552,587,802		2,781,487,964	
이연법인세부채	21,021,940,181		21,183,199,351	
부 채 총 계		148,336,349,124		190,934,687,396
자 본		120,492,515,615		116,361,243,719
자본금	22,459,203,500		22,459,203,500	
주식발행초과금	27,919,137,528		27,919,137,528	
기타자본항목	16,724,234,480		14,570,475,480	
기타포괄손익누계액	73,018,908,377		73,695,080,186	
결손금	−19,628,968,270		−22,282,652,975	
자 본 총 계		120,492,515,615		116,361,243,719
부채와 자본총계		268,828,864,739		307,295,931,115

재무상태표는 '자산 = 부채 + 자본'이라는 등식을 성립시키는 원칙하에서 작성된다. 이 등식은 기업이 소유하고 있는 자산(현금, 매출채권, 건물, 토지 등)이 채권자지분, 즉 부채로 충당되었거나 소유지지분, 즉 자본으로 충당되었다는 의미로 해석된다. 이는 현재 보유하고 있는 자산은 채권자 지분이거나 소유자 지분이라는 의미이다. 따라서 재무상태표의 등식은 재무상태표가 작성되는 어느 시점에나 성립해야 하는 항등식이다.

재무상태표의 양식을 일반적으로 도해하면 아래의 〈그림 3-30〉과 같을 것이다.

〈그림 3-30〉 : 재무상태표의 일반적인 양식

자 산	부채와 자본
유동자산:	**유동부채:**
현금 및 현금성자산	단기차입금
단기금융자산	매입채무
매출채권	– – –
재고자산	비유동부채:
– – –	사 채
	장기차입금
비유동자산:	장기충당부채
장기금융자산	– – –
관계기업투자	
유형자산	**자본금**
무형자산	주식발행초과금
– – –	이익잉여금
	기타포괄손익누계액

[1] 자산의 분류와 표시

자산은 현금화 가능성의 기간을 일반적으로 '1년'이라는 기준 하에 유동자산과 비유동자산으로 구분하여 표시한다.

1) **유동자산** : 주요한 유동자산은 아래와 같다.

- **현금 및 현금성자산** : 현금 또는 현금과 그 성격이 유사한 자산
- 정상적인 영업주기 내에 현금화 될 것으로 예상되거나(예 : 매출채권) 판매 또는 소비 목적으로 보유하는 자산(예 : 상품, 제품 등)
- 단기매매 목적으로 보유하는 자산(예 : 단기매매목적으로 취득한 유가증권)
- 재무보고일 현재 1년 이내에 현금화 될 것으로 예상되는 자산(예 : 단기예금, 미수금, 미수수익 등)

2) **비유동자산** : 포괄적으로 유동자산에 속하지 않는 자산으로 주요한 사항은 아래와 같다.

- **유형자산** : 기업활동에 장기간 사용하기 위해 보유하는 자산으로서 물리적 형체가 있는 자산 (예 : 토지, 건물, 기계장치, 차량운반구, 비품, 건설중인자산 등)
- **무형자산** : 물리적 형체는 없지만 기업활동에 장기간 사용할 수 있는 자산 (예 : 산업재산권(특허권, 상표권 등), 영업권, 컴퓨터소프트웨어 등)
- **장기금융자산** : 여유자금의 장기적 활용 또는 타기업에 대한 장기투자 목적으로 취득한 금융자산(Financial Assets)을 통합 표시한 것 (예 : 장기예금, 장기대여금, 장기투자채권, 장기투자주식 등)
- **관계기업투자 또는 종속기업투자** : 타기업에 유의한 또는 중대한 영향력을 행사할 수 있을 정도의 지분(율)을 획득한 경우의 투자주식

[2] 부채의 분류와 표시

부채도 자산과 유사하게 상환 등을 위한 기간의 장 · 단기 여부에 따라 유동부채와 비유동부채로 구분하여 표시한다.

1) **유동부채** : 정상적 영업주기 내 또는 재무보고일로부터 1년 내에 지급되어야 하는 부채로 단기매매목적으로 보유하는 부채를 의미한다. 단기차입금, 매입채무, 미지급비용, 미지급금, 선수금, 선수수익 등이 해당함

2) **비유동부채** : 포괄적으로 유동부채에 속하지 않는 부채를 의미하며, 주요한 사항은 아래와 같다.

- **장기차입부채** : 상환기간이 재무보고일로부터 1년 이후인 것으로 장기차입금, 사채 등의 부채
- **장기충당부채** : 미래 현금유출이 예상되는 충당성 부채로 퇴직급여충당부채, 장기제품보증충당부채 등이 해당함

[3] 자본의 분류와 표시

자본은 그 내용과 발생원천 등에 따라 아래와 같이 표시한다. 주요한 자본의 내역에 대하여 설명하면 아래와 같다.

- **자본금** : 기업이 발행한 주식의 액면금액
- **액면금액** : 상법에 따라 회사가 주식의 주당 발행가액으로 정해 놓은 것(예 : ₩100, ₩500, ₩5,000 등)
- 자본금은 주식의 종류에 따라 보통주자본금, 우선주자본금 등으로 표시함
- **주식발행초과금(주식할인발행차금)** : 주식이 발행될 때 액면금액을 초과

하여(미달하여) 주주들이 납입한 금액

- 이익잉여금 : 순이익중에서 주주들에게 배당으로 분배되지 않고 기업 내에 유보된(retained) 금액으로, 이는 과거연도에 내부유보된 순이익의 누계액도 포함되어 있음
- 기타포괄손익누계액 : 기업의 순자산을 증가시키기는 하나, 그 금액이 당기순이익에 포함되지 아니하는 항목으로 자산재평가손익 등이 이에 해당함

이상으로 재무상태표에 대하여 간략히 살펴보았다. 재무상태표란 결국 일정시점 기업의 현황 또는 재무적 상태를 나타내는 표인 것이다. 일종의 Snap shot이라고 할 수 있는 것이다. 이제 손익계산서에 대하여 알아보도록 하자.

3. 손익계산서

손익계산서는 특정시점을 강조한 재무상태표와 달리 일정 기간의 수익과 비용을 요약한 보고서이다. 앞서 재무상태표에도 그 기본을 구성하는 항등식이 있었듯, 손익계산서에도 '수익 − 비용 = 이익'이라는 기본적인 등식이 사용된다.

손익계산서는 정보이용자들이 순이익의 발생원천을 용이하게 파악할 수 있도록 하기 위하여 수익과 비용을 성격별 또는 기능별로 구분 표시한다(우리가 일반적으로 알고 있는 손익계산서는 수익과 비용을 기능별로 구분 표시한 손익계산서이다).

아래는 실제 손익계산서의 사례이다.

과　　　목	제 21(당) 기		제 20(전) 기	
Ⅰ. 매출액		40,002,414,844		41,858,159,590
상품매출	37,315,737,891		41,595,218,019	
제품매출	1,736,566,783		257,181,562	
임대료수입	944,580,161		–	
기타매출	5,530,009		5,760,009	
Ⅱ. 매출원가		13,921,531,957		15,416,950,069
상품매출원가	13,618,014,499		15,190,110,875	
기초상품재고액	3,999,521,889		4,523,097,657	
....				
당기제품제조원가	366,155,411		163,122,025	
기말제품재고액	–196,183,232		–133,545,279	
Ⅲ. 매출총이익		26,080,882,887		26,441,209,521
Ⅳ. 판매비와관리비		19,157,143,955		20,842,526,398
급여	5,137,826,159		5,399,120,724	
퇴직급여	–859,713,412		737,735,723	
복리후생비	331,682,587		335,765,103	
여비교통비	264,857,863		272,268,867	
접대비	46,453,076		66,768,356	
....				
무형자산상각비	6,000,000		4,272,729	
인테리어비	35,398,090		10,700,000	
Ⅴ. 영업이익		6,923,738,932		5,598,683,123
Ⅵ. 영업외수익		702,199,793		531,141,817
이자수익	20,252,564		133,587,327	
....				
잡이익	94,890,908		72,198,848	
Ⅶ. 영업외비용		779,057,835		481,139,855
이자비용	387,242,509		60,797,931	
유형자산폐기손실	9,000		6,457,467	
....				
잡손실	45,858		579,656	
Ⅷ. 법인세비용차감전순이익		6,846,880,890		5,648,685,085
Ⅸ. 법인세등		1,310,104,725		1,367,749,061
Ⅹ. 당기순이익		5,536,776,165		4,280,936,024

앞 페이지상의 손익계산서의 양식을 일반적으로 표시하면 〈그림 3-31〉과 같을 것이다.

〈그림 3-31〉: 일반기업회계기준상의 비금융업을 영위하는 기업의 손익계산서 양식

	매출액		
–)	매출원가		매출에 직접적으로 대응되는 원가
=)	매출총이익(손실)	⇨	매출로부터 획득된 총 이익(손실)
–)	판매비	⇨	판매활동에서 발생한 비용
–)	관리비	⇨	관리활동에서 발생한 비용
=)	영업이익	⇨	영업활동으로부터 발생한 총 이익
+)	영업외수익	⇨	주요한 영업활동 외의 활동으로부터 발생한 수익 금융수익(이자수익) 등이 이에 해당 함
–)	영업외비용	⇨	주요한 영업활동 외의 활동으로부터 발생한 비용 금융비용(이자비용) 등이 이에 해당 함
=)	법인세비용차감전순이익		
–)	법인세비용	⇨	기업의 이익에 부과되는 세금
=)	당기순이익		

상기 사항에 대하여 간략히 설명하면 아래와 같다.

- **매출액(또는 용역수익)** : 중심적 영업활동(상품의 판매, 용역의 제공)에서 획득되는 수익
- **매출원가** : 판매된 상품이나 제품의 취득원가(매입원가 또는 제조원가)
- **판매비** : 상품, 제품을 판매하는 활동에서 발생한(매출원가 이외의) 비용(예 :

판매활동을 하는 종업원 급여, 판매수수료, 광고비, 운송비 등)

- **관리비** : 전반적인 경영관리 활동에서 발생하는 비용(경영관리활동을 하는 종업원급여, 감가상각비, 보험료, 임차료 등)
- **영업외수익** : 주요한 영업활동 이외의 활동에서 발생한 수익(예 : 이자수익, 임대료수익, 지분법이익, 배당금수익, 유형자산처분이익 등)
- **영업외비용** : 주요한 영업활동 이외의 활동에서 발생한 비용(예 : 이자비용, 유형자산처분손실, 지분법손실 등)

이상으로 손익계산서의 내용에 대하여 간략하게 살펴보았다. 참고로, 상기 내용은 일반기업회계기준에 부합하는 것으로, 한국채택국제회계기준(K-IFRS)에서는 '포괄손익계산서'의 양식을 표시하도록 하고 있으나, 설명의 편의상 본서에서는 생략하도록 하였다.

4. 자본변동표, 현금흐름표 및 주석

자본변동표, 현금흐름표 및 주석은 앞의 '재무상태표'나 '손익계산서'에 비하여 그 상대적인 중요성이 낮게 인식되고 있는 것이 일반적이다. 그러나 상황에 따라서는 자본변동표나 현금흐름표 또는 주석이 엄청나게 중요한 재무제표가 되어, 그 정보를 누락하는 경우 정보이용자에게 큰 판단오류를 야기할 수도 있음을 주의할 필요가 있다.

그러나 본서의 목적은 경영자에게 관리자로서의 식견을 주는 것이기에, 재무상태표와 손익계산서 외의 재무제표에 대한 구체적인 설명은 과감히(?) 생략하도록 하겠다.

다만, 현행의 회계는 엄격한 '발생주의'라는 개념하에서 모든 것을 설명하고 있다. 이 '발생주의'라는 개념은 우리가 흔히 인식하고 있는 '현금주의'라는 개념에 상대적인 개념으로 이에 대한 설명을 위해 발생주의에 대한 개념을 설명하고, 이와 연관 지어 현금흐름표에 대하여 간략히 설명하도록 하겠다.

"발생주의에 대한 이해야 말로 회계에 대한 이해의 출발점이다."

일상 생활에서는 현금을 수반하지 않는 '수익'과 그렇지 않은 '수익', 현금을 수반하지 않는 '비용'과 현금을 수반하는 '지출'을 거의 구분하지 않고 사용하는 경우가 많다. 예를 들어 '가'라는 기업이 '나' 라는 기업에 50억 원의 매출을 외상으로 하였다고 하자. 이 경우 매출이라는 수익이 발생하였는데 사실 현금의 유입은 '0'이다. 기업회계기준에서는 현금유입은 없지만 물품의 인도로 인해 외상매출채권이 발생하였기 때문에 자산의 증가로 보아 수익이 발생하였다고 본다. 마찬가지로 직원이 일주일 동안 열심히 일을 하였다면 아직 월급날이 도래하지 않아 임금이 지출되지는 않았지만 급여라는 비용이 발생한 것으로 간주하여 해당 기간의 비용으로 '인식'하도록 한다.

즉, 기업회계기준에서는 현금의 수입 및 지출과 무관하게 수익과 비용을 발생여부에 따라 인식하는 '발생주의'를 채택하고 있다. 따라서 기업이 작성하는 재무제표는 발생주의에 따라 작성한 것이지 현금주의에 따라 작성한 것이 아니다. 기업회계기준에 의하면 외상매출시 매출이라는 수익이 손익계산서에 표시됨과 동시에 '외상매출금'이라는 자산이 재무상태표에 표시된다. 마찬가지로 발생한 임금이 지급되지 않은 경우 손익계산서에는 급여 등으로 비용항목의 일부를 구성함과 동시에 재무상태표에는 '미지급금'이 부채로 표시된다.

위와 같이 기업회계기준이 발생주의의 채택으로 인하여 기업의 영업활동 등에 따른 현금흐름을 보여주지 못하는 한계를 극복하고자 채택한 재무제표가 바로 '현금흐름표'인 것이다.

현금흐름표는 기업의 현금흐름을 기업의 주요 활동인 영업활동, 투자활동, 재무활동으로 분류하여 한 회계기간 동안의 현금의 증감과 그 원인 등을 보여주는 재무제표이다. 현금흐름표는 기업이 주된 영업활동을 통해 현금을 얼마나 창출하였는지, 투자의 내용과 규모는 어떠한지, 자금을 어떻게 조달하고 운용하였는지에 대한 정보를 제공해준다. 이렇게 현금흐름표는 손익계산서상의 당기순이익과 영업활동으로 인한 현금흐름의 차이가 왜 발생했는지 등을 보여주는 역할을 하고 있다.

여기까지 재무제표에 대하여 간략히 살펴보았다. 이제 경영자가 알아야 할 회계의 영역 중 마지막으로 '분식회계와 회계감사'에 대하여 살펴보도록 하자.

(3) 분식회계와 회계감사

1. 개요

이 절(節) 내용을 설명하기 전에 우선 강조하고 싶은 사항은 '기업의 회계는 투명해야 한다. 이는 회사를 위해서, 그리고 경영자 자신을 위해서'라는 것이다.

본 저자가 회계감사 실무를 수행하면서 가장 경악을 금치 못한 사실은 아래와 같다.

- 적절하게 분식을 잘하는 외부 기장업체나 내부 회계관리자에 대하여 회사의 경영자가 상당히 만족하고 있다는 사실.(예 : 이익이 많이 나는 경우 절세(사실은 '탈세'이다)를 위해 이익을 줄여주거나, 신용등급 향상을 위해 이익을 만들어 주는 경우의 분식)
- 회계감사를 '왜' 수행해야 하는 지에 대한 기본적인 인식이 도저히 안되어 있는 경영자가 상당히 많으며, '내 회사'의 장부가 비상장사인 경우에도 왜 통제를 받아야 하는지에 대한, 즉 '주식회사'라는 개념조차도 잘 모르고 있는 경영자가 많다는 사실.

사실 경영자가 가져야 할 기본적인 '마인드(Mind)'라는 관점에서 본다면, 앞에서 설명한 '회계의 본질이나 재무제표에 대한 기본이해' 보다 선행되어야 할 사항이 바로 '회계의 투명성에 대한 경영자의 바른 인식'이다. '기업'이 가져야할 사회적인 역할이나 책임을 이야기 할 때, 가장 우선시 되어야 할 사항이 바로 기업의 투명성이다. 이는 기업의 공개(또는 상장)여부와 관계 없이, 기업을 설립하는 순간부터 여러 이해관계자(주주, 종업원, 채권자 등)이 생기게 되고, 그들을 위한 최소한의 책임은 나의 기업을 투명하게 한다는 인식이 기업의 모든 경영활동에 있어서 항상 우선시 되어야 한다는 의미이다.

그럼에도 불구하고 '회계의 투명성'에 대하여 많은 경영자들이 그 중요성을 잘 인식하지 않고 있는 듯하다. 사실, 회계의 투명성이 담보되지 않는다면, 우리 사회의 근간이 되는 '자본주의'가 형성될 수 없다는 사실 또한 제대로 인지하지 않고 있는 경영자가 많아 보인다. 자본주의의 성격을 가장 잘 이해해야 할 경영자가, 그 근간을 무시한다는 것이 참 아이러니 한 사실이 아닐 수 없다. 엄격하게 말하면, 회계의 투명성은 자본주의 사회에서 경영자가 지켜야 할 최소한의 '준거법'이며, 더 나아가 '회계의 투명성'을 지키는 것이 곧 기업을 건강하게 하여 기업의 수명을 연장하는 빠른 길이라는 사실 또한 경영자가 알아야 할 것이다.

위의 사항을 보다 올바로 인지하기 위해서, 이제 '분식회계'와 분식회계를 방지하는 사회적장치인 '회계감사'에 대하여 그 의미와 필요성 등을 알아보고자 한다. 이를 통하여 경영자는 역(逆)으로 '분식회계'나 '회계감사'가 필요 없는 기업이 가장 좋은 기업이라는 사실을 이해하기를 바라는 바이다.

2. 분식회계

과거 '대우그룹, 한보, 동아건설'에서 최근의 '효성'까지 이름만 들어도 알 수 있는 대기업들이 '분식회계'라는 이유로 많은 사회적 지탄을 받았다. '분식회계'로 인하여 많은 주주와 채권자 들은 경제적 손실을 봐야만 했고, 해당 기업의 경영자는 '경제사범'이 되어 형사처벌을 면할 수 없었다. 이들은 왜 분식회계를 하여야만 했을까?

본 절(節)을 통해 우리가 달성할 최종 목적은 '분식회계를 제대로 인지하여 분식회계를 하지 않아야 한다는 인식'을 가지는 것이다. 이를 위해 아래와 같은 사항을 알아보고자 한다.

- 분식회계의 정의
- 분식회계의 원인
- 분식회계의 유형
- 분식회계의 폐해

또한 본 절을 이해하기에 앞서, 다음 페이지의 〈그림 3-32〉를 이해함으로써 본 절의 목적을 보다 명확하게 알 수 있을 것이다.

〈그림 3-32〉 : 회계정보의 제공자, 이용자와 외부감사인

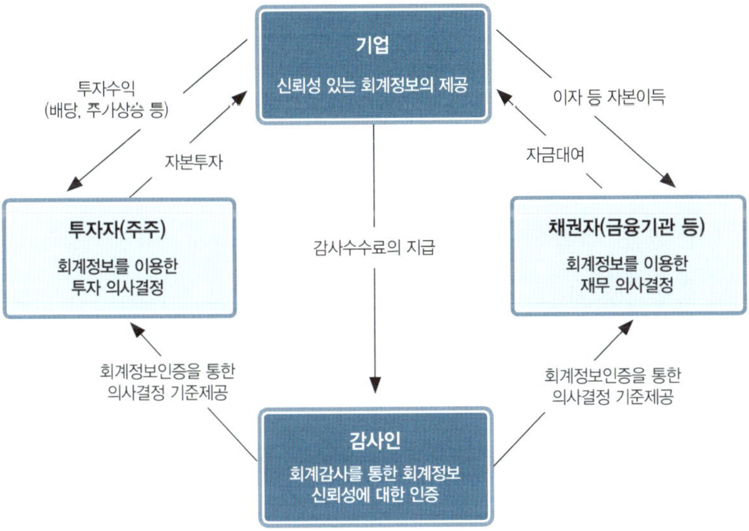

상기 그림에서 보듯, 기업은 정보를 제공하고 감사인('외부감사인'이라 하며 공인회계사법에의한 공인회계사 또는 회계법인을 칭한다)은 제공된 정보에 대하여 그 적정성(또는 신뢰성)을 인증하며, 투자자와 채권자는 그 정보를 이용하여 투자와 재무에 대한 의사결정을 한다. 위 그림에서 보듯 모든 재무의 흐름은 기본적으로 '회계정보는 투명하다'라는 전제하에 이루어지는 것이며, 또한 투명성이 담보되지 않을 경우, '자본주의'라는 그 토대가 형성될 수 없음을 이해할 수 있을 것이다. 이와 같은 관점에서 본다면, '분식회계'는 위 그림의 모든 것을 부정하는 것이 되고, 결국 자본주의의 근간을 흔드는 악행(惡行)임에 분명하다.

이제 이와 같은 사항을 이해했다는 전제하에, 분식회계에 대하여 좀 더 알아보도록 하자.

[1] 분식회계의 정의

'분식회계(粉飾會計)'란 기업이 한 회계연도의 영업성과나 기말의 재무상태 등의 재무정보를 사실과 다르게 왜곡 표시하는 것을 말하는 것으로 분식결산이라고도 한다. 여기서 '분(粉)'이란 화장가루를 의미하는 것으로, 결국 분식회계란 재무제표를 예쁘게 '꾸미는' 것을 의미한다. 쉽게 말하면 있는 그대로의 재산상태(즉, 재무상태 표시로서의 재무상태표)나 영업성과(경영성과로서의 손익계산서)가 아닌, 이를 사실과 다르게 보기 좋게 '화장'하는 것을 분식회계로 이해하면 되는 것이다.

분식회계는 자본시장에서 자금을 차입시 상황을 유리하게 하거나(금리의 인하, 차입한도의 증가 등), 기업의 주가 관리를 위해서 자산의 가치를 과대 평가하거나 매출을 과대 계상하여 재무제표를 작성하는 것이 대표적인 사례이다. 하지만 과거의 수익이나 자산의 과대계상 또는 비용과 부채의 과소계상을 통해 회계장부를 꾸미는 사례에 더하여, 최근에는 경제환경이 복잡해지고 거래의 내용이 다양해 짐에 따라 새로운 금융기법 등이 등장하여 '파생상품, 관계회사와의 거래, M&A'와 같은 거래로 인해 분식회계의 복잡성과 가능성이 증가하고 있다.

그렇다면, 이러한 분식회계가 점차 증가하며, 그 유인이 다변화되고 강화되고 있는 이유는 구체적으로 무엇일까? 그 원인을 파악해 보자.

[2] 분식회계의 원인

분식회계의 원인은 사실 사회 · 경제 현상과 관계가 깊다. 아래의 〈그림 3-33〉을 보면 그 다양성을 알 수 있다.

〈그림 3-33〉 : 분식회계의 원인

- 분식회계의 원인
  - 비자금의 조성
  - 자금조달의 용이성 추구
  - 상장회사의 경우 주가의 유지 · 부양 또는 상장요건의 유지
  - 외부감사, 금융감리활동, 세무활동 등과 관련된 기관 들의 윤리의식 부재
  - 경영자의 지위 유지 및 보상
  - 관치금융
  - 과거 분식내역의 은폐
  - 정부의 인위적인 산업정책

분식회계의 원인으로 가장 먼저 떠올릴 수 있는 것이 바로 '비자금의 조성'이다. 과거 정경유착의 원인부터 현대의 영업활동을 위한 사적 로비까지, 우리나라 기업들은 흔히 말하는 '뒷돈' 거래로부터 자유롭지 않았다. 그러나 이러한 '뒷돈' 즉 '기밀비'는 일정 한도를 초과한 금액이나 (과거 1998년까지는 일정한도의 기밀비는 세무상 비용으로 인정이 되었다) 혹은 전액이 세무상 비용으로 인정되지 않고 있다. 이러한 원인으로 인해 기업은 여러가지 방법으로 기밀비를 조성하였는데, 그 중에 가장 많이 쓰인 방법이 비용과대계상 등의 방법을 이용한 '분식회계'인 것이다.

두 번째, 가장 대표적인 분식회계의 원인으로 '자금조달 용이성의 추구'를 들 수 있다. 금융기관은 일반적으로 부채과다, 적자 발생 또는 장기간 누적발생 기업에 대해 대출금을 줄이거나 상환을 촉구한다. 또한 그렇지 않은 경우를 대비하여 금리를 상향하고 지속적으로 기업의 재무상황을 모니터링하여 기업에 자금압박을 가한다. 이러한 금융기관의 활동은 어찌보면 그들의 채권확보를 위한 본연의 '관리활동'으로 이를 탓할 수는 없다. 하지만 약간의 아쉬운 점은 있다.

사실 금융기관에서 말하는 선진 여신관리 활동은 기업의 신용상태를 파악할 때 '재무적상황과 영업적상황'을 동시에 고려하는 것을 의미한다. 하지만, 국내 금융기관의 경우 '영업적 상황'을 객관적으로 평가하기 어렵다는 이유로, 재무적상황을 상당히 우선시 하는 경향이 있다. 이러한 경향으로 인해, 영업활동이 향후 훌륭하게 전개될 가능성이 높은 기업들도, 단지 재무상황이 좋지 않다는 이유로 단기적인 자금경색에 빠질 수 있고, 기업은 이런 악순환의 고리를 시작하지 않기 위해 '분식회계'라는 수단을 활용하게 되는 것이다.

본 저자도 많은 기업의 회계감사를 수행하면서, 일시적인 원인으로 재무상태가 악화된 기업의 경영자들이, 향후 영업활동이 활성화 될 수 있음에도 불구하고 '분식회계'를 통하여 기업의 경영성과 등을 왜곡하려고 시도하는 것을 종종 볼 수 있었다. 후술하겠지만, 회계의 특성상 일정기간의 분식회계는 미래의 더 큰 분식회계를 야기할 수 밖에 없기에, 본 저자의 경우 이러한 기업의 경영자와 많은 설득과정을 통해 이러한 시도를 저지한 바가 있다.

세 번째 분식회계의 원인으로 상장회사의 경우 주가를 높이기 위해, 또는 상장요건을 유지하기 위해 분식회계를 행한다. 과대한 순손실 혹은 누적 순손실이나 일정수준을 초과하는 불건전한 재무비율은 주가에 악영향을 끼치거나 상장폐지 요건에 해당할 수 있다. 이러한 경우 상장회사는 해당 사항을 벗어나기 위한 수단으로 분식회계를 선택하는 경우가 있다.

네 번째 분식회계의 원인으로 외부감사, 금융감독원 등의 감리 주요사항의 공시와 관련된 우리사회의 여건과 인식부족 등으로 인하여 분식회계가 발생할 수 있다.

우리나라의 경우 기업의 결산일이 연말에 집중되어 있음으로 인해 부실한 외부회계감사와 이로 인한 미약한 감리 및 제재조치 등의 제도적인 요인이 분식회계의 원인이 되고 있다고 판단된다.

다섯째, 경영자의 지위 유지 및 보상문제로 인해 분식회계가 발생할 수 있다. 경영자는 투자자들의 기대에 부응하고 단기적인 경영자 실패를 은폐하기 위해서 순익을 조정하는 등의 분식회계 유인을 가질 수 있다.

여섯 번째 분식회계의 원인으로 관치금융을 들 수 있다. 우리나라 금융기관은 그 동안 정부의 시책에 따라 자금을 공급하는 관치금융에 익숙한 편이었다. 관치금융은 실제로 기업이 자금을 변제할 수 있는 능력이 있는가를 심사하는 기능을 마비시킬 뿐만 아니라 금융기관의 대출결정이 기업의 신용을 바탕으로 한 상환능력의 평가보다 기타의 요인(청탁, 압력 등)에 의해 결정되게 함으로써, 일정 요인을 충족시키기 위한 분식회계를 초래하는 원인의 하나가 된 것이다.

일곱 번째 분식회계의 원인으로 '과거 분식회계 내역의 은폐'를 말할 수 있다. 이는 마치 '거짓말이 또 다른 거짓말을 낳는다'는 말과 같은 것인데, 회계는 그 특성상 한 회계기간의 회계처리 사항이 어디로 사라지는 것이 아닌, 반드시 그 기간 이후의 회계적 사항에 영향을 미칠 수 밖에 없음에 그 이유가 있다. 부풀려진 자산은 그 이후에도 계속 재무상태표에 남아있을 수 밖에 없고, 과대계상한 매출은 다른 회계 계정에 영향을 미쳐서, 다른 분식을 하지 않고서는 그 내용을 계속 덮을 수가 없는 것이다. 이는 마치 눈덩이 불리기와 같아서, 작은 분식을 해결하기 위해 더 큰 분식을 야기하므로, 분식은 아무리 작은 것이라고 행하지 말아야 함을 의미하는 중요한 사항이라 하겠다.

마지막 분식회계의 원인으로 '정부의 인위적인 산업정책'이 있다. 정부의 인위적인 산업정책에 기업이 좌우되어 투자한 만큼의 수익률을 올리지 못하면서도 이미 계획된 계속적인 투자를 하기 위하여 금융권의 대출을 받는 기현상이 발생하였다. 이러한 상황을 유지하기 위해 분식회계는 그 수단이 된 것이라 하겠다.

위와 같이, 또는 위에 제시된 것 외에도 분식회계의 원인은 다양하다. 가장 핵심적인 사항은 분식회계의 원인요인을 야기하지 않는 것이겠지만, 본 저자가 강조하고 싶은 사항은 분식회계에 대한 강한 유혹이 있다 하더라도, 진정 영속적인 기업을 원한다면 분식회계를 하지 않겠다는 경영자의 인식이 확립되는 것이 더 중요하다는 사실이다.

이제 분식회계의 방법인 그 분식회계의 유형에 대해 알아보자.

[3] 분식회계의 유형

일반적으로 알려진 분식회계의 유형은 아래와 같다.

〈그림 3-34〉 : 분식회계의 유형

분식회계의 7가지 유형

- 수익의 조기 실현
- 가공 수익(매출)의 계상
- 이익의 과대 계상
- 비용의 차기 이월(비용의 과소 계상)
- 부채의 누락
- 이익의 누락(매출의 누락)
- 과거 분식내역의 은폐
- 정부의 인위적인 산업정책

TIP 독자 여러분 회사에도 혹시 위와 같은 분식의 유형이 내재되어 있진 않은지 살펴볼 일이다.

memo

〈그림 3-34〉의 내역 중 가장 그 빈도가 높은 몇 가지에 대하여 보다 자세히 설명하면 아래와 같다.

가장 많이 쓰이는 첫 번째 전형적인 분식의 유형으로 '매출의 조기 인식'이 있다. 기말 현재 용역의 제공이 완료되지 않았거나(서비스업 혹은 건설업 등) 제품이 제공되지 않았음에도 불구하고 조기 세금계산서 등을 발행하여 매출을 미리 인식하는 경우이다. 이 경우 대부분 원가도 인식하지 아니하고 매출만을 인식하므로 이익이 상당히 과대계상 될 수 있으며, 원가를 인식한다고 해도 차기의 이익을 미리 인식하는 경우이므로, 상대적으로 차기의 이익이 과소계상 될 위험이 있다. 경우에 따라 매출의 완성을 위해 그 실현가능성에 따른 위험이 있는 경우에도 미리 매출을 인식하는 경우는 상당히 분식에 대한 위험이 크다고 할 수 있다.

두 번째 유형은 매출의 과대계상(부풀리기)이다. 일반적으로 이러한 경우는 거래상대방과의 '모의(模擬)'하에 이루어 지는 경우가 대부분인데 그 주요한 유형으로 아래와 같은 것이 있다.

- 재고자산의 과대계상
- 가공 매출의 계상(실제 거래가 없는 매출의 인식)
- 교환형식의 자산의 교환 등을 매출로 인식하는 경우

세 번째 유형은 비용을 차기 이후로 연기하는 것이다. 즉, 비용의 이연을 통하여 당기의 이익을 과대계상 하는 것이다. 이러한 주요한 유형은 아래와 같다.

- 올바르지 않은 비용의 자본화(개발비, 건설비용 등)를 통하여 비용을 이연하는 경우
- 가치가 떨어진 자산의 감액 등을 수행하지 않는 경우
- 고의적인 감가상각 오류(감가상각기간을 늘리는 경우)

또 한가지 유의할 사항으로 일반적으로 이익을 늘리기 위한 분식이 아닌, 주로 세금으로 인한 현금유출을 줄일 목적으로 수행되는 비용의 조기인식 등의 '역분식'이 있는데, 엄격히 말하면 이러한 분식도 금지해야 할 사항이다. 왜냐하면, 당기의 역분식은 차기의 분식으로 연결되기 때문이다.

사실 분식회계는 회사에 의해서 수행되어 감사인이 수행하는 감사의 한계 또는 감사인의 암묵적인 동의 등을 통하여 완성된다. 분식회계는 자본주의의 근간을 흔드는 심각한 범죄이며, 이를 수행하는 회사의 관계자나 이를 묵인하는 감사인(회계사)은 그들의 자격을 이용하여 그들의 이해관계자를 기만하는 심각한 경제사범이다. 이러한 관점에서 분식회계의 폐해를 알아보도록 하자.

[4] 분식회계의 폐해

앞서 언급한 것처럼 분식회계는 자본주의의 근간을 흔드는 중대한 사회적인 문제를 야기한다. 이를 좀더 구체적으로 말하면, 분식회계는 기업의 이해관계자 모두에게 악영향을 끼칠 수 밖에 없는데 이를 표현하면 아래와 같다.

〈그림 3-35〉 : 분식회계의 폐해

분식회계의 폐해

- **투자자들의 손실 야기**
  ➡ 잘못된 회계정보를 바탕으로 이행된 투자는 결국 투자자의 자본이익 시현을 불가능하게 할 수 있음
- **회사의 채권자 및 거래처에 대하여 손실 야기**
  ➡ 채무의 상환능력, 수익성, 성장성에 기반하여 자금을 제공하는 금융기관이나 물품, 용역을 제공하는 거래처는 재무제표에 근거하여 회사의 신용도를 파악하기 때문임
- **회사와 종업원에게 손실 야기**
  ➡ 부진한 경영실적과 악화된 재무상태를 분식회계로 은폐하는 것은 종국적으로 회사의 문제를 곪게 만들어 결국 회사는 회생불능 상태가 됨. 이러한 결과 결국 회사와 종업원이 그 피해를 입게 됨
- **경제 전체에 대한 신뢰성 하락**
  ➡ 신용평가기관의 신용평가 결과대한 불신, 공식적으로 공표된 회사의 재무자료에 대한 불신 등은 결국 경제전체에 대한 신뢰도를 하락시키고 자본주의의 근간을 흔들게 됨

상기의 내역 중 경영자가 다시 한번 주의환기 할 사항은 결국 분식회계의 최종 피해자는 '회사, 즉 자기자신'이라는 사항이다. 분식회계의 끝은 회사를 믿어준 이해관계자의 피해에서 끝나는 것이 아니라 '회사'의 생존을 위협하는 결과를 가져오는 것이라는 것을 경영자는 반드시 이해하여야 할 것이다.

자본주의가 존재할 수 있는 기반을 마련하는 여러가지 제도적 장치가 있는데, 이러한 것 중 하나가 바로 '회계감사'이다. 자본주의를 존재할 수 있게 하고, 더 작게는 '회사'의 생존을 유지할 수 있는 건강진단의 기회가 바로 회계감사가 될 수 있는 것이다. 이러한 관점에서 경영자는 '회계감사'의 내용과 개념을 간단하게라도 이해할 필요가 있다고 본다.

> "회계감사를 통하여 기업의 건강진단, 즉 현 문제점이나 개선해야 할 사항을 객관적으로 보고 받을 수 있다."

3. 회계투명성과 회계감사.

회계감사란 결국 '회사의 재무제표가 적정하게 작성되었는가'에 대한 정보 이용자의 의문에 대하여 제3자인 감사인(공인회계사)이 공식적인 '의견'을 주는 과정인 것이다. 우리가 한 회사의 채권자나 주주의 위치에 있을 때, 매 결산기에 공표되는 '재무제표'를 통하여 자금지원 혹은 투자에 대한 의사결정을 수행할 수 있는 근거는 재무제표가 경영자의 자의적인 왜곡을 포함하고 있지 않다고 믿기 때문이며, 이러한 '믿음'의 기본 전제가 바로 회계감사인 것이다.

회계감사의 정의를 학문적으로 제시하면 아래와 같다.

- 경제활동 및 사상에 관한 경영자의 주장에 대해 미리 설정된 평가기준과의 일치 정도를 확인하기 위하여 이들 주장에 관한 증거를 객관적으로 수집하고 평가하며 그 결과를 이해관계자인 이용자에게 전달하는 체계적인 과정

사실 경영자의 입장에서 본다면, 위 정의만 정확히 이해해도 회계감사에 대하여 충분하게 알고 있다고 생각해도 될 것이다. 이를 위해 위 정의를 개별 단어로 쪼개서 이해할 필요가 있다.

〈그림 3-36〉 : 회계감사의 정의에 대한 이해

정의	이해
• 경제활동 및 사상에 대한 경영자의 주장	• 일정 시점의 재무상태와 일정기간의 경영성과 즉, 재무상태표와 손익계산서 등의 재무제표를 통하여 **경영자는 회사의 현 상황을 '주장'함**
• 미리 설정된 평가기준과의 일치 정도 확인	• 감사인은 경영자의 '주장'에 대해 '기업회계기준'과의 일치 '정도'를 확인
• 주장에 관한 증거를 객관적으로 수집하고 평가	• 주장에 관한 증거의 수집 및 평가를 객관적으로 수행하기 위해 '회계감사기준'을 준용함
• 그 결과를 이해관계자인 이용자에게 전달	• 경영자의 주장에 관한 기업회계기준과의 일치'정도'에 따라 '적정, 한정, 부적정 및 의견거절'의 의견을 재무제표 이용자에게 전달함

결국 회계감사는 재무제표가 '기업회계기준'에 따라 적정하게 작성'되었는지 '확인'하는 절차이다. 즉, 회사(즉 '경영자'가)가 재무제표를 작성하는 과정에서 의도적으로 재무제표를 왜곡하였는지(부정 즉, 분식과정이 있었는지) 혹은 비의도적인 왜곡이 있었는지(오류가 있었는지)의 여부를 기업회계의 전문가인 공인회계사에게 검증 받는 과정을 '회계감사'라고 이해하면 될 것이다.

여기서 추가적으로 이해해야 할 사항이 있는데, 회계감사를 받은 재무제표도 일정 정도, 혹은 심각한 수준의 왜곡을 포함할 수도 있다는 점이다. 사실, 과거 대우, 한보 기업도 모두 회계감사를 받은 재무제표를 공시했음에도 불구하고 분식회계 사건이 터졌듯이, 회계감사를 받았다고 해도 그 '회계감사의 본질적인 한계'로 인해 그 적정성을 100% 보장할 수는 없는 것이다.

'회계감사의 한계'는 재무제표 이용자 뿐만이 아닌 경영자도 그 내용을 이해하고 있어야 한다. 그 이유는 아래와 같다.

- 경영자의 의도적인 분식은 회계감사를 어렵게 한다. 즉, 치밀한 계획하에 수행된 분식은 회계감사의 절차상 한계를 이용하게 되고, 이로 인하여 분식을 포함한 재무제표가 공시 및 작성될 수 있다. 이러한 점을 그 이해관계자는 인지하고 있어야 한다.(즉, 투자의사결정시 재무제표 뿐만이 아닌 경영자의 특성, 경제적인 환경 등에 대한 '정상적'인 사항도 반드시 고려해야 한다)
- 회계감사는 비의도적인 분식인 '오류'도 발견해내는 것을 그 목표로 한다. 하지만 절차상의 한계로 인하여 회사(즉 '경영자')가 작성한 재무제표의 모든 '오류'를 발견해 낼 수 없다. 이러한 이유로 인해 회사는 재무제표를 작성하는 모든 과정에서 '오류'가 발생하지 않도록 최선을 다하여야 한다.

회계감사의 한계는 본질적으로 아래와 같은 이유에 기인한다.

① 기업회계기준의 불완전성

② 감사인의 능력의 한계

③ 감사수행방법의 한계

④ 감사대상의 한계

특히, ③번 '감사인의 능력의 한계'를 보다 구체적으로 설명하면 회계감사는 본질적으로 회사가 재무제표를 작성하기 위해 수행한 모든 절차를 검사하는 것이 아닌 '시사(test)'의 방법에 의존하여 감사를 수행한다는 점이다. 또한 회사가 공모를 통하여 재무제표를 의도적으로 왜곡할 경우 감사인이 분식에 대한 사항을 적출해 내는 것은 그 능력의 한계로 인하여 쉽지 않다는 점도 부연해 두는 바이다.

이렇듯 회계감사는 그 본질적인 한계로 인하여 '완벽한' 감사를 수행할 수는 없음을 회계사인 본 저자도 아쉬움을 금할 수 없다. 감사인의 사회적 책임이 점점 더 강화되는 요즘 같은 시점에 회계사 뿐만이 아닌 관계기관들도 회계감사의 중요성을 다시 한번 인지하고 그 개선방향에 대하여 고민이 필요한 시점인 것은 분명하다.

어쨌든, 회계감사의 정의와 그 한계를 이해하였다면 회사의 경영자는 '재무제표를 성실히 작성하는 것'뿐만이 아니라, 재무제표에 대한 '회계감사를 정직하게 수감'하는 것 또한 회사의 이해관계자를 위한 최소한의 배려임을 이해할 수 있을 것이다. 동시에 회계감사를 통하여 재무제표의 진정성을 검사 받음은 직 · 간접적으로 회사의 '건강상태'를 점검 받을 수 있는 기회가 됨을 공감할 수 있기를 바라는 바이다.

회계감사를 통하여 경영자 자신 외에도 기업 내부의 임직원에 대한 '긴장조성'효과를 볼 수 있으며, 자신도 모르게 수행되는 '오류'의 점검도 수행될 수 있음을 인지하여야 한다. 경영자는 회계감사를 단순히 '법적인 강제절차'로 볼 것이 아닌 기업의 체질강화와 회계수준 향상을 위한 기회로 인지하는 것이 중요하다. 이러한 인지를 바탕으로 자본주의가 보다 굳건해질 수 있으며 이러한 기반이 건전한 투자문화를 강화함은 두말할 필요가 없을 것이다.

결국 중요한 것은 경영자의 올바른 인식이자 식견이라 할 수 있다.

III. 세무에 대한 기본적인 이해

(1) 세금의 개념과 종류 그리고 절세와 탈세

본 Lesson의 주제인 '회계와 세무'에 대하여 사실 경영자가 가장 관심 있는 영역은 '세금'일 것이다. 본 저자가 그간 수많은 경영자를 만나면서 가장 많이 들은 말은 '세금 때문에 못 살겠다' 혹은 '한국은 경영하기 정말 싫은 세무적 구조를 가지고 있다'라는 등의 한국의 '과세체계'에 대한 경영자의 불만이었다.

하지만 OECD 국가 중, 혹은 G7 국가와 비교하여 절대적인 측면에서 한국 내 기업의 세무부담이 얼마나 높은지에 대한 논의는 차치하고, 본 저자가 생각하기에 경영자가 가장 알아야 할 것은 해당 기업이 '세무적 권리와 의무'를 적격하게 이해 및 이행하고 있는지에 대한 사항이라 판단된다. 한국의 세무체계를 잘 이해한다면 세금의 과다납부로 인한 낭비를 막을 수 있고, 세무행정 오류로 인한 가산세 등을 줄일 수 있으며 더 나아가 세무계획(Tax Planning)을 통해 합법적인 범위 내에서 최소의 세금만을 부담할 수 있기 때문이다.

그럼에도 불구하고 경영자 혹은 기업내의 재무담당자가 세금에 대하여 시간을 투자하여 공부하기를 꺼려하는 이유는 바로 세무에 대한 실무를 높은 수준으로 수행하는 것이 지나치게 '어렵기' 때문이다. 사실 본 저자와 같이 세무 혹은 회계를 업(業)으로 하고 있는 전문가들조차 '세무'에 대하여 속칭 '정통한' 전문가는 그리 많지 않다고 판단된다. 그만큼 세무는 어렵다.

그래서 세무에 대한 복잡한 실무 만큼은 무조건 '전문가'에게 일임하는 것을 본 저자는 강력히 추천하는 바이다. 세금에 대하여 억울한 일이 발생했거나, 도저히 설명할 수 없는 사항이 있거나, 세금에 대한 정확한 실무처리를 원할 때는 무조건 '전문가'에게 그 해답을 구해야 한다. 대기업처럼 기업 내에 '회계사나 세무사'가 있다면 좋겠지만, 그렇지 못한 중소기업은 반드시 '내 회사'의 사정을 잘 이해하는 자문 회계사나 세무사 등을 상시로 두는 것을 권장하는 바이다. 지금으로 봐선 작은 비용(자문 수수료 등)이 향후에 큰 비용(세무적 오류 비용 등)을 막을 수 있는 토대가 되는 것을 본 저자는 많이 경험했기 때문이다.

"세무는 너무나 어려운 영역이다.
이 본질을 인정해야만 세무를 올바로 이해할 수 있다."

그러나 본 저서에서 지속적으로 저자가 강조하고 있는 경영자의 '식견'은 사실 세무에 대한 부분에서도 그 중요성을 같이 한다. 본 저자가 바라는 경영자에 대한 세무적인 자세는 '전문용어에 대한 이해가 바탕이 된 올바른 납세자로서의 자세'이다. 즉, '세무의 전반적이고 기초적인 사항의 이해를 바탕으로 전문가의 용어를 이해하고, 전문가에게 무조건적인 일임이 아닌, 자신의 환경을 바탕으로 적절한 업무의 위임을 할 수 있는 정도의 상태'가 바로 경영자가 세무에 대하여 가지고 가야 할 올바른 자세라고 본 저자는 판단하고 있다. 이러한 기본적인 생각을 바탕으로 본 절을 설명하고자 한다. 이를 위해 우선 '세금의 정의와 그 특성'에 대하여 알아볼 필요가 있다.

- 세금의 정의

  국가 또는 지방자치단체가 재정수요를 충족시키기 위하여 개별적인 보장 없이 국민으로부터 경제적으로 징수하는 것

- 세금의 특성

  (1) 인간의 출생부터 사망 시까지 세금문제는 피할 수 없다.

  (2) 소득과 재산이 있거나 거래가 이루어지는 곳에는 언제나 세금문제가 발생한다.

- 세금에 대한 올바른 자세

  무관심하거나 피하는 것보다 적극적인 관심과 대처가 필요하다.

위 기본적인 사항을 바탕으로 아래의 사항을 추가로 인지하여야 한다.

① 세금을 징수하는 주체는 '국가와 지방자치단체', 즉 두 개의 주체이다. 여기서 국가가 주체인 경우를 '국세', 지방자치단체가 주체인 경우를 '지방세'라고 한다. 이러한 연유로 국세에 대한 세무조사 업무는 '국세청'에서 수행

하고, 지방세에 대한 세무조사 업무는 '각 지방자치단체'에서 수행한다.

② 소득과 재산이 있거나 거래가 있으면 늘 세무거래가 발생하므로, 긴 시간의 연장선상에서 본다면 동일 소득에 대해서도 두 번 이상의 세금을 부담할 수 있다(예 : 법인세를 낸 후 주주 입장에서 배당에 대한 세금을 또 다시 부담함). 이러한 부당함에 대해 이를 방지하기 위한 세무적 장치가 많이 있지만, 모르면 이를 이용할 수 없기 때문에 늘 세금에 대한 철저한 이해가 필요하다.

③ '한국의 부자들'이라는 책을 보면, 우리나라 대부분의 부자는 세금 혹은 세무지식 등에 대하여 상당히 적극적이고 공격적임을 알 수 있다. 한국의 부자들의 경우 아무리 전문가에게 자신의 세무문제를 '위임'한다 하더라도 세무적 처리에 대하여 늘 관심을 기울이며, 최소한 자신이 부담해야 할 연간 세금총액에 대하여 전문가만큼의 예측능력을 지니거나 관심을 기울이고 있다.

세무에 대한 기본적인 사항을 논하기에 앞서 본 Lesson에서 설명하고자 하는 사항으로 '세금의 종류와 구분' 그리고 '절세와 탈세'에 대한 기본적인 소개가 있다. 이는 외워야 하는 사항이 아닌 '한 번 보는' 것으로 그 목적을 충분히 달성할 수 있는 사항으로, '세금의 방대함'과 '절세'에 대한 기본적인 이해를 돕기 위한 통과의례라고 생각하기를 바라는 바이다.

〈표 3-1〉: 세금의 종류와 구분

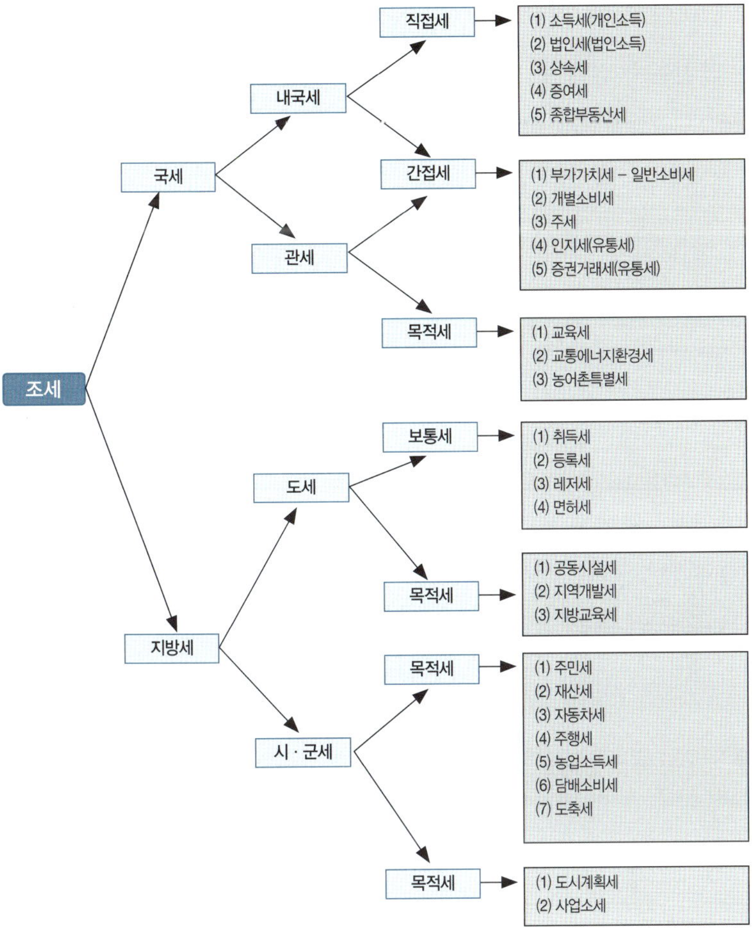

〈표 3-1〉을 보면 세금의 종류와 그 구분만 해도 실로 엄청나다는 것을 알 수 있다. 사실 대한민국의 그 어떤 전문가도 상기의 모든 내용을 대변할 수는 없다. 세법의 전체 항목 중 일부분에만 그 전문성이 국한될 뿐이다. 그만큼 세금에 대한 지식적 범위는 방대하다.

기업을 하는 경영자의 입장에서만 본다면, 상기의 내역 중 필수적으로 알아야 할 분야는 극히 제한적이다. 물론 그 분야만 해도 실로 엄청난 양임을 부인할 수 없으나, 전체에 비하면 적다는 것이다. 본 Lesson에서는 필요한 사항만 후술하여 설명하도록 하겠다.

다음으로 알아야 할 기본적인 사항으로 '절세'와 '탈세'에 대한 개념이다. 많은 경영자들이 흔히 하는 개념적인 실수가 바로 '절세'와 '탈세'에 대한 경계선에 대한 인식의 오류이다. 즉, 절세라고 행해진 결과가 사실은 '탈세'로 이어져 자신도 모르는 사이에 '범법자'가 되는 사항이 심심치 않게 발생하는 것이다. 절세를 제대로 하기 위해서는 반드시 세법에 '정통'해야 한다. '세법'을 제대로 모르는 상태에서 '직관'에 의해 수행된 '절세를 위한 행위'는 '탈세'로 이어질 가능성이 높으며, 이는 심하면 '형사처벌'로까지 이어질 수 있다는 점을 명심하여야 할 것이다. 절세와 탈세에 대한 기본적인 사항을 설명하면 다음 페이지 〈표 3-2〉와 같다.

〈표 3-2〉 : 절세와 탈세의 차이

구 분	절 세	탈 세
개 념	• 세법이 허용하는 범위 내에서 합법적, 합리적으로 세금을 줄이는 행위	• 고의로 사실을 왜곡하는 등(오류로 인한 사실 왜곡도 포함 됨) 불법적인 방법으로 세금을 줄이는 행위
방 법	• 증빙자료의 철저한 수집과 정확한 기장 • 세법상 조세지원제도의 충분한 활용 • 세법이 정하는 의무사항의 철저한 이행	• 수입금액 누락 • 가공경비의 계상 • 허위서류의 작성 및 위조 • 명의 위장
결 과	• 조세의 절약	• 조세범 처벌법에 의한 처벌 • 가산세, 벌과금 등의 경제적인 부담 과중

철저히 지식에 기반하지 않은 어설픈 절세 추구 행위는 '탈세'로 이어질 수 있다는 점에 바로 세법의 어려움이 있다. 그래서 더욱 절세를 목적으로 한 행위는 '지식과 경험'에 기반해야만 하는 것이다.

이제 지금까지 설명한 내용을 기반으로 하여, 다음 절(節)에서 경영자가 알아야 할 세무지식에 대하여 간략히 설명하고자 한다.

(2) 주요 세법에 대한 개략적인 이해

본 節(절)에서는 기업을 경영하는 경영자의 입장에서 '관리자'로서의 '식견'을 갖추기 위한 '세무지식'에 대하여 설명하고자 한다. 이에 대한 전체적인 틀을 제시하면 아래와 같다.

〈그림 3-37〉 : 경영자가 알아야 할 세무의 범위

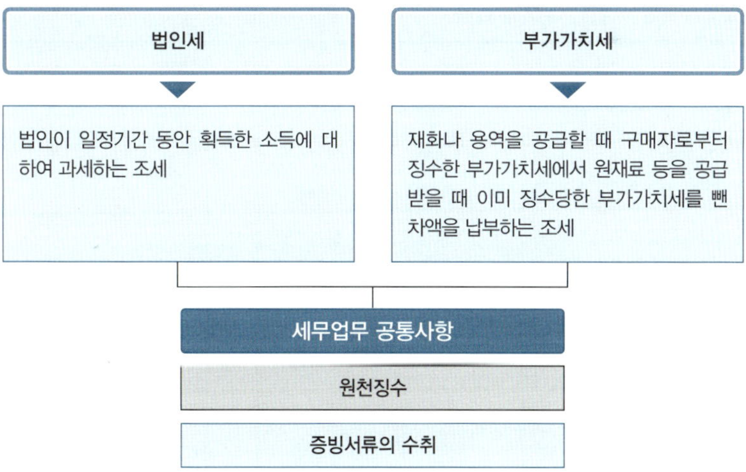

〈그림 3-37〉에서 열거하는 두 가지 세법 즉, 법인세 및 부가가치세에 대한 개념의 정립과 이러한 업무에 근간이 되는 원천징수 및 증빙서류의 수취에 대한 개념 정도가 경영자가 알아야 할 주요한 세법의 체계라 할 수 있겠다. 이제 개념적 수준에서 이에 대한 사항을 알아보도록 하자. 한 가지 당부할 사항은 세법에서 쓰는 용어나 개념은 워낙 생소한 것들이 많아서 한번에 이해하고 습득하는 것은 상당히 어려운 일이기에 가벼운 마음으로 아래의 내용을 읽어 나가되, 잘 이해가 안되는 부분은 점차적으로 이해하겠다는 여유를 가지는 것이 필요하다는 점이다.

1. 법인세

법인세의 개념은 '법인이 일정기간 동안 획득한 소득에 대하여 과세하는 조세'다. 법인세에 대한 기본적인 체계를 설명하면 아래와 같다.

〈그림 3-38〉 : 법인세 이해 체계

과세표준 및 세액의 계산	신고납부 절차의 이해	소득의 처분
•회계상 당기순이익을 세무상 과세표준으로 전환하는 내역의 이해 •소득공제, 비과세소득, 이월결손금에 대한 이해 •공제감면세액과 과세소득에 대한 이해 •결정세액에 대한 개념과 중간예납/수시부과/원천납부 세액에 대한 이해 •차감납부세액에 대한 이해	•결산의 확정에 대한 이해 •세무조정에 대한 이해 •과세표준신고 및 세액의 납부 •수정신고 또는 경정청구	•소득처분의 개념에 대한 이해 •소득처분 유형의 이해 • 소득처분의 사후처리

엄청나게 방대한 법인세 체계 내에서 경영자가 알아야 할 최소한의 개념적 내용을 열거하라면 위와 같을 것이다. 우선 법인세 과세표준 및 세액의 계산을 위한 체계에 대하여 알아보자.

〈법인세 계산구조〉

	기업회계상 세전순손익		
+)	익금산입 및 손금불산입	⇨	회계와 세무상 수익과 비용차이 조정
−)	손금산입 및 익금불산입	⇨	회계와 세무상 비용과 수익차이 조정
=)	각사업연도 소득		
−)	이월결손금	⇨	과거 세무상 결손금의 차감
−)	비과세소득	⇨	세무상 비과세 소득의 차감
−)	소득공제	⇨	소득의 일정부분의 공제
=)	과세표준		
X)	세율	⇨	과세표준에 따라 10~22%로 차등
=)	산출세액		
−)	공제 및 감면세액	⇨	세액의 공제 또는 감면
+)	가산세	⇨	벌과금 성격, 세금의 일정비율 추가 과세
=)	결정세액	⇨	당기에 계산된 총 법인세액
−)	중간예납세액, 수시부과세액, 원천납부세액	⇨	회계 기간 중 선납부분의 성격
+)	감면분 추가납부세액	⇨	旣 감면받은 세액에 대하여 추가로 납부
=)	차감납부세액	⇨	회계 기간 말 현재 납부하여야 할 법인세액

위 법인세 계산구조(일반적으로 위와 같은 계산구조에 따라 세무처리를 수행하는 과정을 '세무조정' 이라 한다)를 보면 법인세법상 '결정세액'의 산

출을 위해선 상당히 많은 절차가 필요함을 알 수 있다. 여기서 일단 알아야 할 한 가지 사항은 우리나라의 법인세 계산구조는 '각 사업연도소득'을 세무회계를 통해 직접 구하는 방식이 아닌 '기업회계상 세전순손익에 세법상 인정여부에 따라 수익과 비용을 차가감'하는 '간접법'의 방식을 유지하고 있다는 점이다. 이러한 이유로 '회계상의 분식'은 세법상의 불이익을 가져올 수 있음을 이해할 수 있다.

법인세법을 막상 공부하고자 할 때 어려운 이유는 위 개별 항목상 내용의 방대함에 있다. 예를 들어 회계상은 매출 또는 수익이 아니나 세무상은 수익인 항목에 대하여 조정하는 '익금산입 및 손금불산입(익금(益金)이란 금액을 가산하란 의미이며 손금(損金)이란 금액을 차감하란 의미이다)'의 항목을 이해하고 실무에 적용하기 위해선 상당한 정도의 공부가 필요한데, 그 이유는 첫째 그 항목이 많기 때문이며, 둘째 그 내용의 이해를 위해서는 회계 및 세무적인 Mind가 정립되어야 하기 때문이다. 본 저자의 생각으로는 경영자의 입장이라면 위에 나열된 법인세법상 계산구조만 이해하는 것으로도 충분하리라 보기에 그에 대한 추가 설명은 이 책에서는 하지 않기로 하겠다.

다음으로 이해해야 할 사항으로 법인세의 신고 및 납부에 대한 절차이다.

〈법인세 신고 및 납부 절차〉

결산확정	•기업회계기준에 따라 재무제표 작성 •상법절차에 의한 주주총회의 승인
세무조정	•위 '법인세법 계산구조'에 열거된 바에 따라 세무조정 수행
과세표준 신고및 납부	•재무상태표, 손익계산서, 이익잉여금처분계산서 또는 결손금처리계산서, 세무조정계산서 및 기타 부속서류 첨부
만약, 旣 신고내역에 누락 혹은 오류사항이 있는 경우 수정신고 등이 필요함	
신고내용 변경신고	•증액수정신고 : 납세액 등을 증액하는 경우로 관할세무서장의 경정통지 전까지 •감액경정청구 : 납세액 등을 감액하는 경우로 신고기한 경과 후 5년 내

상기의 과정에 따라 기업은 법인세를 신고 및 납부하되 반드시 그 기간(즉 신고기간과 납부기간)을 준수해야 한다는 점에 유의하여야 한다. 일반적으로 신고 및 납부기한은 사업연도 종료일이 속하는 달의 말일부터 3월 내(일반적으로 12월 말 법인의 경우 익년도 3월 말이 됨)에 신고 및 납부를 해야 한다. 다만, 납부할 세액이 1천만 원을 초과하는 경우에는 그 초과금액(2천만 원 초과시 50% 이하 금액을 1월(중소기업의 경우 2월)이내에 납부할 수 있으니(즉 '분납'할 수 있다) 이를 참조하기 바란다.

마지막으로 법인세에 대하여 알아야 할 사항으로 '소득처분'이라는 개념이 있다. 이는 비단 법인세 관점뿐만이 아닌 일반적으로 기업의 대주주이자 대표이사인 '경영자'의 개인소득세와도 관련이 있는 항목인 만큼 그 이해가 필요하다고 하겠다.

〈그림 3-39〉 : 소득처분의 이해

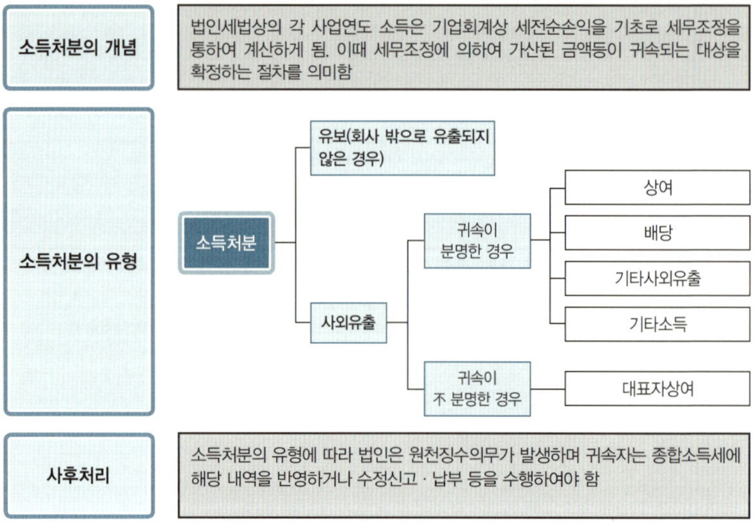

소득처분의 개념을 가장 쉽게 이해하는 방법은 '세무상 인정하지 않는 비용에 대하여 누군가가 가져갔으며, 그 '가져간' 몫에 대하여 과세하기 위하여 가져간 사람 등을 정의하는 것'으로 이해하는 것이다.

실무에서 가장 많이 접하는 사례이자 동시에 경영자를 가장 당혹하게 하는 사례 중의 하나가 바로 '증빙불비 비용에 대한 대표자 상여 소득처분'이다. 위 그림에서 보듯, 과세당국은 귀속이 불분명한 세무상 익금가산 항목에 대하여 '대표자상여'처분을 하는데, 예를 들어 법인이 증빙이 없는 비용 5천만원을 회계상 비용으로 계상하였고, 과세당국은 이를 발견하였을때, 해당 비용은 실질이 어떻든 일단 '경영자, 즉 대표자'가 가져간 것으로 간주하겠다는 것이다. 이럴 경우 대표이사는 5천만 원에 대한 소득세를 추가 납부하여야 하며, 법인은 이에 대한 원천징수 의무를 지는 것이다.

중소기업 혹은 소기업의 경우 인건비 절약 등을 이유로 회계장부의 기장 업무를 외부 회계사무소에 위탁하는 경우가 많으며, 이익이 많이 나는 경우 해당 기장대리업체에 법인세 절감 등을 위한 회계처리를 부탁하는 경우가 있는데, 이러한 경우 가장 많이 쓰이는 방법 중의 하나가 바로 '가공경비, 즉 증빙불비 비용'의 계상이다. 명심해야 할 바는 이러한 처리는 '언젠가는 대부분 대표이사의 개인 부담으로 전환'된다는 점이다.

여기까지 법인세법에 대한 개략적인 사항만 알아보았다. 이제 다음으로 부가가치세에 대하여 알아보도록 하자.

2. 부가가치세

부가가치세의 경우 그 '개념과 신고납부기간, 납부세액의 계산 흐름도' 정도만 이해해도 무방하리라 판단된다.

우선 부가가치세의 개념은 아래와 같다.

- 기업이 재화나 용역을 공급할 때 구매자로부터 징수한 부가가치세에서 원재료나 상품 등을 공급받을 때 이미 징수당한 부가가치세를 뺀 차액을 납부하는 제도로서 유통과정에서 생긴 부가가치에 대하여 최종소비자가 부담하는 일반 소비세

즉, 부가가치세의 부담자는 '최종소비자'로서, 기업이 영업활동을 영

위하는 과정에서 생긴 소득에 대하여 부담하는 법인세 등과는 그 성격을 완전히 달리한다고 할 수 있다.

또한 부가가치세는 법인세나 소득세 등과는 달리 1년에 4번 신고 및 납부를 해야 한다. 이에 대한 부가가치세의 신고 · 납부기간을 살펴보면 아래와 같다.

〈부가가치세 신고 · 납부기간〉

구분	제1기		제2기	
	신고대상	신고기간	신고대상	신고기간
예정신고	1.1~3.31 사업실적	4.1~4.25	7.1~9.30 사업실적	10.1~10.25
확정신고	1.1~1.25	7.1~7.25	10.1~12.31 사업실적	다음 해 1.1~1.25

다른 세법과 달리 부가가치세만 1년에 4번 신고 납부하는 이유는 아마도 세수의 조기확보를 위한 정책 때문이 아닐까 생각된다.

다음으로 알아야 할 사항은 부가가치세의 계산구조이다.

〈부가가치세 계산구조〉

매출세액	**공급가액 X 10%**
(–)	(–)
매입세액	세금계산서 수취분 매입세액 (+) 기타공제 매입세액 – 신용카드 매출전표수취명세서 제출 분 – 의제매입세액 – 재활용폐자원 등 매입세액 – 재고매입세액 – 변제 대손세액 (–) 공제받지 못할 매입세액 – 공통매입세액 면세 사업분 – 대손처분받은 세액
(–)	
경감공제세액	– 전자신고세액공제 – 성실신고사업자세액공제 – 예정고지세액, 예정신고 미환급세액
(+)	
가산세	
(=)	
납부할 세액	

위 그림에서 보듯 부가가치세의 기본 계산구조는 '매출세액에서 매입세액'을 차감하는 것에 있다. 만약 매출세액과 매입세액이 같은 경우라면, 즉 부가가치세 과세대상 매출액과 매입액이 같은 경우라면 해당 기업은 부가가치세에 대한 추가 부담이 없을 것이다. 또한 기업이 최종소비자가 아닌 이상, 세법의 기본 논리에 따른 다면 부가가치세를 원인으로 하여 기업에 부가가치세에 대한 세무상 문제가 생기거나 세부담이 있어서는 안되리라 판단된다. 하지만 실무에서는 그렇지가 않다. 왜 그런 걸까?

실무상으로 부가가치세가 문제가 되는 이유는 세상의 많은 거래 중

'어느 거래가 부가가치세 과세대상이며 어느 거래는 아닌지' 그 해당여부를 판단하기 어려운 것에 있다. 즉, 세무체계가 어려운 것이 아닌 매일매일 새로운 거래형태가 생겨나는 바, 그 실무상의 적용이 어려운 것에 부가가치세의 난해함의 원인이 있다고 할 수 있는 것이다. 실제로 많은 과세당국이 수행하는 많은 세무조사과정에서 부가가치세가 그 적출대상이 되고 있음을 경영자는 주의할 필요가 있다. 매출세액의 과소계상, 매입세액의 과대계상 및 잘못된 부가가치세의 실무상 적용이 실제로 기업에 엄청난 세무상 부담을 가중하고 있음을 경영자는 주지하여야 한다.

이상으로 부가가치세에 대하여 개략적으로 알아보았다. 이제 다음 항목으로 원천징수와 증빙서류의 수취 등에 대하여 알아보도록 하자.

(3) 원천징수와 증빙서류의 수취

기업이 납세의무를 성실히 수행하기 위해선 '원천징수'와 '증빙서류의 수취'라는 두 가지 항목을 이행하여야 한다. 이는 세무행위가 단순히 단일의 기업과 과세당국의 '1:1'대응이 아니라 과세당국은 일시에 많은 법인과 기업을 상대로 징세행위를 해야 하기에 그 편의성과 투명성을 효율적으로 이행하기 위한 과세당국에 대한 일종의 기업의 '조세협력'으로 볼 수도 있다. 하지만 이는 협력이지만 동시에 의무이기도 하기에 기업이 세무상 불이익을 당하지 않기 위해선 적절한 이해가 필요하다고 하겠다.

우선 아래 그림을 통해 원천징수의 개념에 대하여 알아보자.

〈그림 3-40〉 : 원천징수의 개념과 체계

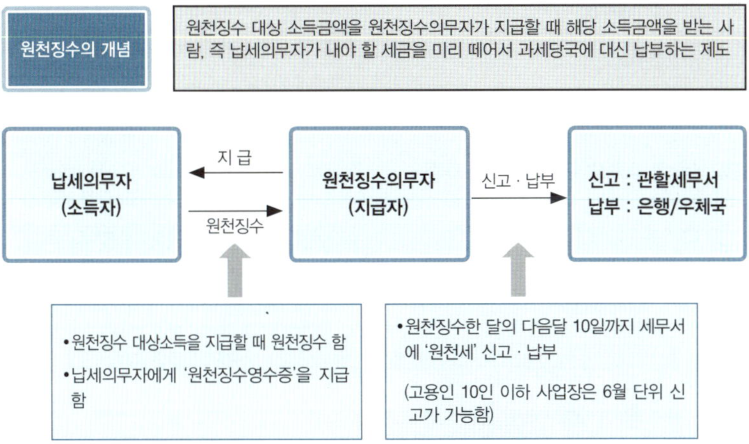

〈그림 3-40〉의 내용에 더하여 추가로 설명할 사항으로 원천징수의 '대상소득과 방법'이 있다.

〈원천징수의 대상 및 방법〉

대상소득	원천징수 방법
근로소득	매월 급여(상여금 포함)를 지급할 때마다 "간이세액표"에 의해 원천징수한 후 다음연도 2월분 급여지급 시 근로소득자의 각종 공제내역을 제출받아 정산함
퇴직 이자 배당 기타 사업소득	대상 소득금액 또는 수입금액을 지급하는 때에 해당 소득의 원천징수 세율에 의해 원천징수 함

다음에 알아볼 항목은 '증빙서류의 수취'에 대한 사항이다. 이 역시 과세당국에 대한 법인의 납세 '협력'이자 '의무'이다. 또한 이는 해당 기업에 있어 절세를 추구하거나 혹은 부당한 과세를 피하기 위한 필수 절차라고 이해해도 무방할 듯 하다. 다음은 증빙서류의 수취와 관련하여 주요한 사항이다.

〈증빙서류의 수취와 관련한 주요 사항〉

① 다음의 거래에 대하혀는 신용카드매출전표, 세금계산서 또는 계산서(정규영수증)를 수취하여 이를 5년간 보관하여야 한다.

- 사업자로부터 건당 거래금액이 3만 원(2009년 1월 1일 이후 1만 원) 초과하는 재화 또는 용역을 공급받고 그 대가를 지급한 경우
- 1회의 접대에 지출한 비용이 5만 원을 초과하는 경우
  (예외사항 : 손금에 산입하지 않은 접대비, 농어민(법인제외)으로부터 직접 공급받는 경우)

② 상기의 지출증빙서류 등을 수취하지 아니한 경우

- 일반적인 재화 또는 용역거래의 경우
  : 거래금액의 2%를 가산세로서 납부
- 접대비의 경우
  : 한도와 관계없이 손금에 산입할 수 없음

지금까지 경영자가 가져야 할 세무에 대한 인식과 최소한의 지식에 대하여 알아보았다. 세무는 기업회계와 더불어 기업의 재무제표를 외부에 공표하는 기준점이다. 그러기에 사실만을 담아야 하며 임의적인 왜곡은 용납되어서는 안된다. 동시에 올바른 세무에 대한 지식과 경험은 경영자의 부를 지켜주는 중요한 사항임을 잊어서는 안될 것이다.

Ⅳ. 경영도구로서의 회계에 대한 이해

여기까지 경영자가 알아야 할 회계와 세무에 대한 사항을 알아보았다. 회계는 관리적 도구로서 뿐만이 아닌 전략적인 도구로서도 쓰여야 한다. 물론 이는 앞에서 논의한 '원가회계'에 해당하는 사항이겠지만, '회계'라는 큰 틀에서 본다면 '재무회계'와 '원가회계' 그리고 '세무회계'를 동시에 이해하는 경우 경영자 입장에서 느낄 수 있는 시너지효과는 더 크다고 할 수 있겠다. 다음 페이지의 〈그림 3-41〉은 경영도구로서 회계와 세무를 활용할 수 있도록 하기 위한 '전략적 정보로서의 회계'에 대한 개념도이다. 또한 이는 '선진경영기법'을 위한 초석이 될 수 있음을 이해하여야 할 것이다. 다만, 〈그림 3-41〉 중 이 책에서 설명되지 아니한 주제 등은 독자께서 간략하게라도 별도로 공부할 수 있기를 권장하는 바이다.

"진정한 경영전략은 회계를 반영하여야만 현실성을 부여 받을 수 있다."

〈그림 3-41〉: 경영전략 도구로서의 회계

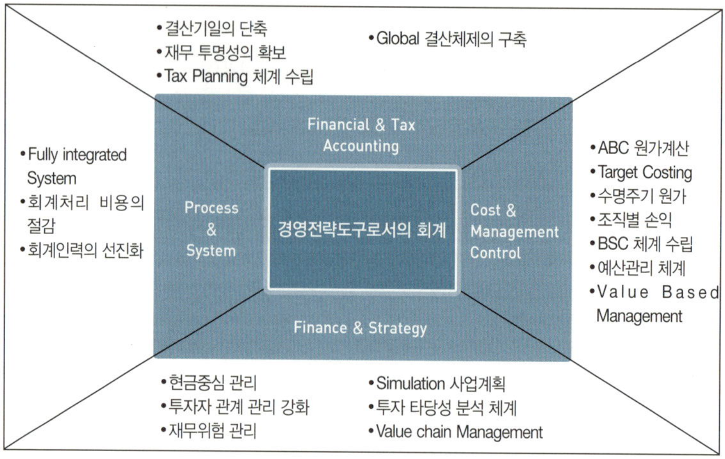

사실 위 그림상에 나눠진 4가지 Sector는 상당히 임의적인 것이라 할 수 있다. 왜냐하면 위에 열거된 항목들은 상호 연결되었거나 선 · 후 관계가 필요한 항목들이라 할 수 있기 때문이다. 예를 들면 'Process & System'상의 'Fully integrated System'이 선행되어야 'Financial & Tax Accounting'상의 '결산기일 단축'이 가능한 것처럼 말이다. 즉 상기 그림상의 모든 영역들을 단편적으로 이해해서는 그 참된 목적을 달성할 수 없을 것이다. 그러기에 경영혁신이나 전략은 언제나 단계적인 접근법이 필요하다고 할 수 있으며, 또한 위 그림상의 모든 것을 각각의 기업에 적용할 순 없기에 순차적이며 선택적인 접근방안이 필요한 것이다.

〈그림 3–41〉에 대하여 경영자가 인식해 할 한 가지는 기업의 혁신을 가져올 수 있는 많은 '회계적 기법'이 존재한다는 것과, 그러한 기법을 적용할 때 그 유효성을 증가시키기 위해선 경영자 스스로가 각 기법의 의미를 이해하고 항상 혁신의 앞에 설 수 있는 자세를 견지할 수 있도록 해야 한다는 것이다.

이 Lesson의 마지막으로 다시 한번 강조하고 싶은 사항은 엔지니어출신 경영자 일수록 회계에 대한 이해가 필요하다는 사항이다. 한 예를 들어보자. 지난 2003년 말 11달러에 달하던 D램의 가격이 3달러 밑으로 떨어진 적이 있다. 이때, 오직 한 기업만이 실제로 3달러 밑의 원가를 유지하고 있었고, 그러할 수 있었던 이유가 바로 엔지니어들의 원가에 대한 인식이 타 기업에 비해 남달랐음에 있다고 한다. 물론 이러한 원가 우위로 인해 현재까지 그 기업은 D램의 혹독한 시장에서 강자로 군림하고 있다.

경영자이기에 회계를 알아야 한다. 원가회계를 알아야 하고 재무회계를 알아야 한다. 내가 가진 기술이 진정으로 회계학적으로 의미가 있는지 파악할 수 있어야 한다. 회계학적으로 의미 있는 기술만이 경제적으로 의미가 있다. 쉽게 말해 내가 가진 기술이 '돈'이 될 수 있는지 파악하기 위해선, 반드시 회계를 알아야 한다.

그래서 '엔지니어' 출신 경영자일수록 회계를 알아야 하는 것이다. 본 Lesson을 통해서 회계에 대한 기본적인 사항을 이해하고, 각각의 기업에 필요한 회계적 지식을 쌓을 수 있는 계기를 마련하길 바라는 바이다.

Lesson 12

ERP 그리고 경영계획

"바야흐로 속도의 시대이다.
이제 기업의 생존은 누가 더 빨리 정확한 근거하에
합리적인 의사결정을 내리느냐에 달려있다고 해도 과언이 아닐 것이다.
기업의 정보화는 그래서 중요하다."

I. 개요

20세기에 열린 '정보화 혁명'은 19세기의 '산업화 혁명' 만큼 세상의 많은 변화를 가져다 주었다. 특히 '시간'이라는 절대적인 물리법칙을 흔들어 놓을 만큼, 정보화는 경영적인 측면에 있어 모든 것을 빠르고 정확하게 바꾸어 놓았다. 결국 산업화와 정보화는 비즈니스 자체와 그와 연관된 것들의 '변화'의 속도를 빠르게 바꾸어 놓았고, 이에 따라 경영을 위한 전략이나 방향도 혁신적이지 않으면 살아남을 수 없는 것이 현실의 경영환경이라고 할 수 있다. 아래의 그림을 보면 19세기 이후, 비즈니스 영역에서의 '변화시간의 감소'에 대하여 이해할 수 있다.

〈그림 3-42〉 : 변화시간의 감소

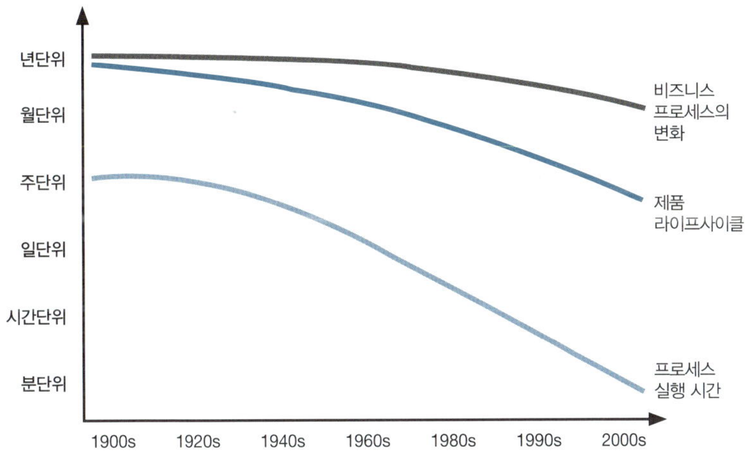

〈Source : Gartner〉

〈그림 3-42〉와 같이, 비즈니스의 변화속도가 빨라진 것에 적응하는 가장 좋은 방법은 기업의 경영에 대한 속도, 즉 의사결정과 전략적 사고 등의 속도가 빨라지는 것이다. 이러한 것에 대한 인식은 모 기업에서 수행한 ' 다음 중 귀사의 장기적 가치 창출을 위한 최대의 경영과제는 무엇입니까?라는 내용의 설문을 통하여도 알 수 있다.

〈장기적 경영과제에 대한 설문 결과〉

	1	2	3
변화에 대한 적응성	36%	16%	15%
혁신의 스피드	11%	20%	5%
비용통제	9%	11%	15%
신흥 시장에서의 성장 기회 활용	12%	14%	17%
고객 확보/유지	10%	11%	14%
기술에 대한 투자 회수	7%	7%	5%
인적 자원 관리	15%	20%	25%
기업지배구조 요건 준수	0%	1%	5%

*1번 부터 중요도 순서로 나열한 것임

상기 설문의 결과가 말해주 듯, 경영자 역시 현시대 경영에 있어 가치 창출을 위해 가장 필요한 과제가 '변화에 대한 민첩한 적응성', 즉 변화에 대한 대응 '속도'에 있다고 인식하고 있다. 그렇다면 이러한 '속도'를 보강하기 위한 최선의 방안은 무엇일까? 아마도 '① 기업의 전산화를 통한 자원관리와 ② 기업의 정보를 통한 전략적 의사결정 구조의 구축'이 그 답이 될 것이다.

기업의 전산화를 통한 자원관리 시스템을 우리는 흔히 ERP(Enterprise Resource Planning, 전사적 자원 관리)라 한다. 사실 ERP는 1990년대 중반까지만 해도 '대기업'에서나 볼 수 있었던 시스템이었다. 그러나 컴퓨터의 폭발적인 보급에 맞추어 정보화가 급격히 진전되며, 이제는 중견기업 혹은 중소기업에서도 흔하게 볼 수 있는 비교적 대중적인 '경영정보시스템'이 되고 있다. 여기에 더하여 최근 일부 대기업에서는 이러한 정보화를 바탕으로 신속한 경영계획을 세우고, 또는 이러한 경영계획 기반을 바탕으로 미래의 여러 가지 상황을 가정하고 각 상황별 경영계획을 수립하여, 위험을 감소하고 이익을 극대화하고자 하는 '시나리오 경영' 환경을 구비하고 있다.

본 Lesson에서는 위에서 설명한 'speed 경영'의 중요성을 인지하고 있다는 전제하에, 중소기업의 경영자 입장에서 인지하고 있어야 할 '기업의 정보화'에 대한 설명을 하고자 한다. 우선 중소기업입장에서 ERP가 왜 필요하고, 어떻게 하면 성공적으로 ERP의 환경을 구비할 수 있을지에 대하여 '경영자'의 관점에서 필요한 사항에 대하여 설명하고자 한다. 또한 정보화가 바탕이 된 '경영계획, 더 나아가 시나리오 경영'에 대하여 설명하여 경영자 입장에서 전략적 정보시스템을 이해할 수 있는 기반을 마련하고자 한다.

II. ERP 도입과 관련하여 경영자가 알아야 할 사항

(1) 중소·중견 기업의 ERP 도입의 당위성

중소기업의 ERP 도입 당위성의 설명에 앞서, ERP의 기능적 개념에 대하여 보다 자세히 설명하면 아래 그림과 같을 것이다.

〈그림 3-43〉: ERP의 기능적 개념圖

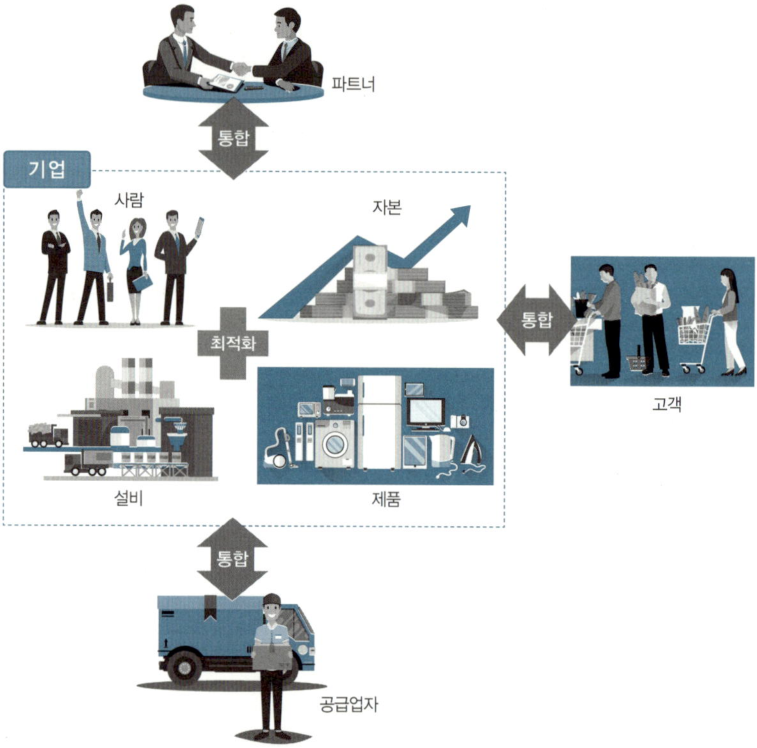

ERP란 결국 기업내의 자원(사람, 자본, 기계설비 및 생산품)의 조합을 최적화하고, 밖으로는 비즈니스 관계자들과 업무프로세스를 가장 효율적으로 통합하는 기능을 가진 '자원관리'를 위한 IT(정보기술) Tool(도구)이다. 하지만 이는 단순한 Tool로 보기엔 그 기능적 범위가 넓기에, ERP를 통하여 업무를 개선하고, 혁신하도록 늘 개선되어 왔다. 이러한 관점에서 ERP는 PI(Process Innovation:프로세스 혁신)를 완성하는 프로세스 지향의 시스템으로 완성되어져 가고 있으며, 최근에는 그 영역을 점점 넓

히고 있다.

'경영의 합리화'라는 목적에서 본다면, ERP의 도입은 사실 선택이 아닌 필수이다. 보다 적은 인력으로 보다 다양한 업무를 수행해야 하는 중소기업의 경우는 더욱 그러하다고 하겠다. 이러한 필요성의 인지 하에, 과거 몇 년간 중소기업의 경쟁력 강화를 위해 정부차원에서 기업의 정보화를 위한 다양한 지원책을 내놓았다. 하지만 이상하게도 중소기업으로 갈수록 기업의 정보화 혹은 ERP의 기능적 필요성에 대하여 많은 CEO들이 그 중요성을 절실히 인정하고 있진 않는 듯 하다.

중소기업에서 ERP의 도입을 위한 의사결정과정을 보면 정부차원에서의 지원, 그 지원범위 내에서의 ERP도입가능성, 그리고 다른 기업도 하니 나도 해보자는 식의 접근이 많은 것이 현실이다. 하지만 이러한 목적의식의 구체화가 결여된 ERP의 도입이 성공적이 될 지는 과연 의문이 많이 드는 바이다. 따라서 먼저 중소기업이 왜 ERP 등을 필두로 하는 정보화를 해야 하는가에 대한 CEO의 인식이 가장 중요하다고 판단되어 이 점을 정리해 보고자 한다.

〈중소기업의 ERP 도입 필요성〉

	변화에 대한 적응성	변화에 대한 적응성
1	대기업에 비하여 작은 규모, 작은 규모의 특질을 가장 잘 활용하여 경쟁력을 강화하는 가장 좋은 방법은 민첩함에 있음	ERP를 통해 정보의 신속성 확보 가능
2	대기업 대비 부족한 역량. 상대적으로 적은 인원이 다양한 일을 수행하여야 함	PI(*)가 바탕이 된 ERP는 업무의 혁신을 가능하게 함
3	대기업에 비해 높은 이직율. 이로 인한 업무 연속성의 저해	ERP를 통한 업무의 표준화는 DATA확보의 수준을 높이고 업무의 이관을 보다 쉽게 할 수 있음
4	대다수 대기업의 ERP 도입으로 인하여 외부 거래처까지 SCM(⁑)의 범위를 넓혀 가고 있음	ERP를 통하여 B2B 또는 B2C 환경에서 시스템을 통하여 외부와 거래할 수 있는 기반 마련이 가능 함

(*) PI : Process Innovation : 업무혁신

(⁑) (주)SCM(Supply Chain Management) : 공급망 관리라고 하며, 제품의 생산과 유통 과정을 하나의 통합망으로 관리하는 경영전략시스템에 해당함.

상기의 설명을 본다면 오히려 '중소기업' 이기 때문에 ERP의 도입이 절실하다고도 이해할 수 있겠다. 정보에 대한 민첩한 반응의 필요성, 대기업 대비 부족한 개개인의 역량과 그럼에도 불구하고 보다 다양한 일을 해야 함에 생기는 잦은 병목현상의 발생, 높은 이직율로 인한 업무 표준화의 필요성, 대기업 Vendor로서 대응해야 하는 시스템 구비의 필요성 등, 중소기업이기 때문에 오히려 ERP의 도입이 절실하다고 이해할 수 있겠다.

위에 설명한 사항이 ERP 도입을 위해 경영자가 인지해야 할 최소한의 '정성적 효과에 대한 기대사항'이라면, 성공적인 ERP 도입을 통한 정량적 기대효과도 알아볼 필요가 있다.

〈ERP 도입을 통한 정량적 기대효과〉

기대효과	실제 효과 요약
재고 감소	10~40%
노동 생산성 향상	25~30%
매출 및 수익 증가	50%
결산일정 단축	19~40%
생산성 향상	5~12%
구매비용 감소	29%
Process Cycle Time 감소	50%

〈Global 1,480개 ERP 도입사 설문조사 결과〉

정리하면 ERP 도입을 통하여 중소기업이기 때문에 가질 수 밖에 없는 약점의 극복이 가능할 수 있으며, 동시에 재고감소 등의 정량적 효과도 기대할 수 있어, 궁극적으로 수익성 향상과 경쟁력 향상에 이바지 할 수 있다는 결론에 도달하게 된다.

하지만 실상을 보면, 많은 중소기업들이 ERP 도입에 실패하거나 혹은 도입한다 해도 위와 같은 기대효과를 경험하지 못하고 있다. 세상 모든 일이 그렇듯, 실패요인을 제거하지 않으면 결코 성공할 수 없다. ERP 도입에 있어서도 마찬가지다. 이러한 인지 하에 다음 절에서는 ERP 도입의 기본 목적을 달성을 어렵게 하고 있는 중소기업의 현실적 제약 사항을 알아보도록 하자.

(2) ERP 도입 실패 요인

다음은 국내의 한 기관에서 수행한 ERP 도입시 애로사항에 대한 설문 결과이다.

〈ERP 도입시 애로사항〉

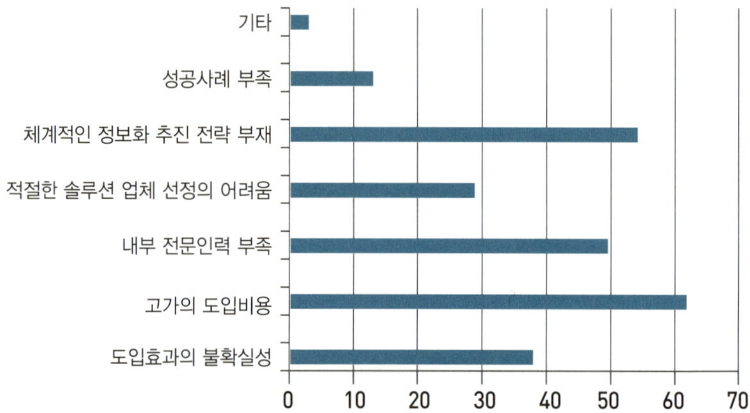

위 그림은 대기업 혹은 중소기업의 구분 없이 기업들이 일반적으로 ERP 도입시 겪는 어려움을 항목화 한 것이다. 그렇다면 똑같은 물음에 대하여 중소기업의 입장이라면 어떠한 결과가 나올까?

중소기업의 입장에서 ERP 도입을 어렵게 하는 요인은 다음 페이지에서 나타난 것과 같이 크게 4가지로 요약할 수 있다.

- ERP구축 프로젝트에 투입할 가용 인력자원의 부족
- 조직 내부 인력의 역량의 미흡

- 비체계적인 조직 운영
- 저 예산

위 사항을 본다면 대기업이든 중소기업이든 그 실패요인은 거의 대동소이 하다고 할 수 있다. 거꾸로 말하면 중소기업이라고 해서 특별히 더 대기업에 비해 ERP 도입의 실패가능성이 높을 이유는 없다고 판단할 수도 있겠다.

하지만 같은 사항이라 해도 차이점이 있을 수 있다는 점을 이해할 필요는 있다. 예를 들어 'ERP 도입 시 투입할 가용 인력자원의 부족'이라고 할 때 '부족의 정도'가 대기업은 노력하면 극복 가능하지만, 중소기업의 경우 그 극복의 가능성이 현저히 낮을 수 있다. 결국 실패원인이 같다고 해도 그 수준에서 대기업과 중소기업이 차이가 난다고 할 수 있는 것이다.

사실 ERP를 실제로 구축해보면 전혀 예상치도 못했던 어려움을 겪기도 한다. 그러한 이유로 저자가 우선적으로 권장하는 바는 상기와 같은 위험요인들이 ERP 도입 프로젝트의 수행 및 도입 후 성공적인 활용에 어떻게 부정적으로 작용하는지 프로젝트 검토 단계부터 안정화기까지 최대한 상세하게 파악 후 대안을 미리 수립해 보는 것이다.

그렇다면 경영자의 입장에서 ERP의 도입시 인지해야 할 사항은 무엇이 있을까? 중소기업으로 한정한다면, ERP의 도입 각 단계에 최종 업무 승인자의 입장에서 ERP 구축현황의 적절성 여부를 이해할 수 있는 '중요사항의 先 理解(선 이해)' 라고 판단된다.

〈그림 3-44〉 : ERP 구축단계와 단계별 경영자 Check 사항

ERP 구축단계	주요 수행 업무	경영자의 Check 필요 사항
Phase I 프로젝트 준비	• 프로젝트 팀의 편성, 제안업체 평가	• 조직 내부에서 ERP 도입 당위성에 대한 공감대 형성 및 도입 목적, 도입 후 기대효과 등에 대한 정의에 대한 적정성 • 제안 요청 작성 내용의 적정성 • 개별 컨설턴트의 역량 • 실행 계획에 대한 현실성
Phase II 비전 및 전략 수립	• 환경 분석, 상세한 핵심이슈의 파악 • 핵심경영전략의 수립 및 재검토 • Gap 분석을 통한 개선요소의 파악	
Phase III 비즈니스 설계	• 수립된 경영전략과 각 Process별 재설계 방향에 따라 상세설계 실시	• 내부인력과 외부컨설턴트의 협업 상황의 적정성 • 내부인력의 업무 수행 역량
Phase IV 시스템 개발 및 테스트	• 설계된 프로세스에 의한 시스템 매핑 • 모듈테스트, 통합테스트 실시	• 선택된 업무 우선순위의 적정성 • 컨설턴트 제안에 대한 현실성, 효율성 및 효과성의 검토
Phase V 데이터 이관 및 교육	• 데이터 이관, 사용자매뉴얼 작성 • 사용자(현업) 교육	• 실 사용자의 사용만족도 등에 대한 체크
Phase VI 시스템 구동 및 최적화	• 설계된 프로세스의 가동 및 최적화	• 변화관리 수행 내역의 적정성

위 그림에서 보듯, 경영자가 ERP 구축단계에서 Check해야 할 사항은 개별 업무에 대응되는 사항이라기 보다는, 전사적(全社的)인 사항임을 알 수 있다. 좀더 정확히 말하면 대기업에 비해 객관적인 업무규율보다는 인간관계에 많이 의존하는 중소기업에서, 가장 강력한 지배력을 지닌 '경영자'만이 할 수 있는 사항임을 이해할 수 있다.

한가지 예를 들어 보자. ERP구축이 완료된 후(위 그림상의 Phase VI 단계이다), 사실 ERP 구축에 참여하지 않았던 현업 임직원들이 ERP를 사용하게 되면, 상당수의 임직원들이 그때서야 ERP에 대한 현실적인 이해를 하게 되는 상황에 직면하게 된다. 그때 가장 많이 나오는 말들이 '사용하기가 어렵다', '모르겠다', '왜 우리부서만 일이 많은가' 등등의 불만 섞인 말들이다. 이와 동시에 잘못에 대한 책임회피, 핑계, 타부서에 대한 시기 등등 ERP의 안정적인 사용에 저해가 되는 상황이 연출된다. 결국 이러한 사항을 한마디로 말하면 '변화에 대한 저항'이라 할 수 있다. 이 책의 'Chapter 1'의 'Lesson 4' 주제인 '변화관리'를 기억한다면, '변화관리'를 위해 가장 중요한 역할을 할 수 있는 사람은 경영자이다. ERP에서도 마찬가지이다. 최소한 조직 내에 ERP에 의한 운영 및 활용이 고착화되어 임직원들이 습관적으로 움직이기까지 최소 1년 정도가 걸리므로, 경영자가 그 기간 동안 변화관리의 선봉장이 되어야 하는 것이다.

당연한 얘기겠지만, 〈그림 3-34〉에서 제시된 사항들에 대하여 경영자가 올바르게 인지했고, 旣(기) 준비된 자원으로 인식된 부족사항을 채울 수 있다면 ERP 도입의 성공가능성은 상당히 높아질 것이다. 그러나 〈그림 3-34〉에서 지적하는 사항을 기업 내부의 자원으로 해결하기 어려운 것이 현실이라면 어떠한 방안이 제시될 수 있을까? 한정된 인력과 자본 하에서, 경영자는 단지 자원의 제약만을 탓하고 ERP의 도입을 미루거나 실패를 당연시 하여야 할까? 이제 다음 절에서는 ERP 도입의 성공을 위한 일반적인 방안을 알아보고, 특히 중소기업 입장에서 동 주제에 대한 현실적인 고민을 해보도록 하겠다.

(3) 중소기업의 ERP 도입 성공을 위한 방안

ERP의 전문가들이 주장하는 ERP 도입의 '핵심 성공 요인'과 각각의 요인이 결여됐을 때의 문제점을 제시하면 아래와 같다.

〈ERP 도입 핵심 성공 요인〉

변화에 대한 요구	+	비젼의 공유	+	리더십의 발현	+	직원의 참여	+	문화의 수용	+	성과 측정	=	성공적인 변화 (성공적인 도입)
○		●		●		●		●		●	=	행동 유인 실패
●		○		●		●		●		●	=	방향성 상실
●		●		○		●		●		●	=	롤모델의 부재
●		●		●		○		●		●	=	주인의식 부재
●		●		●		●		○		●	=	유지가능성 없음
●		●		●		●		●		○	=	결과가 없음
●		●		●		●		●		●	=	성공적 도입

〈● : 존재 , ○ : 부존재〉

위 그림은 그 논리적 근거나 경험적 결과로 본다면 상당히 설득력이 강한 주장을 담고 있다. 또한 '변화관리'라는 주제를 'ERP 구축'의 관점에서 재해석했다는 점에서도 ERP 구축을 생각하는 경영자라면 반드시 한 번쯤은 인식해야 할 사항이라고 생각된다(실제로 ERP 구축은 조직 및 조직원에게 상당히 많은 변화를 요구하며, 장기적인 측면에서 ERP 구축은 '변화관리'의 방법론을 많이 인용할수록 그 성공가능성이 높다고 할 수 있다).

하지만, 앞 페이지 상의 그림의 요건이 모두 충족된다고 해도 중소기업의 ERP 구축은 또 다른 실패의 위험에 노출되어 있는데, 그 이유는 중소기업의 ERP 구축에서 가장 장애 요소는 '내부역량의 부족'에 있기 때문이다. 기업의 전략적인 방향을 고려하여 요구 조건을 대변하는 역량부터, 예산의 적정성 및 적절한 사용의 판단, 제안 솔루션의 타당성 검증, ERP에 대한 이해 및 도입과정에 대한 적절성, 프로젝트 수행 중 발생하는 이슈 및 대안에 대한 검증과 조기 안정화를 위한 조직운영 등에 대한 역량은, 중소기업의 현실에서 볼 때 결코 단기간에 갖출 수 있는 것이 아니다. 동시에 중소기업에서는 향후 조직 내에 이러한 역량을 가진 사람을 지속적으로 유지해 가기에도 부담이 있는 것이 현실이다.

'내부 역량의 부족'의 관점에서만 본다면 가장 현실적인 대안은 '한시적'으로 외부에서 위에서 언급한 역량을 갖춘 사람을 찾아서 활용하는 방안을 구상해 볼 수 있다. 이러한 관점에서 저자가 생각하는 '외부인력의 한시적 Sourcing'에 대하여 그 가능성과 필요성 등을 정리하면 아래와 같다.

〈ERP 전문인력의 외부 Sourcing에 대한 가능성과 필요성〉

가능성		필요성
국내 ERP 도입 역사가 20년 이상 됨	➡	시장에 경험있는 프리랜서가 다수 존재함. 해당 인력을 ERP 프로젝트의 PM(Project Manager)으로 위임할 수 있음
	➡	시장에 CIO(Chief Information Officer)의 경험이 있는 인력이 존재함. 이러한 사람은 중소기업의 ERP 도입을 위해 지식과 경험면에서 최적의 인력이 될 수 있음

경영자는 ERP 도입을 고려할 때, 반드시 사내에 ERP 구축 시 ERP 솔루션업체에 대항하여 회사의 이익을 대변할 수 있는 지식과 경험을 갖춘 인력이 있는지 고려하여야 한다. 만약 내부에 해당 역량을 갖춘 인력이 없다면 외부에서 한시적으로 사람을 채용하여서라도 ERP의 구축을 성공적으로 수행할 수 있는 방안을 마련하여야 할 것이다. 이러한 구도하에서는 '회사 – 외부전문가 – ERP 솔루션 업체'와의 3자 구도가 되어 상호간에 업무의 완전성에 대한 견제를 할 수 있으며, 결과적으로 업무 완성도를 높일 수 있는 방안이 될 수 있는 것이다.

ERP의 구축 단계 뿐만이 아니라 실질적인 '운영' 단계에서도 중소기업의 경우는 외부인력의 활용을 고민해 보아야 한다. 중소기업에서 ERP전문 운영요원을 상시 조직으로 가지고 가기에는 경제적 부담이 크므로 구축 프로젝트가 끝나고 나면 구축 TFT 인원들은 대부분 현업으로 복귀하는 현상이 발생한다. 이러한 상황에서 가장 효율적인 방안은 단순 IT운영을 위한 담당 인원은 외부에서 조달하거나 외부 업체에 운영을 위탁하되, 구축 시 TFT를 수행했던 임직원 중 가장 두각을 나타낸 임직원을 '변화관리' 담당자로 한시적 재배치하여 ERP의 운영이 성공적으로 안착될 때까지 자리를 만들어 주는 것이 가장 효과적인 방안이라고 할 수 있다.

"ERP의 구축 및 운영에 있어 비용의 최소화와 효과의 최대화를 고려할 때 외부 인력을 활용하는 방안을 충분히 고려해 보아야 한다."

ERP를 도입한다는 것은 상당히 어려운 과제이다. 국내 사례를 보면 많은 기업들이 ERP를 도입하였지만, 프로젝트 수행 자체부터 실패한 기업도 있고, 프로젝트는 성공적으로 종료하였지만 도입의 목적에 맞게 적절한 효과를 얻지 못하고 있는 기업이 많은 것이 현실이다. 이러한 현실을 반면교사로 삼아 경영자는 ERP 도입의 어려움을 강하게 인지하고, 성공적인 ERP 구축을 위한 강한 리더십을 발휘 해야 할 것이다. 더불어 ERP에 대한 올바른 '식견'만이 ERP 구축의 성공을 담보할 수 있다는 점도 다시 한번 생각해 볼 사항이라 판단된다.

여기까지 ERP 도입에 대하여 경영자가 알아야 할 사항을 정리하였다. 이제 다음 節(절)에서는 ERP 도입을 보다 의미 있게 할 주제인 '경영정보를 이용한 경영계획'에 대하여 알아보고자 한다.

III. 경영정보를 이용한 시나리오 경영

(1) 경영정보의 의의와 가치

해마다 11월 정도가 되면, 많은 기업들이 내년도의 '사업계획'을 수립하기 위해 분주한 일정을 보낸다. 그러나 대부분의 경우 익년도의 사업계획이라는 것이, 사실 영업팀의 영업전망을 바탕으로 매출계획에 연동된 예상 손익계산서를 완성하거나, 현금흐름 정도를 추정하는 것이 대부분이다. 하지만 저자의 생각으로, 진정한 사업계획은 향후 예상되는 대외적인 환경의 다양한 시나리오를 가정하여, 내부 자원의 효율화를 최대한 이끌어내는 전사적인 관점과 기업이 예상 가능한 리스크를 항상 수용 가능한 범위로 줄일 수 있는 미래의 경영정책을 포함하여야 한다. 그러나 많은 기업들은 시간부족, 역량부족 혹은 기타 여러 가지 한계상황 등을 이유로 이러한 사업계획, 더 나아가 장 · 단기의 경영계획을 수립하는 것을 포기하고 만다. 그 이유는 무엇일까?

> "사업계획의 진정성을 따져볼 때 우리는 미래 예측치의 다양성에서 야기되는 기업의 위험을 고려해 보지 않을 수 없다. 시나리오 경영이 필요한 이유가 여기에 있다."

앞의 물음에 대한 답을 하기 전에 아래의 사항에 대하여 생각해 보자.

- 중소기업도 장 · 단기의 경영계획이 필요한가? 매출 극대화만 신경 쓰기에도 현실적으로 벅차지 않은가?
- 인력난을 겪는 중소기업에서 어떻게 치밀한 경영계획을 수립할 수 있는가?

경영계획의 필요성을 한마디로 말하면, '미래의 매출은 항상 통제영역 밖에 있다. 때문에 기업이 어떠한 상황에서도 생존할 수 있는 유일한 방법은 환경의 변화에 가장 재빠르게 '대응'하는 것에 있으며, 이를 위한 가장 최선의 방안이 경영계획을 수립하고, 수립한 사항을 실천하되 필요한 경우 다시 재빠른 수정 경영계획을 수립할 수 있는 프로세스를 기업에 내재화 하는 것이다'라고 답할 수 있겠다. 이 문장에 대한 구체적인 내용은 계속되는 설명을 통하여 이해할 수 있을 것이라 판단되며, 본

節(절)의 이해를 바탕으로 위 박스상의 답에 대하여 '경영계획은 필요하다' 이며 '반드시 수립할 수 있어야 한다'라고 답하게 될 것이라 생각한다.

다시 본 주제로 돌아와 보자. 사실 앞 절에서 언급한 'ERP 도입의 정성적 효과(혹은 기대사항)'에서 한 가지 누락된 사항이 있다. 그것은 바로 ERP구축을 통해 '예측 가능한 장기 경영계획의 수립 기반 마련'이 가능하다는 점이다. 앞 문단에 대한 답을 하자면 결국 '기업 내에 기업이 보유한 데이터를 정보화하고, 이를 빠르고 정확하게 사용할 수 있는 근간이 마련되어 있지 않은 경우에는 결코 효과적이고 효율적인 경영계획을 수립할 수 없다'라고 답할 수 있겠다. 이러한 이해를 바탕으로 경영계획, 더 나아가 '경영전략수립' 이라는 관점에서 본 ERP의 도입효과를 다음 페이지상의 표와 같이 주장할 수 있을 것이다.

- 전략적 의사결정 지원시스템 기반 구축
- 예측 가능한 장/단기 경영계획 수립 기반 마련
- 기업 자원에 대한 전사정보의 공유

여기서 우리가 한가지 이해하고 가야할 사항은 '데이터(data)'와 '정보(Information)'의 차이이다. 좀더 정확히 말하면, 우리가 사용하고 있는 전산시스템에서 나오는 여러 가지 사실들이 '데이터'인지 '정보'인지 구분해야 한다는 것이다. ERP를 통해 나오는 사실은 '데이터'일 수도 있고 '정보'일 수도 있는데, 의사결정을 위해서는 여러 사실들을 '정보화'하는 과정이 필요하다고 할 수 있다. 이를 위해서 '데이터'와 '정보'의 차이를 나타내면 아래 그림과 같다.

〈그림 3-45〉 : 데이터와 정보의 차이

데이터(Data)	경영정보(Information)
•재고물량, 회사의 이름, 임금수준 등과 같이 가공되지 않은 있는 그대로의 사실 •그 자체로는 의미가 없으며 이용자의 의도에 맞게 유용한 형태로 전환되어야만 의미를 지님	•데이터에 "목적적합성"(Relevance)이 부가 •프로세스를 통하여 의미, 목적, 유용성 등이 부여 •의사결정을 하는데 유용한 일련의 처리 또는 가공된 데이터

➡ 기업 내에 흩어져 있는 데이터를 정보화 하는 것이 중요한 과제임.
경영 정보화는 후술할 경영계획(시나리오 경영)의 출발점이 됨

결국, 기업 내에 목적성 없이 쌓여 있는 데이터에 '목적성'을 불어넣는 과정을 '정보화'라 할 수 있으며, 이러한 정보화가 올바른 경영계획을 수립할 수 있는 출발점이 될 수 있는 것이다. 그렇다면, 정보화된 데이터의 가치는 구체적으로 어디에서 찾을 수 있을까?

〈그림 3-46〉 : 경영정보의 활용 영역

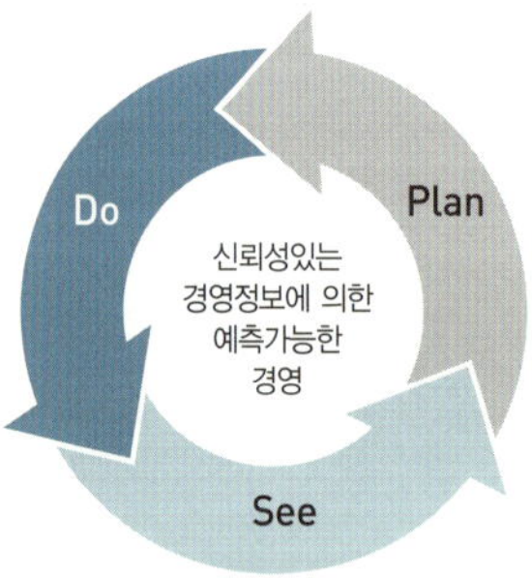

의사결정 지원 정보	다양한 의사결정을 지원할 수 있는 필수적인 의사결정지원정보(사업부별 손익, 자금수지, 공헌이익 등)를 제공
계획에 의한 경영	계획정보를 제공함으로써, 사전에 예측하고 준비할 수 있는 예측경영 가능
시나리오 경영	환율, 이자율, 물가, 원자재 가격 등 다양한 요인의 변경에 따른 시뮬레이션 정보를 제공함으로써, 시나리오별로 다양한 경영전략을 전개
전략적인 원가정보	수주 위한 가격 제안, 제품생산/공장증축/외주가공여부 판단 등 다양한 의사결정을 지원할 수 있는 전략적 원가정보를 통한 전략적 의사결정
적시성 있는 경영정보	중요한 보고서는 Web을 통하여 인터넷 상에서 조회하여 적시성 있는 의사결정 가능 (유비쿼터스)

앞 페이지의 〈그림 3-46〉을 요약하면, 경영정보의 핵심적인 장점은 '적시성과 신뢰성'에 있으며, 이 두가지 특성을 기반으로 다양한 계획을 빠르게 수립할 수 있고, 이를 통하여 미래 여러 가지 상황에 대응 가능한 '시나리오 경영'을 가능하게 한다는 점에 있다고 할 수 있을 것이다.

결국, 경영정보화의 최대의 장점은 빠른 의사결정을 지원함에 있다. 많은 경영자들이 의사결정을 함에 있어 수치화 된 정보로 하는 것이 아닌 '직감'이나 주변 사람들의 '조언'을 바탕으로 하는 경우가 종종 있다. 이러한 이유는 바로 '기업내 자원의 현황을 모르고 미래의 예측이 불가능' 함에 있다. 물론 경영정보화가 모든 것을 100% 해결해 주지는 못하지만 기업내 자원에 대한 정확한 파악을 기반으로 미래에 대응하는 능력을 배양할 수 있다는 점에서 상당히 큰 도움이 되는 것은 부정할 수 없을 것이다. 이제 이러한 기본적인 이해를 바탕으로 경영정보와 경영계획 등에 대하여 좀더 알아보도록 하자.

(2) 경영정보의 수집 및 활용의 현 주소

앞에서 언급된 경영정보의 장점에도 불구하고, 사실 많은 기업들이 많은 원인으로 인해 '경영정보화' 수행을 미루거나, 수행하는 과정에서 실패를 경험한다. 하지만, 결국 정보화가 부재될 경우 여러 가지 문제를 야기하기도 하는데, 정보화의 실패요인과 그에 연계되는 문제들을 살펴보면 아래와 같다.

〈그림 3-47〉 : 경영정보화의 실패요인과 그 결과의 사례

정보화(경영계획 수립)의 일상적인 실패 요인

- 많은 시간의 투입을 요함 – 시간이 많이 걸림
- 여러 부서의, 많은 사람(인력)이 필요 함
- 반복적인 업무가 많음(수작업(엑셀)등에 의한 업무수행)
- 정보화의 완료가 안된 상태에서 환경이 변화 함
- 경영에 직접적인 도움이 안 된다는 시각이 팽배 함
- 많은 변화 요인을 포함하고 있음
- 통제 불가능한 영역이 다수 포함되기도 함(계획 측면)
- 중요하다고 인식되는 사항이 사람마다 같지 않음
- 급변하는 유동적 환경에서 유연하지 않음

정보화의 부재로 인해 야기되는 문제들 사례

- 의사결정을 위한 공헌이익 관리 부재à판매가격 결정을 위한 수주원가 정보의 부재
- 제품별 수익성 정보가 적시에 산출되지 않음
- BoM 관리, 재고수불부 관리가 수행되지 않음
- 자재코드, 제품코드 등의 관리가 수행되지 않음
- 환율, 이자율, 물류비용, 원자재 가격 변동에 따른 예측(시뮬레이션)관리가 되지 않음
- 수율, Loss율 등의 관리가 되지 않음
- 품질통계 또는 품질이력관리가 되지 않음
- 결품율, 작업중단 등 예외 관리가 되지 않음
- 가동율이 정확하게 관리 되지 않음

위에 나온 실패요인은 사실 기업이 수행하는 대다수 '비 영업성 업무'의 실패요인과 비슷할 것이다. 즉, 기업이 수행하는 일중에서 '당장 돈이 되지 않는 일'이라는 기본적인 인식이 있는 경우 대부분의 경우 위와 같은 실패원인을 가지고 있을 것이다. 하지만 그 실패로 인한 대가가 클 경우 생각을 달리해야 할 것이다. 위에 제시된 실패로 인한 문제는 사실 거꾸로 말하면 성공했을시 얻게 되는 효익이다. 이는 즉 기업의 원가절감 등의 경제적 효익과 직결될 수 있기 때문에 정보화(경영계획 수립)는 사실 상당히 '경제적'인 활동이라고 볼 수 있는 것이다.

위 사항을 좀더 Break Down하여 경영계획(혹은 시뮬레이션 경영)의 관점에서 본다면, 경영정보화의 실패요인은 '전산시스템의 未(미)지원, 프

로세스의 부적합성, 제도와 문화의 복합성'에 있다고 할 수 있는데, 구체적인 사항은 다음 페이지상의 〈그림 3-48〉과 같다.

"조직이던 개인이던 그의 최종 성과를 결정하는 것은 그가 보유한 최대한의 결점이다. 즉, 결점을 보완하는 것이 성과를 나타내는 가장 우선적인 일인 것이다. 경영 정보화도 이러한 관점에서 접근해야 한다."

〈그림 3-48〉: 경영계획 실패요인과 문제점

주요 원인	문 제 점
• 사업계획 수립 통합 System 부재 • Bottom-Up 방식의 계획 수립으로 Moving Target 문제 발생 • 예측지표 변경 및 잦은 이익조정 작업	계획 수립 시 업무 반복, 중복, 지체 등으로 인해 비 부가가치 업무 과다 발생
• 예측 Skill 부족 및 조기수립으로 예측력 저하 • 경영환경이 급변함에도 년초 계획 중심 관리	계획이 Target 으로서의 현실성 결여
• Reference로 활용할 History Data 부족 • 효율적인 Tool, Skill 미비	효율적 경영계획 Simulation 한계
• PC Level 에서 다차원 손익계획 구현을 위해 수작업 과다	다양한 특성 별 손익계획 수립의 어려움
• 다양한 종류의 계획 Data 수준이 다르고 여러 System에 산재하여 DB관리 미흡	다양한 종류의 계획에 대한 종합적, 체계적인 Version 관리 부실
• 중기계획과 단기계획의 수립시기 및 수준 차이로 일관성 부족	중장기계획과 단기사업계획의 연계성 부족
• 상부전략과 하부 선행계획의 정렬화 작업 과정 미비	전략과 현장의 Action Plan간의 연계성 부족

위 내용은 약간 실무자 중심의 내용이 있지만, 위 내용을 통해 경영자가 알아야 할 사항은 '성공적인' 경영계획 시스템(혹은 프로세스)의 구

축을 위해선 많은 고려사항이 있으며, 그로 인해 늘 실패의 가능성이 존재한다'는 점이다.

여기서 경영자가 알아야 할 또 한 가지 사항이 있다. 경영정보화 등이 비교적 잘 되어있는 경우라 하더라도, 해외 선진기업에 비하여 국내기업은 '(1) 전략(중기)계획과 사업계획간 연계가 미흡하고, (2) 연간 사업계획에 업무가 치중되어 있으며, (3) 계획수립업무는 가치창출 업무보다는 데이터 취합 및 가공업무에 대부분의 시간을 소모'하고 있는 경우가 많다는 사항이다. 결국 경영정보화를 위한 업무의 과정이 '형식'으로 치우치는 경우가 많다는 것을 의미한다고 할 수 있다. 경영자 입장에선 상당히 주의를 기울여야 할 조사결과라고 할 수 있겠다.

〈그림 3-49〉 : 경영정보 활용에 대한 국 · 내외 현황 비교

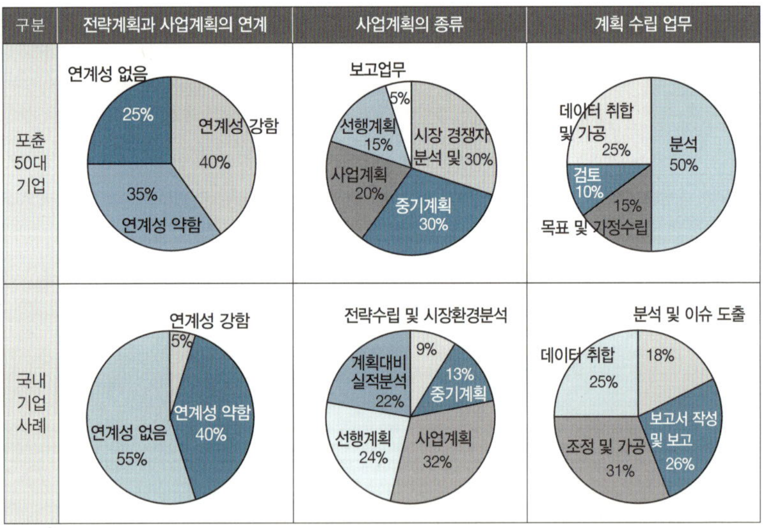

〈Source : PwC〉

그렇다면, 경영계획프로세스의 부재 혹은 존재한다 하더라도 그 실효성이 낮은 원인 등으로 인하여 실재 발생가능 한 손실은 얼마나 될까? 수치화 하긴 어렵겠지만, 여러 조사결과에 의하면 경영계획프로세스의 부재로 인하여 기업은 아래 그림과 같이 '회계상으로 파악할 수 있는 직접손실'과 '회계상으로 파악할 수 없는 간접손실'을 경험할 수 있다고 한다.

〈그림 3-50〉 : 경영계획 프로세스 등의 부재로 인한 손실 사례

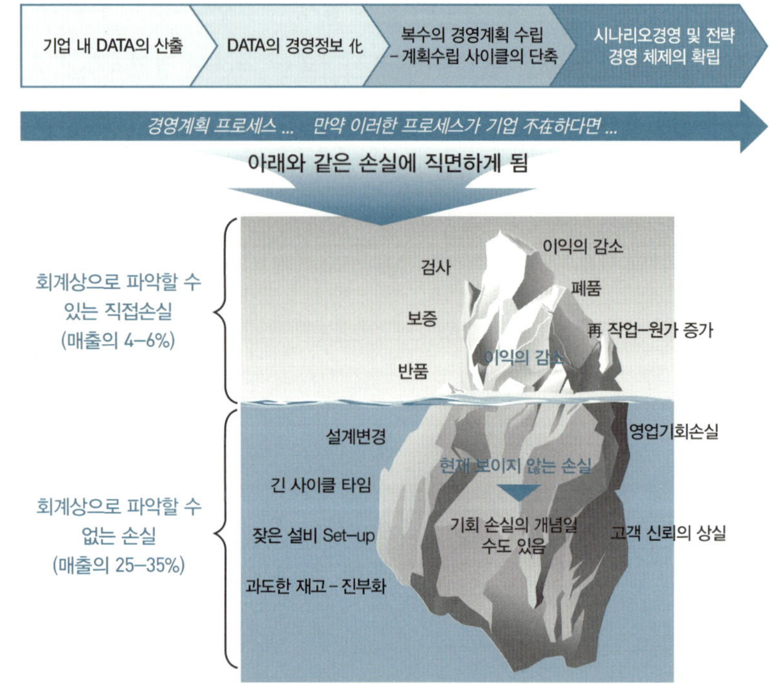

TIP 독자 여러분은 오히려 보이지 않는 손실에 주의를 기울일 필요가 있다고 판단된다.

memo

여기까지의 내용을 정리하자면, '경영계획 프로세스는 그 구축과정에서 많은 실패요인을 내포하고 있으며, 또한 경영계획 프로세스를 구비한다 하더라도 '형식적'으로 치우칠 수 있는 점을 주의해야 하고, 경영계획 프로세스의 부재 혹은 구축의 실패 등으로 인한 경세적 손실에 내하여 경영자는 관심을 기울일 필요가 있다'라고 정리할 수 있겠다.

다음으로 알아볼 사항은 '시나리오 경영'이다. 위 그림을 보면 '복수의 경영계획'이라는 말이 나오는 데, 사실 실용성 있는 경영계획의 핵심은 '복수'로 설정되어야 한다는 점에 있다. 왜냐하면, 미래는 예측이 불가능하다는 전제를 경영자는 늘 염두에 두어야 하는데, 이러한 전제에 反(반)하여 한가지 미래에 대한 예측기반에 근거하여 한가지 경영계획만을 세운다면, 기업은 예측과 달리 발생한 미래의 사건에 대하여 대응할 수 있는 여력이 없을 수 있기 때문이다. 기업은 미래 발생 가능한 복수의 상황을 가정하여 이에 대응되는 복수의 경영계획을 수립해야 하며, 이러한 계획 수립과정에서 계획을 이행하는데 필요한 '자원(인적자원 및 물적자원, 혹은 미래 변화에 대응하는데 필요한 시간을 의미하기도 함)'을 파악하여야 한다. 여기서, 이러한 복수의 경영계획을 통하여 필요한 자원을 파악하고, 미리 자원을 준비하는 과정을 '시나리오 경영'이라고 할 수 있다. 이는 기업의 생존을 위하여 상당히 중요한 사항이라 할 수 있으며, 특히 요즈음 같이 경제상황이 빠르게 변동되는 시기에는 그 필요성이 더욱더 절실하다고 하겠다. 이러한 이해 하에 다음절에서는 '시나리오 경영'에 대하여 알아보도록 하겠다.

(3) 시나리오 경영에 대한 이해

시나리오 경영에 대한 이해에 앞서, 시나리오 경영을 수행한 경우와 그렇지 않은 경우의 타사 사례를 통하여 그 효과성을 인식할 필요가 있다.

〈그림 3-51〉: 시나리오 경영 도입 여부에 대한 현황 사례

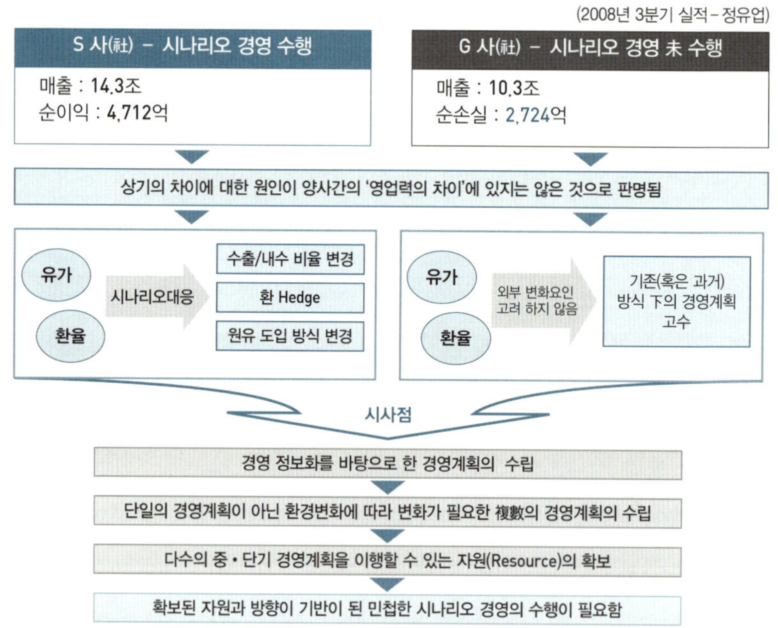

위 그림은 동일업을 영위하는 비슷한 규모의 대기업의 사례이다. 꽤 과거 사례이긴 하나 위 사례가 시사하는 바는 '단일의 경영계획이 아닌 복수의 경영계획이 바탕이 된 시나리오 경영의 필요성'이다. 시나리오 경영의 핵심은 다양한 상황을 가정한, 환경변화에 대응할 수 있는 자원의

확보에 대한 기회를 가질 수 있다는 점에 있다. 자원이 확보된 상태에서 정보화가 완비된 기업은 다양한 환경의 변화에 '유연'하게 대응할 수 있다. '유연'한 대응은 기업의 '경영위험'을 줄일 수 있는 최선의 방안이다.

시나리오 경영과 일반적인 예측기반 경영과의 차이점은 시나리오 경영은 '미래를 한가지로 예측하지 않는다'는 점에 있다. 시나리오 경영에서 미래는 '예측'의 대상이 아닌 '대응'과 '대비'의 대상이다. 왜냐하면 '한가지 미래의 예측'에 기반한 경영계획은 그 예측이 실제와 다른 결과를 보일 경우 그 자체적인 한계로 인해 늘 '무의미'한 결과를 보이기 때문이다. 아래의 그림을 통해 보다 구체적인 이해가 가능할 것이다.

〈그림 3-52〉 : 예측기반 경영과 시나리오 경영

年 단위 경영계획 실패의 알고리즘

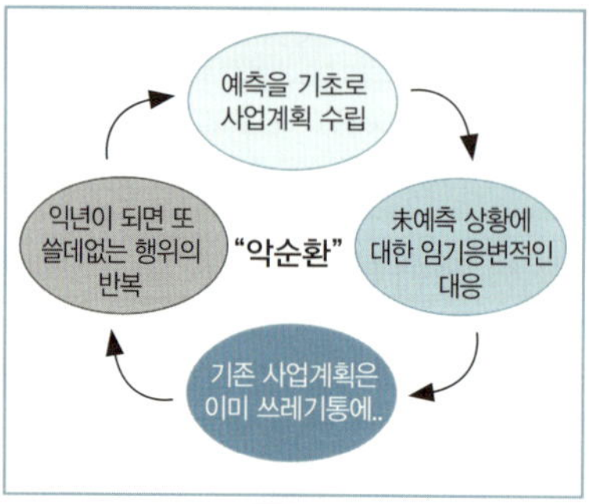

'(1) 예측을 기반으로 (2) 장기(年 단위)로 수립되어 (3) 돌발상황이 가정되지 않은 (4) 숫자로 뒤덮인 사업계획서'는 늘 쓸모가 없게 된다는 사실을 우리는 누구나 알고있다.

예측과 시나리오와의 차이

예측기반의 경영과 시나리오 경영

예측기반 경영	시나리오 경영
• 미래는 예측할 수 있다	• 미래는 예측 불가능하다
• 불확실성을 없앨 수 있다	• 불확실성을 인정한다
• 하나의 예측안을 가정한다	• 복수의 대안을 설정한다
• 미래를 알기를 원한다	• 미래를 대비하길 원한다
• 가까운 미래에 집중한다	• 보다 먼 미래를 내다본다

시나리오 경영은 예측을 위한 도구가 아닌 미래에 의미 있는 시나리오를 설정하고, 이를 대비하는 대응전략의 도구임을 이해하여야 함. 이러한 사상만이 '의미 있는 경영계획 수립'을 담보할 수 있음.

TIP 사업계획서가 의미가 없어지는 가장 중요한 이유는 '한 가지 미래에 대하여만 가정한다'는 사실에 있다.

memo

시나리오 경영은 다양한 미래에 대하여 의미있는 시나리오를 설정하고 이를 대비하는 대응전략의 '도구'임을 이해하여야 한다. 매년 기계적으로 작성되는, 전략이 부재한 내용의 숫자로 뒤덮인 '사업계획서'와는 그 본질이 다름을 이해하여야 한다.

여기서 우리는 시나리오 경영을 이해함에 있어 추가로 한 가지 주의할 사항이 있다. 기업 내에 경영정보를 위한 인프라(Infra)와 경영계획 시스템 및 프로세스가 구축되어 있다 하더라도, 시나리오를 수립하는 과정에서 '전략적 사고'가 기반이 되지 않는다면, 그 효과를 장담할 수 없다는 것이다. 시나리오 경영에서 '전략적 사고'가 가지는 의미에 대한 사항을 다음 그림을 통하여 이해할 수 있어야 한다.

〈그림 3-53〉 : 시나리오 경영과 전략적 사고

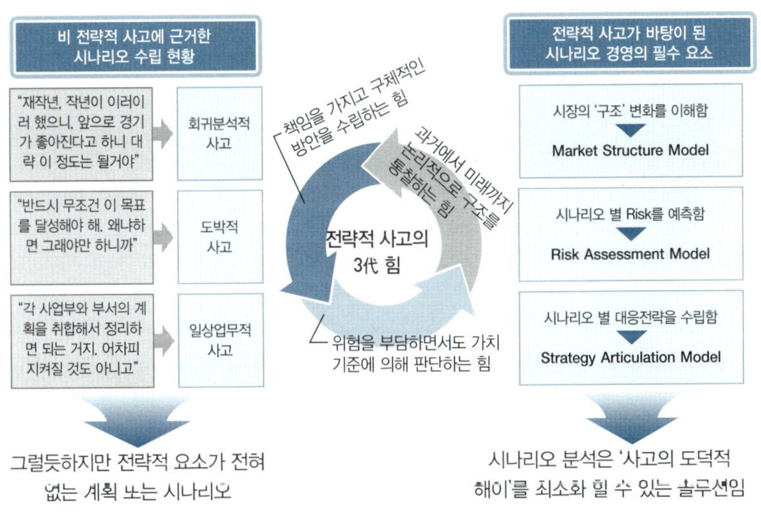

〈그림 3-53〉에서 표현된 '세가지 비 전략적 思考(사고)'에 대하여 아마도, 경영계획을 세워본 사람이라면 충분히 '그럴 수 밖에 없음'을 공감할 것이다. 그도 그럴 것이, 위 그림 우측에 표시된 '전략적 사고'를 구비하기 위해선 상당히 많은 시간과 노력이 필요하나, 현실에서 그러한 '자원을 투자'하기엔 실무적인 어려움이 많기 때문이다. 그럼에도 불구하고 경영자나 혹은 경영계획을 수립하는 실무자는 '전략적 사고'가 부재한 경영계획이나 시나리오 경영은 진정한 '시간낭비'가 될 수 있음을 반드시 명심하여야 할 것이다.

여기까지 정리한 시나리오 경영의 개념을 요약하면 아래와 같이 표현할 수 있을 것이다.

- 단일의 경영계획이 아닌 환경변화에 대응할 수 있는 복수의 경영계획에 기반
- 다양한 환경변화에 '대응'하기 위한 '자원'을 확보할 수 있도록 함
- 미래를 예측하는 것이 아닌, 다양한 미래에 '대응'하는 것을 그 목표로 함
- '충분한 전략적 사고'가 바탕이 된 합리적인 미래 시나리오의 작성을 기본으로 함

결국 시나리오 경영의 목표를 한가지로 요약한다면 '위험관리(Risk Management)'라고 할 수 있다. 사실 기업은 호황일 때는 모르나, 예측하기 어려운 불황이 오거나 통제할 수 없는 원인에 의한 어려움에 직면하면 너무나 맥없이 주저 앉는 경우가 흔한 것을 우리는 알고 있다. 그러한 상황을 좀 더 버틸 수 있게 하는 것은 결국 '대응력'이며, 그 대응력의

힘은 '미리 준비'하는 것에 있기에, 다양한 상황을 전략적 사고에 기반하여 예측하고 그에 대응할 수 있는 '자원'을 미리 준비하는, 다시 말하면 기업내의 한정된 자원을 합리적으로 배분하는 노력이야말로 기업의 생명을 연장하기 위한 가장 필수적인 사항이라 할 수 있는 것이다.

그렇다면 시나리오 경영체계를 수립하기 위한 프로세스는 어떻게 될까? 경영정보화의 체계가 기업 내에 구축되었다는 전제하에, 시나리오 경영 체계를 구축하기 위한 프로세스를 설명하면 〈그림 3-54〉와 같이 될 것이다.

"위험에 대비해 자원을 미리 확보한다는 것이
영속경영에 있어 필수적임을 경영자는 이해할 수 있어야 한다.
위기 대응 경영은 자원의 확보에 있다."

〈그림 3-54〉: 시나리오 경영 수립을 위한 프로세스, 개념 및 관련 방법론

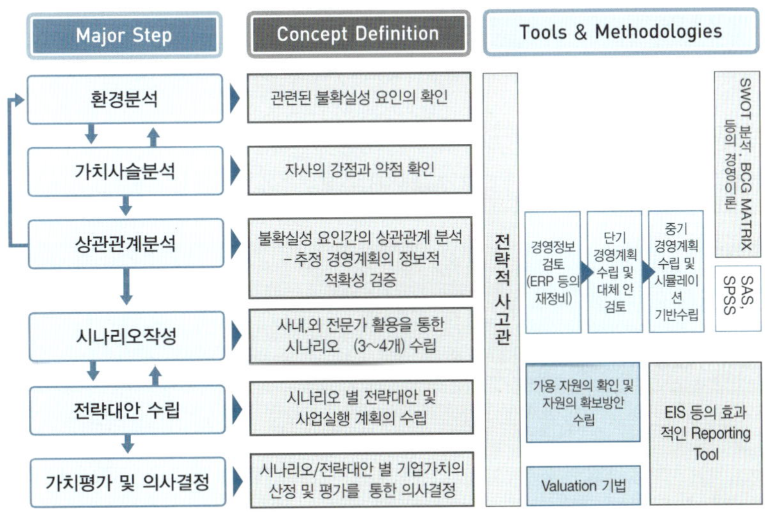

위 그림을 면밀히 살펴보면 알 수 있듯, 시나리오 경영을 위해선 각 분야의 많은 지식과 경험이 필요하다. 마케팅, 생산, 경영전략, 재무, 인사 등, 결국 기업을 둘러 싸고 있는 많은 환경과 요인을 알고 있어야 진정한 의미의 시나리오 경영을 구축할 수 있는 것이다. 하지만 다른 관점에서 이해한다면, 아주 작은 규모의 소기업이 아니라면, 기업이라면 늘 자신을 둘러싼 환경 등에 대하여 민감하게 반응할 수 있어야 하고, 이러한 '민감도'를 신장하기 위해선 기업 내 '학습조직'이 언제나 구비되어 있어야 할 것이다. 이러한 학습조직이 구비되어 있는 조직이라면, 사실 위에 언급된 프로세스를 이행할 수 있을 것이라 판단되며, 또한 비슷한 과정을 몇 번 반복한다면 학습효과로 인해 그 절차가 점점 더 쉬어질 것이라 생각된다. 모든 일이 처음이 힘든 것 아니겠는가? 또한 이러한 전략적 사고는 그 수행 경험이 많아질수록 깊이가 깊어지는 것도 알 수 있을 것이다.

마지막으로 강조하고 싶은 바는 대기업은 물론이요 중소기업도 시나리오 경영체계의 구축은 상당히 중요하다는 점이며, 특히 저성장기 혹은 불황기일수록 그 중요성이 부각된다는 점이다. 이는 불황기에 위험관리경영이 그 중요성이 부각되는 것과 같은 맥락이라고 할 수 있다.

〈그림 3-55〉 : 시나리오 경영의 활용에 대한 고찰

➡ (*)1990~1992년 미국 불황 시 체계적 접근(전략적 접근)을 통해 극복한 기업이 그렇지 못한 기업보다 불황 이후 6년 동안 ROIC 성과 약 5~30% P 상회

(*) 액센추어 Report

국내 주요 대기업의 경영계획 현황	
주요 대기업 올 경영계획 어떻게	
삼성전자	사업계획 미확정 세트(DMC)는 분기별 전략 마련 중, 부품(DS)은 2월 중순께 전략회의 예정
현대·기아차	분기별 사업계획 수립, 국내와 생산기지 1분기 생산 전년 대비 25~30% 감축
포스코	전년 대비 2~12% 줄인 매출목표 범위만 설정, 경영관리 주기 분기 단위에서 월 단위로 단축
LG전자	월 단위로 사업계획 수립, 사업부별로 불황극복 위한 태스크포스(TF) 구성
SK에너지	1~2개월 단위 경영목표만 수립, 다양한 시나리오를 바탕으로 한 임기응변식 대응

예시적

국내 선도기업들은 짧은 주기의 경영계획 바탕의 시나리오 경영을 추구 함

시나리오 경영의 활용을 위한 제언

"경영진의 잘못된 신념은 위기를 애써 무시한다"
- 폴라로이드 社

위기를 인지한다 해도…

너무 늦게 행동한다

또는

충분하게 행동하지 않는다

또는

전혀 행동하지 않는다

시나리오 경영을 통하여 …

- 새로운 사업기회(M&A, 신사업 진출, 새로운 Item 등)를 탐색할 수 있어야 함
- 미래에 확보해야 할 역량(혹은 자원)을 파악할 수 있어야 함
- 현재의 전략들이 미래 상황에 적합한지 테스트 할 수 있어야 함
- 최적 대안을 도출하기 위한 '딜레마의 해법'을 탐색할 수 있어야 함

상기에 언급된 시나리오 경영의 활용에 대한 제언을 이해하는 것이 경영자의 과거 신념과 배치되는 것이 아님(즉 시나리오 경영을 수행하는 것이 경영자의 경영철학을 변경하는 것이 아님을)을 이해할 수 있어야 한다. 또한 굴지의 대기업들도 점점 더 경영의 구체화를 꾀하고 있으며, 이는 급변하는 경영환경에 대응하기 위한 피할 수 없는 선택임을 이해하여야 할 것이다.

이제 다음 節(절)에선 경영계획에 근거한 시나리오 경영을 실행하기 위한 요건과 방법에 대하여 고찰해 보도록 하겠다.

(4) 시나리오 경영의 실행 요건 및 방법에 대한 고찰

시나리오 경영의 실행을 위한 요건과 방법은 '경영계획 프로세스'의 구현을 위해 기업이 구비해야 할 '요소(Factors)를 정의' 하는 것에서 출발하여야 한다. 이러한 과정을 전반적으로 포함한 Big Picture를 표현하면 아래와 같다.

〈그림 3-56〉 : 시나리오 경영 구축 방법에 대한 Big Picture

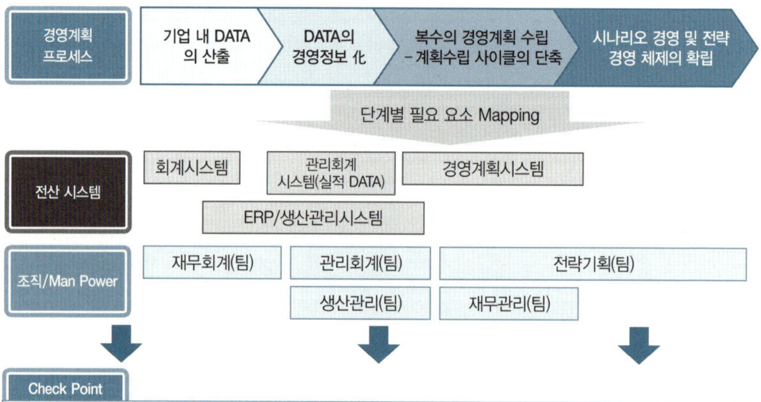

- 회사가 원하는 단계는 어디까지인가?(예 : 단순히 경영계획을 수립하는 단계, 시나리오경영을 원하는 단계 등)
- 회사가 유지하고 있는 시스템으로부터 산출되는 정보는 회사의 Needs에 적합한가? 그리고 그 정보는 신뢰할 만한가?
- 회사가 필요로 하는 정보/시스템은 정의(Definition)가 되었는가? 혹은 Definition을 할 수 있는 전문가는 사내에 있는가?
- 프로세스와 전산시스템을 유지/활용할 수 있는 인력이 존재하는가? 시스템만 보유하고, 실행은 못하진 않는가?

TIP 이 책에서 자주 언급되는 내용이지만 다시 한번 강조하자면, 시나리오 경영 역시 '단계적인 접근법에 의한 프로세스 구축'이 필요하다.

〈그림 3-56〉은 시나리오 경영체계를 구축하기 위한 프로세스, 관련 전산시스템, 조직과 각각 혹은 포괄적으로 필요한 체크사항을 나열하고 있다. 특히 여기서 중요한 사항은 위에 나열된 4가지의 'Check Point'인데, 실무적으로 해당 체크사항에 대한 깊이있는 고민이 없는 이유로 수행에 실패하는 사례가 종종 있기 때문이다. 우리 기업이 원하는 정도(혹은 단계)가 어디까지인지, 산출되는 정보의 수준에 대한 충분한 검토가 있었는지, 필요한 인력이 사내에 있는지 아니면 외부에서 확보가능한지 등에 대한 검토는 각각의 업무 수행 전에 반드시 이루어져야 하는 사항인 것이다.

사실 경영자의 입장에서도 가장 고민해야 할 부분은 위에 언급된 4가지의 체크리스트이다. 사실 실무적인 영역은 경영자의 리더십 하에 실무 임직원들에 의해 수행될 수 있다고 하지만, 위에 언급된 4가지 사항은 경영자의 충분한 고민 하에 반드시 결정되거나 보완되어야 할 부분이기 때문이다.

"경영계획의 실질적인 수요자는 사실 경영자이다.
경영의사결정이라는 고독한 선택에 있어서,
경영계획은 든든한 동반자가 될 수 있는 것이다."

예를 들어 경영자가 최고 수준의 경영계획 체계를 원한다면, 그에 상응하는 전산시스템과 내/외부의 전문인력이 준비되어 있어야 할 것이다. 그러나 만약 그러하지 않다면 경영자의 과욕과 현실적인 자원의 미약함이 서로 충돌하여 결코 성공적인 경영계획 체계를 구축할 수 없기 때문이다. 그러하기에 경영자는 경영계획과 관련한 기업의 현황을 면밀하고 정확하게 이해할 수 있어야 하고, 이에 근거하여 경영자는 자신이 원하는 경영계획 체계의 수준을 객관적으로 결정할 수 있어야 할 것이다.

나머지 실무적인 사항은 본서에서는 추가로 언급하지 않도록 하겠다. 그 실무적인 영역은 본서에서 언급하기엔 그 내용이 너무 방대하고 다양하기에, 본서의 취지에 맞지 않다고 판단되기 때문이다.

다만, 본 Lesson을 통해 경영자는 경영정보, 경영계획 및 시나리오 경영의 개념과 필요성에 대하여 정확히 인지할 수 있는 계기가 될 수 있기를 기원하는 바이다.

IV. 경영자와 경영정보

본 Lesson을 마무리 하며 경영자의 입장에서 경영정보가 가질 수 있는 진정한 의미를 마지막으로 강조하고자 한다.

〈그림 3-57〉 : 경영정보의 필요성

중견.중소기업에 더욱 열악한 경쟁환경	• 대기업과 중소기업간 부익부 빈익빈 현상 심화 • 대기업의 중소기업 고유업종 침해 현상 • 중국, 베트남, 인도 등 해외기업과 단가경쟁 심화
경영정보에 의한 의사결정 필요성 증대	• 적시성 있는 의사결정 정보의 필요성 절실(한 발 빠른 의사결정이 관건) • 사업 및 조직환경의 복잡도 증가 (직관적 의사결정의 어려움)
국제적인 환경변화에 대응	• Global 금융위기 등 금융환경의 급변 • FTA 도입 등으로 글로벌 기업간 직접적인 경쟁환경 조성 • 국제적인 개별기업의 다양성 붕괴 (세계 1위만 생존) → 단순 경쟁 이슈만이 아닌 생존의 문제
중견 ERP의 경영정보 제공능력의 한계	• 대부분의 중견 ERP는 경영정보 무시(프로세스만 지원) • 전사적인 경영정보 관리능력 부재 • 임직원의 정보활용 이해도 부족

너무나 당연한 말이겠지만, 위에 언급된 당연한 사항이 현재 독자 여러분 회사에 얼마나 실행되고 있는지 혹은 인식하고 있는지 다시 한번 반문하기 바란다. 어차피 본 서의 기본 목적이 '경영자의 기본 식견'의 구비에 있는 바, 위 한줄 한줄에 대하여 해당 기업에 얼마만큼의 깊은 고민을 하고, 경영자의 식견으로서 무엇이 필요한지를 깊이 있게 고찰할 수 있는 계기를 가지는 것이 본서의 출간 목적에 비추어 가장 중요한 의미가 있다고 할 수 있기 때문이다.

Lesson 13

외부투자금의 유치와 그 방안 Funding strategy

"기술이 있고 실행력이 있다면 필요한 것은 자본이다.
경영자가 자본시장을 이해하고
특히 외부 자본을 유치하는 절차에 대하여 이해하는 것은
기업의 성장을 한결 빠르게 할 수 있는 요인이 될 수 있다."

I. 개요

자본시장의 그 본질적 의미는 '투자'에서 찾을 수 있다. 경쟁력이 있는 기업에 적시의 투자는 기업의 실질적인 확장을 가능하게 하고, 종국적으로 기업성장의 토대가 된다. 경쟁력있는 아이디어와 기술, 그리고 경영자의 경영능력은 모든 투자자들이 선망하는 투자대상이 된다.

본 저자는 많은 초기기업, 중소기업의 경영자를 만나보았다. 대부분의 경영자는 자신의 아이디어와 기술을 실현화하기 위한 자본을 필요로 했다. 그 규모와 목적은 서로 다르지만 공통적인 사항은 그들의 '실력과 잠재력'을 어필(Appeal)하기 위하여 가진 노력을 다한다는 현상이었다. 이 과정에서 많은 경영자들이 그들의 시간과 열정을 '본업', 즉 사업 자

체가 아닌 투자를 이끌어내는 '투자유치과정'에 소비하는 안타까운 현상을 많이 목격하였다. 투자할 수 있는 여력을 가진 '투자자'들은 적은 반면 투자를 받고자 하는 기업들은 많으니 '수요–공급'의 원칙에 따른다면 이는 낭연한 현상이라 할 수 있다.

모든 경영자는 자신의 회사의 잠재력(기술, 시장에 대응하는 능력 등)에 대한 자신감이 있다. 경영자로서 이는 당연히 유지해야 하는 자세임에는 분명하다. 하지만 이를 바라보는 투자자의 시각은 냉담하다. 경영자가 느끼고 있는 주관적인 현황이 투자자 입장에서 보는 객관적인 현황과 일치하기란 상당히 어려운 일이다. 기술이나 아이디어 자체가 정말로 형편없는 경우는 차치하고, 실질적으로 괜찮은 기술이나 아이디어임에도 불구하고 투자자들에게 매력적으로 다가가지 못하는 이유는 여러 가지가 있지만, 본 저자가 제시하는 한 가지 이유는 '투자자가 모든 것을 다 알진 못하기 때문이고 그럴 만한 시간도 없기 때문'이다.

소위 이름만 대면 알 수 있는 일류의 투자기업(흔히 벤처캐피탈 혹은 VC라고 한다)이라 하더라도 이 세상의 모든 업종과 기술을 이해할 순 없다(모든 VC 들이 공통적으로 동의하는 사항 중의 하나가 '내가 모르는 기술이나 사업엔 투자하지 않는다'는 명제이다). 또한 물밀 듯이 밀려오는 수많은 투자 제안서를 모두 꼼꼼히 읽어볼 만큼 시간을 할애하거나 노력을 기울일 수도 없다. 투자를 받고자 하는 경영자는 반드시 이점을 이해해야 한다. 내가 가진 기술을 다른 투자자들이 나만큼 애착을 가지고 바라보길 바라는 것은 너무 자기 중심적인 생각인 것이다. 투자를 받고자 한다면 투자자들이 자주 쓰는 단어를 알아야 한다. 투자자들의 습성을 알아야 하고 그들의 업무 프로세스를 이해해야 한다. 그들이 바라는 바를 알아야 하며 그들이 가고자 하는 방향을 이해해야 한다.

본 Lesson에서는 경영자가 투자를 유치하는 과정에서 반드시 이해해야 할 사항에 대하여 논의하고자 한다. 중소기업의 경우 안타깝게도 내부 인력의 양적, 질적 부족으로 인해 대부분 투자유치에 대한 역할을 경영자가 수행하는 것이 일반적이다. 경영을 위한 시간도 부족한 경영자가 투자유치를 위하여 시간을 많이 쓰고, 더군다나 많은 시행착오를 경험함은 정말로 국가적인 낭비가 아닐 수 없다. 경영자가 노력하는 것은 어쩔 수 없다 해도, '시행착오'라도 줄여야 하지 않겠는가?

앞 페이지에서 논의된 목적을 달성하기 위해 본 Lesson은 아래 그림에 표시된 내용을 포함하고 있다. 투자유치를 희망하는 경영자라면 어려운 내용이 아니기 때문에 정독하는 기회를 갖길 바라는 바이다.

〈그림 3-57〉 : 경영자가 알아야 할 투자유치 관련 사항

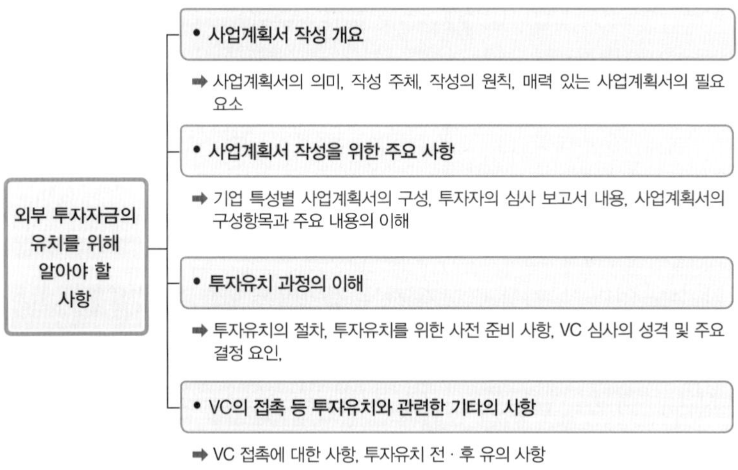

Ⅱ. 외부 투자자금의 유치를 위해 알아야 할 사항

(1) 사업계획서 작성 개요

사업계획서를 모르는 경영자는 없을 것이다. 그럼에도 불구하고 사업계획서에 대해서 논하는 이유는 저자가 살펴본 무수히 많은 사업계획서 중 대부분의 사업계획서가 '내용은 있으나 중심은 없는' 결과를 보여주고 있기 때문이다. 단순히 디자인이 멋진 것이 아니라, 사업계획서 본연의 목적을 인지한 사업계획서가 작성되어야 함은, 기본적으로 그 의미와 목적을 이해함으로서 가능하리라 판단된다. 이러한 관점에서 본 節(절)에서 살펴볼 내용을 그림으로 제시하면 아래와 같다.

〈그림 3-58〉 : 사업계획서 작성 개요

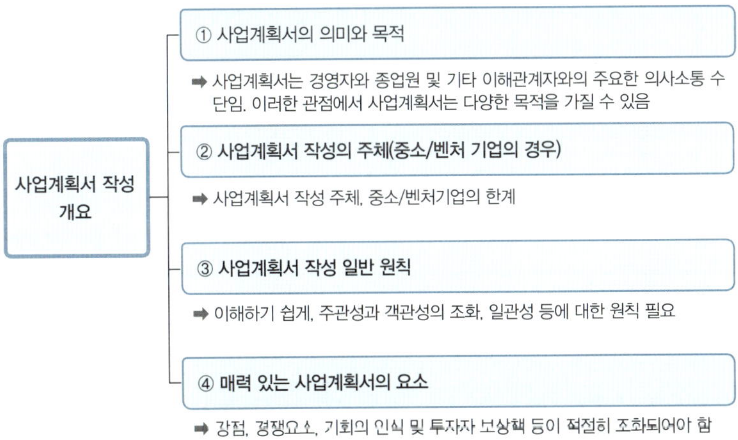

앞 페이지의 〈그림 3-58〉에 대하여 추가로 설명하자면 아래와 같다.

① 사업계획서의 의미와 목적

사업계획서는 경영자가 자신의 비전을 종업원과 공유하며, 기업의 방향을 이해하고자 하는 '의사소통'의 중심 수단이자 언어이다. 동시에 외부의 이해관계자(주주, 채권자, 거래처 등)과 협력하기 위해 지원을 이끌어내는 주요한 의사소통 수단이 되는 것이다. 또한 사업계획서의 목적은 내·외부적인 목적에 따라 아래와 같이 구분할 수 있다.

- 내부적 목적 : 사업 타당성 분석, Action Plan의 수립
- 외부적 목적 : 자금의 유치(투자유치, 국가보조금, Loan 등), M&A 등

상기와 같은 여러 목적 중, 본 서에서는 '투자유치' 목적을 중심으로 논의하도록 하겠다.

② 사업계획서 작성의 주체

중소기업은 그 인력적인 한계로 인해 대부분 최고경영자가 사업계획서 작성을 도맡아 하곤 한다. 하지만 되도록이면 대표이사와 담당직원(마케팅, 생산, 연구 등)이 TFT를 구성하여 최대한 효율적으로 작성할 수 있도록 경영자는 그 환경을 조성하여야 한다.

본 저자도 이러저러한 이유로 기업의 사업계획서 작성을 지원한 경험이 다수 있다. 가장 큰 이유는 중소기업내에 인력이 부족한 탓이겠지만, 다른 관점에서 본다면 내부인력이 있는 경우에도 사업계획서의 작성에 있어서 외부전문가를 활용하는 것은 '보다 전문적이고 분석적인 자료를 만들 수 있다는 점에서' 오히려 효과적일 수 있다. 하지만 외부전문가를 활용하는 과정에서 주의할 사항도 있으니 그 내용은 아래와 같다.

- 외부전문가는 기업의 상황을 기업내부 임직원보다 더 깊게 이해할 수 없다. 이러한 이유로 외부전문가는 '활용'하는 것이지 '의존'하는 대상이 아니다.
- 사업계획서 내에서 사업의 내용을 '설득'하는 주체는 기업이지 외부전문가는 아니다.
- 외부전문가의 역할은 사업계획서의 체계를 잡아주고, 전문성이 필요한 영역(예 : 재무추정 등)에 수준을 높이는 부분이다.

③ 사업계획서 작성 일반 원칙

올바른 사업계획서를 작성하기 위한 일반원칙을 제시하면 다음 페이지에 제시하는 바와 같다. 사업계획서의 주체는 전체적인 Outline을 작성하는 과정에서 반드시 제시된 일반 원칙을 준수할 수 있도록 노력하여야 할 것이다.

- 목적적합성 : 사업계획서의 목적이 투자유치인지, M&A 인지 등에 대한 목적에 부합할 수 있도록 해야 함
- 이해하기 쉬운 속성 : 벤처캐피탈리스트들이 모든 업종을 다 알진 않음. 그들도 모르는 부분이 많은 만큼 최대한 이해하기 쉽게 작성되어야 함. VC는 설득의 최종 대상임을 명심하여야 함. 이는 사업계획서 내에 전문분야에 대한 전문성과 동시에 일반인도 이해할 수 있는 보편성이 담겨있어야 함을 의미함
- 객관성과 주관성의 조화 : 사업계획서상의 모든 주장은 객관적인 자료와 사실을 바탕으로 하여야 함. 하지만 시장, 매출 등의 추정에 있어선 주관성이 개입될 수 밖에 없는 바, 이러한 경우에는 반드시 '논리적인 연계성'이라는 객관적인 연구가 뒷받침 되어야 함
- 일관성과 정확성 : 사업계획서를 작성함에 있어 'Storyline, 편집방식, 화폐단위' 등은 일관성 있게 작성되어야 함. 또한 시장조사자료, 추정상의 숫자 등은 몇 번의 검토를 통해서라도 반드시 그 정확성을 담보하여야 함

④ 매력있는 사업계획서의 요소

같은 내용을 담고 있다 하더라도 '어떻게 설명하고 어떠한 과점을 유지하냐'에 따라 그 매력도가 달라질 수 있다. 단순히 '우리사업은 전망이 좋다'식 보다는 투자자가 좋아하는 단어와 내용으로 사업계획서를 꾸밀 때 그 호소력과 설득력은 강해질 수 있다. 다음 페이지에는 매력있는 사업계획서가 담고 있어야 할 투자자를 '위한' 요소를 설명하고 있다.

- **경영자의 외부환경에 대한 통찰력** : 기업의 외부환경에 대한 이해의 내용과 이것이 바탕이 된 사업적인 통찰력(Insight)을 담고 있어야 함
- **위기관리 대책과 투자자에 대한 보상방안** : 기업이 위험을 많이 인지하고 있다는 것은 투자자로 하여금 경영자의 위기관리 능력이 뛰어날 수 있음을 간접적으로 설명하는 것임. 훌륭한 사업계획서는 이러한 위기에 대한 대책을 인적, 물적, 기술적 관점에서 담고 있어야 함. 동시에 투자자에 대한 보상(상장, M&A 또는 기타의 Option)방안을 담고 있어야 투자자는 투자에 대한 매력을 느낄 수 있음
- **인적자원의 강점** : 주요 멤버에 대한 인지도, 기술적 강점, 특별한 배경 등을 설명하여야 함. 초기기업의 경우 기술 자체보다는 사람에 대한 매력으로 인해 투자가 이루어지는 경우가 많음
- **수익기회에 대한 명확한 설명** : 기업의 제품이나 서비스에 대한 시장규모, 성장속도, 진출하고자 하는 시장의 매력도나 가능성 등에 대한 명쾌한 설명을 담고 있어야 함
- **경쟁요소에 대한 충분한 설명** : 사업의 경쟁자가 누구인지, 강점과 약점은 무엇인지, 잠재적인 경쟁자에 대비하여 어떠한 준비를 하고 있는지에 대한 충분한 설명이 필요함

여기까지 사업계획서 작성을 위한 개요를 살펴보았다. 이제 사업계획서 작성을 위한 주요 사항을 알아보도록 하자.

(2) 사업계획서 작성을 위한 주요 사항

사업계획서 작성을 위한 일반적인 원칙 등을 이해했다면 이제 구체적으로 작성을 위한 구성방법을 이해하여야 한다. 구성방법을 알기 위한 세 가지 요소를 아래와 같이 제시할 수 있다.

- 기업특성에 맞는 사업계획서의 작성
- 벤처캐피탈의 '투자심사보고서' 양식의 이해
- 일반적인 사업계획서의 구성항목(목차)

많은 일들이 그러하듯, 사업계획서 또한 일반적인 원칙을 제외하곤 각각의 기업이 가진 특성을 가장 잘 표현할 수 있도록 작성되어야 한다. '기업'이라는 관점에서 본다면 개별 기업의 특성은 '성장 단계'와 '제품 및 시장특성'으로 구분할 수 있을 것이다.

우선 기업의 성장단계별로 강조되어야 할 주요한 테마는 아래와 같이 정리할 수 있다.

연구개발 단계	➡	• 기술의 실현 가능성(시장성) • 연구인력의 경쟁력
제품 또는 서비스의 초기 단계	➡	• 신규 개발 제품(서비스)의 차별성 • 경쟁우위요소, 마케팅 전략 • 제품의 대량 생산 전략, 시장 지배 전략
사업확장 단계	➡	• 매출과 원가의 경쟁력 및 실적 • 주요한 예상 매출처 및 금액 • 현재 및 미래의 시장 경쟁력 구조

또한, 제품과 시장특성에 따라 강조되어야 할 부분이 다를 수 있는데 이를 표시하면 아래와 같다.

		제품	
		신제품	기존제품
시장	신규시장	시장의 Needs 분석 제품 특성 실현 가능성	기존 제품의 실적 소비자 분석
	기존시장	제품의 차별성 기존 시장 분석	주요 마케팅 전략 시장 경쟁 구조

위에 제시된 두 개의 그림은 마치 공식과도 같이 이해할 필요가 있다. 즉 사업계획서 작성 주체는 각자의 기업이 처한 단계를 이해하고, 강조

하여야 할 부분을 확실히 강조할 수 있도록 하여야 할 것이다. 사업계획서의 작성 목적은 자기만족이 아닌 투자자의 설득에 있기 때문이다.

여기서 또 한가지 사업계획서 작성자가 알아야 할 사항은 투자자들은 사업계획서를 바탕으로 벤처캐피탈 내부 심사를 통과하기 위한 '투자심사보고서'를 작성한다는 사실이다. 후술할 벤처캐피탈의 투자심사 프로세스를 이해하면 알 수 있겠지만, 해당 기업의 투자의사를 결정하는 '회의체'인 '투자심사팀'은 회사가 작성한 '사업계획서'보다는 심사역이 작성한 투자심사보고서에 의거하여 투자의사결정을 하는 경향이 있다. 결국 경영자가 작성하는 '사업계획서'는 성공적인 투자심사보고서를 위한 밑그림이 될 수 있는 것이다. 이러한 관점에서 본다면 사업계획서를 작성하는 사람이라면 심사역이 작성하는 '투자심사보고서'의 사항을 이해할 필요가 있을 것이다. 주요한 사항을 이해할 필요가 있을 것이다.

〈국내 주요 벤처캐피탈의 투자심사보고서 내용〉

① 신청사 현황

- 기존사업내용 및 신규사업내용
- 경영진 현황, 주주구성 현황 및 과거 증자에 따른 변동
- 특허, 담보 등 주요 계약 사항

② 시장성

- 산업의 특성, 시장규모, 성장성 등

③ 경쟁력

- 경쟁환경 및 우위성, 신청사의 보유기술의 소개 및 특징, 경쟁사 현황

④ 수익성

- 영업실적 및 향후 전망
- 주요 매출처, 신규 매출처, 마케팅 전략, 과거 3개년간 성장성

⑤ 재무분석

- 주요 자산 및 부채

⑥ 구성원 분석

- 경영자의 경력 및 경영능력, 조직원 들의 충성도, 조직 효율성 등

⑦ 투자조건

- 주당 인수가격(액면가 및 할증율), 기업가치
- 투자금 회수 예상시기 및 방법, 예상이익(IRR)

결국, 앞페이지에 제시된 목차에 해당 기업의 내용이 얼마나 충실하고 매력적으로 기입될 수 있느냐 여부가 투자를 성공할 수 있는지 결정되는 주요 갈림길이 될 것이다. 투자의사결정에 있어서 각 항목에 대한 충분한 검토가 이루어짐은 두말할 필요가 없을 것이다.

위와 같은 사항에 대한 이해를 바탕으로 일반적인 사업계획서의 목차를 구성할 수 있어야 한다. 물론 아래 제시되는 목차는 '일반적'인 것

임을 이해하여야 하며, 앞에 설명된 개별 기업의 특성을 충분히 반영하되 결국 심사보고서에 반영될 만한 사항은 충분히 강조할 수 있는 작성자의 기술(Technique)이 필요할 것이다.

〈그림 3-59〉: 일반적인 사업계획서의 구성

주요 원인	주요 원인	문 제 점
1. 회사의 개요	회사현황, 연혁, 비전, 경영이념, 자본금 및 주주현황, 사업개요, 전략적 파트너, 주요 제품(서비스) 소개	•Fact 위주로 작성 •비전문가도 이해하기 쉽게 작성
2. 시장 및 경쟁자 분석	시장의 개요 및 동향, 시장규모 및 성장성, 경쟁분석, 사업기회, 제품의 이해	•국내 VC들이 가장 중요시 생각 •시장규모, 성장성 부각
3. 사업 전략	SWOT 분석, 주요 핵심역량 및 성장전략,마케팅전략, 투자소요자금 및 자금조달계획, 생산전략, 투자포인트 등	•모든 사항이 마케팅 전략과 연계될 수 있도록 작성
4. 경영실적 및 계획	과거 3개년간 재무제표, 추정 재무제표, 동종 업계 Reference, IPO 추진계획 등 향후 Action Plan과 연계	•추정은 객관적으로, 논리적인 과정으로 보수성의 원칙 적용
부록	주요 인력 Profile, 특허(출원) 등 각종 인허가 내역, 주요 계약서, 주요 실적 등의 입증자료 등	•투자자가 EXIT 할 수 있는 전략을 보여줄 수 있도록 함

〈그림 3-59〉와 관련하여 특히 강조하고 싶은 사항은 아래와 같다.

- 최대한 객관적이어야 한다. 또한 사실과 사실이 아닌 것을 구분하여 작성하여야 한다. 흔히 '된 것과 될 것, 그리고 되고 싶은 것'을 구분하여 작성하여야 한다.
- 전문가를 위한 사업계획서이지만 비전문가도 이해할 수 있도록 작성하여야 한다. 참 어려운 부분임을 부인할 순 없다.

- 모든 작성 내용이 프로페셔널 해야 한다. 아마추어틱한 내용이나 그림 등은 투자자들을 힘들게 하는 요소임을 명심해야 한다.
- 경영실적이나 계획을 작성함에 있어 반드시 재무전문가를 활용하여야 한다. 앞뒤가 안 맞는 재무적 수치는 신뢰성을 상실시키기에 충분하다.
- 투자자들이 EXIT 할 수 있도록 배려한다는, 혹은 투자자의 EXIT Planning을 경영자는 충분히 고려하고 있다는 뉘앙스를 계획서 내에 포함하고 있어야 한다. 투자자는 '투자수익'을 얻기 위해 본 사업계획서를 읽고 있다는 사항을 망각해서는 안 된다.

체계화되고 Well-made된 사업계획서는 성공적인 '투자유치'를 위한 첫 단추이다. 형식적이고 과장된 사업계획서는 투자시장에서 절대로 용인될 수 없음을 경영자는 다시 한번 명심하기를 바라는 바이다.

(3) 투자유치 과정의 이해

투자를 유치하는 과정은 기업과 투자자와의 지속적인 커뮤니케이션과 협조, 양해를 필요로 한다. 기업은 투자를 하고자 하는 '투자자'들의 입장에서 충분히 그들을 배려 하여야만 빠르고 성공적인 투자유치를 달성할 수 있다. 이러한 관점에서 경영자가 투자유치 과정을 이해하는 것은 어찌 보면 당연한 사항이라고 할 수 있다.

우선 알아야 할 사항이 '투자유치 절차'이다. 경영자는 아래와 같은 '일반적인'투자 유치 절차 하에서 본인이 스스로 잘 할 수 있는 영역과,

내 · 외부 조력자가 필요한 영역을 사전에 파악하여 조속하고 원활한 투자유치를 수행할 수 있도록 하여야 하겠다.

〈일반적인 투자유치 과정과 각 과정별 경영자의 자가 진단〉

주요 절차	자가 진단
사전준비	
사업계획서 작성	사업계획서 작성 능력 보유?
VC 접촉, 사업계획서 제출 및 사업소개 프리젠테이션	VC Network 보유?
심사 및 평가	
Valuation 및 투자조건 협의	가치평가 능력 및 협상력 보유?
투자계약 체결 및 자금집행	계약서 검토 능력 보유?
성장지원 및 사후관리	

상기에 언급된 주요 절차의 내용에 대하여 아래와 같은 추가적인 설명이 필요할 것이다.

우선 '사전준비' 절차이다. 이는 투자자를 처음 맞이하고 회사를 소개할 때, '투자를 받을 준비가 되었다'는 신호를 보내고 투자자에게 신뢰를 얻기 위한 기본적인 준비과정이다. 이는 또한 사업계획서 상의 내용을 사전 정비하는 과정이기도 하다. 이의 내용을 소개하면 다음 페이지에 제시된 바와 같이 두 가지 주제로 나눌 수 있다.

- 회사 내부 정비
- 가능한 최적 경영진의 구성
- 임직원의 회사의 비전 및 경영목표에 대한 이해 및 동의

- 장 · 단기 경영목표 설정(단기 목표에 대한 달성 가능성의 검증 필요)
- 회계의 투명성 및 공정성
- 사업정비(외형, 특허 및 지적재산권의 등록, 전략적 제휴, 매출확정 등)

- 내부 의사 결정
- 회사의 장 · 단기 자본계획 확정
- 적정 자본금 규모 및 합리적인 지분구성비율에 대한 확정
- 투자유치 방법 및 시기에 대한 동의

상기와 같은 '사전준비사항'이 완료되었다면 기업은 모든 역량을 집중하여 사업계획서를 작성하여야 한다. 작성된 사업계획서는 해당 사업에 전문성이 있는 VC에 전달되어야 하며 적절한 시기에 투자 제안이 이루어져야 할 것이다. 이 과정에서 회사 내부 혹은 외부에 관련 VC의 Network가 있으면 훨씬 수월한 투자제안이 이루어질 것이다.

전달된 사업계획서는 VC에 의해 '심사'라는 과정을 거친다. 이 과정이 투자 여부를 결정짓는 핵심과정임에는 두말할 나위가 없을 것이다. 이러한 핵심과정을 이해하기 위해 경영자는 'VC 심사의 성격'과 'VC 투자의사 결정요인'을 이해할 필요가 있다.

'VC 심사의 성격'은 다시 말하면 'VC 심사의 주요 절차'라고 정의할 수 있겠다. 이를 순서대로 표시하면 아래와 같다.

- 투자의사 결정에 필요한 정보를 수집 및 분석

▼

- 제시된 사업계획서의 타당성을 검증 및 조정

▼

- 잠재된 위험요소에 대한 판단

▼

- 경쟁구도 및 성장전략에 대한 검증

▼

- 기업의 가치에 대한 검증

▼

- 투자 후 사후관리에 대한 방향 정립

상기와 같은 심사의 주요 절차 내에서 '항상' 고려되는 사항이 바로 '주요 투자의사 결정 요인'일 것이다. 이 요인은 결국 '투자심사'에 있어 점수를 결정짓는 주요 '잣대'가 될 수 있다.

이러한 투자의사결정 요인을 다음 페이지에 제시된 바와 같이 '6가지 항목'으로 정의할 수 있겠다.

〈VC 투자의사 결정 6가지 요인〉

주제	소주제	내용
사업성 판단	수익성	순이익률 등
	시장의 규모 및 성장단계	진입, 성장, 성숙, 쇠퇴
	경쟁 현황	경쟁자의 수, 잠재경쟁자
	진입 장벽	존재의 유무, 장벽극복을 위한 필요자원의 규모
기술력 등 핵심 경쟁 우위 요소	핵심 기술의 보유	개발인력의 보유 정도
	핵심 기술의 모방 난이도	쉽게 모방이 불가능한지 여부
	경쟁우위 유지 가능성	지속적 경쟁우위 유지 능력, 자기 진화에 의한 성장 가능성
	핵심개발자의 유지 가능성	직원의 회사에 대한 만족도, 직원의 주식 보유정도
경영진 판단	경영진 구성, 경력, 경험	CEO, CFO, CTO, 영업 및 마케팅 등 전체 팀구성
	CEO의 관련분야의 과거 이력 및 경험	관련분야의 경험, R&D, 영업 및 마케팅 등 다양한 분야의 인적 네트워크
	CEO의 성격적 특성	직원과의 친화력, 대외 활동성 등
	경영진의 도덕적 특성	성공적 회사 운영
	VC와의 긴밀한 협력 가능성	경영의 투명성, 긍정적 파트너쉽의 가능성
회사의 가치 및 지분구조	매출 및 손익 실적 및 추세	매출의 경쟁력, 원가의 경쟁력 등
	시장에서 회사의 가치	시장 현황에 맞는 가치의 측정
	대주주(핵심 경영자)의 지분율	너무 낮으면 불리
	주주 구성	유력한 기관투자자, 동종업계 투자 여부, 타기관의 지분율
	투자자금의 활용계획	사업발전을 위한 투자, 적절한 자금지출 및 비용계획
VC의 내부사정	VC의 투자 정책	적극적투자 VS 소극적투자 내부투자자금의 여유 정도
	투자 선호 분야	VC의 집중 투자 분야(모바일, 바이오 등) 개별 VC의 특화된 분야
	旣(기) 투자 포트폴리오	기 투자분야는 포트폴리오 구성상 자제
기타요소	코스닥 상장 시기	상장예정시기가 짧을수록 선호(안정성)
	증권시장의 경기 사이클	호황시 적극적 투자, 침체시 소극적 투자
	국내외 경제여건	경기에 따른 투자단계 / 투자규모 / 투자자세 변화
	정부의 정책	벤처 부양 정책

앞 페이지에 제시된 그림상의 내역을 투자유치를 희망하는 경영자는 반드시 이해하고 있어야 한다. 물론 작은 규모의 중소기업 입장에서 위에 제시된 내역들이 부담이 되는 것은 당연한 일이겠으나, 최소한 해당 내역을 이해하고 하나라도 더 준비하는 노력이 결국 '투자유치'라는 결과를 가져다 주리라 생각된다.

투자유치과정을 이해하고, 이에 대응할 수 있는 내부 역량의 검토와 투자의사결정단계에서의 의사결정요인을 이해하는 것이 본 節(절)의 목적이었음을 다시 한번 요약하는 바이다. 이제 다음 節(절)에서는 'VC의 접촉 등 투자유치와 관련한 기타의 사항'에 대하여 알아보도록 하자.

(4) VC의 접촉 등 투자유치와 관련한 기타의 사항

펀딩을 위한 실무를 함에 있어 가장 조심스러운 부분이 '어떠한 VC를 처음 접촉하고, 목표로 하는 리딩 VC를 어디로 선정할 것인가?'하는 사항이다. 특히 리딩 VC를 잘 선정하느냐 그렇지 않으냐의 차이는 펀딩의 성공여부에 직접적인 영향을 줄 수도 있다. 펀딩을 하고자 하는 경영자는 개별 VC의 성향을 잘 파악하여 처음 Contact하는 VC에 대하여 향후 펀딩 과정에서 주도적인 역할을 할 수 있는 VC인지를 면밀하게 검토하여야 한다.

특히 VC를 처음 접촉하는 과정에서 Funding에 대하여 준비되지 않은 상태에서 VC를 만나게 되면, 회사에 대하여 나쁜(혹은 부정적인) 이미지가 자본시장에 퍼지게 되어 이를 극복하기 위해 많은 시간이 걸릴 수 있으니, 펀딩을 위한 첫 시기는 최대한 이에 대하여 완벽히 준비된 후로 할 것을 당부하는 바이다.

VC에 사업계획서를 제출 한 후, 그 계획서 상의 내용을 VC에 직접 프리젠테이션 할 기회를 가져야 한다. 이때 유의할 사항이 있는 바, 그를 요약하면 아래와 같다.

- 발표시간(30분 발표 후 30분 질의 응답, 상황에 맞게 변경)
- 핵심사항 위주(시장동향, 경쟁우위 요소, 실적, 향후 계획)
- 사업계획서 : 간결, 핵심사항이 잘 정리된 형식
- 복장 및 태도 : 프로페셔널 한 모습, 협조적인 자세
- 참석자 : 대표이사, 기술, 영업, 재무 임원 등

만약, 상기와 같은 주의사항을 극복하여 성공적인 프리젠테이션을 마쳤다면, 그 자리에서 상대방의 반응을 확인할 필요가 있다(긍정적, 부정적, 추가 검토의 필요성 여부 등). 이는 일정시점 경과 후 투자의사 및 추가 준비사항이 필요한지 여부를 결정할 수 있는 중요한 열쇠가 되며, 이 과정은 반드시 '피투자기업'이 능동적으로 수행해야 할 부분이기 때문이다.

"지금도 투자를 받고자 하는 기업이 VC 앞에는 줄을 서 있다.
그만큼 VC들은 바쁘고 선택권이 많다. 하지만 그들은 호소한다.
투자할 만한 회사가 없다고…"

또한, 투자유치를 위해 소요되는 시간을 소개하면 일반적으로 아래와 같다.

- **국내 벤처캐피탈** : 3개월 이내
- **대기업 투자팀** : 최소 3개월 – 벤처캐피탈보다 심사 및 처리시간이 더 걸리는 편임
- **해외 투자기관** : 6개월 이상 – 외국회사의 국내사무소는 대부분 투자심사 기능을 갖추지 못하고 1차 검토 정보만 수행하기 때문에 시간이 많이 걸리는 것이 대부분임
- **엔젤투자** : 2개월 이상 – 최근 엔젤투자의 경우도 감사결과를 요구하고 있어서 과거와 같이 쉽고 빠르게 투자유치를 진행할 수 있는 상황이 아닌 것으로 파악됨

국내 투자사례의 경우, 투자유치 후 기업과 투자자간에 우호적 관계가 유지되지 않는 경우가 종종 보이고 있다. 이의 원인은 투자자의 강압적인 태도, 지나친 간섭, 계약 체결 내용의 부당성(독소조항), 피투자기업의 비협조 등이 있다. 하지만 기업이 간과하지 말아야 할 사항은 일단 투자를 받은 이상 투자자는 나에게 고마운 조력자이며, 동시에 나의 성공을 누구보다도 바라는 중요한 주주라는 점이다.

기업은 투자유치 후에도 경영현황에 대한 지속적 보고 및 협의 등을 통해 투자자 들과 우호적인 관계를 유지할 필요가 있다. 또한 애초의 사업계획에 미치지 못하는 부진함을 보일 경우, 이에 대한 충분한 설명을 통하여 투자자를 안심시킬 필요가 있으며, 동시에 이를 타개하기 위한 적극적인 지원책(영업적 수단, M&A등의 수단 등)을 유도할 필요가 있다. 이는 투자자를 단순한 재무적투자자(FI : Financial Investor) 뿐만이 아니라 전략적투자자(SI : Strategy Investor)로 이용할 수 있는 경영자의 지혜가 될 수 있는 것이다.

투자 시장은 냉정하다. 어찌보면 야속할 정도로 냉정하다. 하지만 투자자관점에서 본다면, 투자 시장은 성공률이 10%도 안되는 무서운 시장이다. 경영자는 이러한 상황을 인식하고 투자자의 관점에서 투자시장을 이해하는 노력을 수행하여 펀딩에 임할 수 있도록 해야 함을 당부하는 바이다.

"투자를 하는 순간 VC는 피투자기업의 경영파트너이자 주주가 된다.
기업은 이 점을 잘 이용하여 경영개선에 도움이 되도록 하여야 한다."

III. 펀딩에 필요한 경영자의 자세

펀딩은 쉽지 않다. 그 어떤 기업도 한번에 펀딩을 성공하진 못한다. 완벽한 기업, 특히 초기 기업에서 '기술과 시장의 완벽함'을 어필할 수도, 증명할 수도 없다. 펀딩의 과정은 끊임없는 증명과 설득의 과정이며, 이 과정에서 기업의 기술과 노련함은 증가할 수 있다. 객관적으로 자신의 기업을 평가하고 또 평가받을 수 있는 능력이 경영자에게 심어져야 한다. 그래야만 펀딩에 성공할 수 있을 것이다. 아무쪼록 본 절에 수록된 내용을 확실히 이해하고 펀딩에 임하여 그 노력을 효율적으로 배분하고 효과를 극대화 할 수 있기를 바라는 바이다.

마지막으로, 외국계 VC들이 발표한 '펀딩시 피해야 할 사항 10가지'를 소개하고 본 Lesson을 마치고자 한다

- 답변 없는 질문 – 상품, 서비스, 시장, 재무 등에 대한 정의와 이해 필요
- 불분명한 목표 시장 – 시장 Targeting
- 경쟁자 간과 – 경쟁상대가 없다고 할 수 있을 정도의 차별성
- 속임수 – 거짓된 혹은 과장된 정보
- '보수적'인 숫자라는 주장 – 보수적인 관점보다는 객관적이고 정확한 관점
- 허황된 조직 멤버 – 실제로 일하지 않는 유명인들
- 시장의 1%만 점유 – 불특정한 전체 시장의 1% 보다는 정확한 시장의 조사가 중요
- 특허 보유 – 특허보유나 출원만으로는 큰 의미가 없음
- 엉성한 사업계획서
- 말만 하고 듣지 않는 경영자

Epilogue

기본에 강한 경영,
기본에 강한 기업

'Back To The Basic'
위기에 처할 때마다 개인 혹은 기업들이 자주 외치는 문구이다. 지킬 것은 지키고 그 위에 새로운 것을 더할 때 사람이던 기업이던 체질이 강화되고 폼 나는 외형을 가질 수 있을 것이다.

이 책의 출간 목표인 '경영자의 식견'을 갖추자는 모토 아래, 본 저자는 최대한 쉬운 용어로 내용을 해설하고자 노력하였다. 하지만 주제에 따라 어쩔 수 없이 어려운 단어나 지루한 문구를 반복할 수 없었음에 독자 여러분들에게 죄송한 마음을 전하는 바이다.

경영 일선에 있는 많은 중소기업의 대표들을 독대(獨對)하며, 본 저자는 그 분들의 외로움과 처절함을 간접적으로 많이 경험할 수 있었다. 하지만 큰 도움을 드리진 못한 채 같이 소주잔을 기울이며 그분들의 하소연을 들어주는 것으로 내 역할을 다 할 수밖에 없음에 안타까워 할 뿐이었다.

최고 경영자가 느끼는 희열, 공포, 두려움들에 대한 사이클이 요즘 들어 점점 더 짧아지는 것을 느낀다. 그만큼 세상은 점점 더 빨라지고 있으며, 예측하기 어려운 상황이 자주 도래하고 있고, 그 정도가 심해질수록 기업은 생존에 대한 위협을 더 빈번하게 받게 된다. 작금의 경영에 어려움은 여기에 있다.

기본에 강한 경영은 기본에 강한 기업을 탄생시킬 수 있다. 기본에 강한 기업은 예측하지 못했던 경영 환경의 변화에도 기업이 버틸 수 있는 뚝심을 보유할 확률이 높다. 본 저자가 경영자에게 경영인으로서의 '식견'을 보유하길 주장하는 근거가 여기에 있다.

본서는 외울 필요도, 깊게 이해할 내용도 없다. 한 번 정독만으로 어느 정도의 이해를 할 수 있는 쉬운 내용으로 해당 페이지를 채우고 있다. 만약 읽기 어려운 내용이 있다면 과감히 Pass한다 하더라도, 경영자로서의 경영에 대한 '식견'을 보유하길 바란다면 반드시 전반적으로 한 번쯤은 읽어 보길 간곡히 부탁드리는 바이다.

기본에 강한 경영자는 결코 쉽게 흔들리지 않으며, 또 흔들릴 상황을 야기하지 않는다.

부디 이 책을 통해 독자 여러분의 경영능력을 향상할 수 있는 계기가 마련되길 바라마지 않는 바이다.

인덕회계법인 사무실에서
저자 씀

추천사

* 전(前) 대구경북지방중소기업청장 박양우

중소기업이 지속적이고 견고히 성장하기 위해서는 경영자(CEO)는 경영에 대한 기본적인 "식견"이 있어야한다. 과거 중소기업 지방청장으로 재직 시 기업현장에서 경영상 애로를 겪는 많은 경영자를 보아온 본인의 관점에서, 이 책은 경영에 대한 식견을 갖추고자 하는 모든 경영자에게 필수 지침서가 되어 경영에 큰 도움을 줄 것이라 확신한다.

* 코스닥협회 김홍철 전무

중소기업의 경영자는 대기업과는 달리 경영에 관련된 모든 것을 직접 관리해야 하는 부담이 있다. 이 책은 그러한 부담감을 효과적으로 줄일 수 있는 해법이 될 것이다.

* 윈엔윈(주) 대표이사 박경래

중소기업을 경영하는 경영자로서, 효과적인 경영관리가 상당히 어렵다는 것을 자주 느끼고 있다. 경영관리를 일선에서 지시해야 하는 대표이사의 입장에서, 본 책을 통해 중소기업의 경영자가 알아야 할 경영관리에 대한 脈(맥)을 짚을 수 있었다.

* 유큐아이파트너스㈜ 대표이사 정홍규

뛰어난 기술이 뛰어난 경영자를 만날 때 그 목적이 쉽게 달성될 수 있음을 현장에서 많이 목격하였다. 이 책이 벤처기업의 경영자에게 경영에 대한 '식견'이 필요한 이유와 식견을 갖추기 위해 경영자가 알아야 할 기본 사항을 효과적으로 전달할 수 있으리라 판단된다.

* 한국기술교육대학교 강봉준 교수

무한경쟁 속에서 CEO에게 가장 필요한 것은, 저자의 의견처럼 경영관리에 대한 '식견'을 갖는 것이다. 경영은 생산–판매–관리의 세 가지 축으로 이루어져 있으며, 경영관리는 세 축의 균형을 잡고 리스크를 관리하는 역할을 한다. 저자의 '식견'있는 지적과 새로운 방안의 제시가 현장의 CEO에게 도움이 되길 바란다.

* 백광산업㈜ 재무담당이사 박병석

중소기업에서 대기업으로 성장하는 과정에 반드시 겪는 것이 경영관리에 대한 성장통이다. 본 책을 통해 대표이사는 경영관리에 있어 경영자가 갖추어야 할 식견을 이해할 수 있고, 이러한 이해는 결국 '성장통'을 해소할 수 있는 최적의 해법이 되리라 확신한다.

* 금호개발상사㈜ 이기민 상무

방문한 집의 현관에 신발이 가지런히 정리되어 있으면 마음이 안정되어 손님도 신발을 가지런히 놓게 된다. 기업의 경우에도 일상의 업무들이 체계화된 상태로 운영되면 대내외적으로 어려운 상황에 직면하더라도 문제의 본질만 해결하면 된다. 그렇지만 평소에 체계적 상태가 아니었다면 그 기업은 추가적으로 엉뚱한 문제로 어려움을 더 겪게 될 것이다. 본 책은 기업 경영에 있어서 평소에 관리하고 확인하여야 할 사항들을 잘 알려줄 것으로 확신한다.